グローバル社会と情報的世界観

現代社会の構造変容

正村俊之――［著］

東京大学出版会

GLOBAL SOCIETY AND
AN INFORMATIONAL WORLDVIEW:
Structual Changes in Modern Society
Toshiyuki MASAMURA
University of Tokyo Press, 2008
ISBN978-4-13-050170-5

グローバル社会と情報的世界観——現代社会の構造変容／目次

III

序

本書は、グローバル化・情報化として進行している現代社会の構造変容について論じたものである。グローバル化と情報化を広義に解するならば、それは二〇世紀後半に始まる現象ではない。地球的意識のもとに地球的規模の相互依存が成立することを「グローバル化」と呼ぶならば、近代以降の歴史はグローバル化の歴史でもある。近代国家は明確な領土を有する主権国家として誕生したが、同時に、国家間には一定の緊張を孕みつつも相互依存関係が築かれてきた。近代社会は当初から、国家を単位とした世界システムとして形成されてきたのである。

また、「情報化」を情報の生産・流通が産業活動の一環として営まれる現象として捉えるならば、情報化も古い歴史をもっている。二〇世紀の画一的な大量生産はT型フォード車の生産に始まるといわれているが、正確にいえば、最古の画一的な大量生産は印刷物の出版である。産業資本主義の勃興とともに、印刷物の生産が資本主義的な生産様式のなかに組み込まれて以来、活字メディアは近代社会の発展と深い結びつきを有してきた。

このようにグローバル化や情報化は、少なくとも近代の誕生とともに始まっている。しかし、このことは、二〇世紀後半以降のグローバル化と情報化が近代以降のそれの延長線上にあることを意味しない。もっとも、今日進行しているグローバル化と情報化の特殊現代的な性格を示すためには、過去の歴史を視野に入れなければならない。グローバル化は、国内と国外を明確に分離する近代国家の有り様を変容させていることから、現代を「新しい中世」とみなす見方があるが、現代を理解するためには、中世や近代を含む歴史的文脈のなかに現代を位置づけて把握する必要がある。

現代を取り巻く歴史的文脈を分析の縦糸とするならば、本書には、分析の横糸となるもう一つの次元がある。それは、経済・政治・文化といった社会領域である。グローバル化と情報化は、これらのいずれの領域でも進行している。経済の領域では、情報ネットワークをインフラ的基盤にして、国際金融市場やグローバルな生産・流通システムが形成されている。政治の領域では、国民国家を前提にした統治機構が揺らぐなかで、グローバルな市民社会、グローバルな公共圏といった新たな統治の仕組みが模索され始めている。そして文化の領域では、文字・音声・映像のデジタル化と情報ネットワークのグローバル化が実現されたことによって、多種多様なジャンルの文化的作品がグローバルなレベルで生産・流通している。

しかも、これらの領域で起こっている変化はバラバラに進行しているのではなく、相互に緊密な繋がりをもっている。経済・政治・文化の各領域は一九世紀において機能的に分化したが、今では、政治や文化の領域にまで経済の論理が浸透し、他の領域に対して支配的な影響を及ぼしている。経済のグローバル化を阻止しようとしている反グローバリズム運動が批判の矛先を向けているのもこの点である。経済・政治・文化が機能分化した段階でも、経済システムと他のシステムの間には一定の相互依存が見られたが、グローバル化と情報化が進行している今日、経済という一部分システムのもとに経済以外の部分システム――ひいては社会という全体システム――が包摂されるような現象が起こっている。

このような問題に対して反グローバリズムの側に立つ論者は多国籍企業やWTOを批判するが、問題の原因は、経済のグローバル化を推進しようとしている個々の組織の意図や行為に帰せられるものではない。そうした意図の実現を可能にしている構造的条件が解明されねばならない。そのためには、グローバル化と情報化の内的連関が明らかにされねばならない。

要するに、本書は、現代を取り巻く歴史的文脈という「縦糸（通時的次元）」と、社会を構成する経済的・政治的・文化的領域という「横糸（共時的次元）」を縒り合わせながら、グローバル化と情報化の現代的特質を浮き彫りにしようというものである。ただし、そのねらいは、グローバル化と情報化という二つのテーマを体系的に記述することにあるのではなく、あくまでも二つのテーマが交差する領域を通時的かつ共時的な側面から分析することにある。そこで最初に、全体の見取り図を与えておこう。

本書は三部構成をとっている。まず第Ⅰ部では、グローバル化・情報化が進行している現代社会の変容を素描する。現代のグローバル化はローカル化でもあり、情報化は、この同時並行的に進展している二つのプロセスに関与している。

第一章では、情報・メディア・身体の働きに着目しながら、現代社会の特質を四つの位相に分けて説明する。具体的には、①時空的秩序の再編、②社会関係のネットワーク化とアイデンティティの揺らぎ、③経済・政治・文化の機能的融合、④身体感覚とリアリティの変容という四つの位相が提示される。第二章では、最初の三つの位相を取り上げ、グローバル化とローカル化が進むなかで機能分化の変容が起こっていること、そうした変化が個体的・集合的アイデンティティの変容と連動していることを述べる。次に、四番目の位相を扱った第三章では、近代的リアリティが歴史的に形成されたものであり、バーチャル・リアリティとのかかわりのなかで変質していく可能性があることを示す。

第II部は、国民国家と機能分化の変容という、第I部で扱った問題をより原理的なレベルで考察する。国民国家は明確な領土によって内部と外部を領域的に分割し、機能分化した各部分システムも内部と外部を機能的に分割してきたが、現代のグローバル化と情報化はこのような境界構造を変化させている。

まず第四章では、現代社会の編成原理が内部と外部を厳格に分割する「分割原理」から、外部が内部にも存在することを許す「入れ子原理」へ移行していることが説明される。この変化は、現代社会が「ネットワークのネットワーク」という入れ子型の構造を備えたネットワーク社会に移行していることに起因している。ここで「ネットワークのネットワーク」とは、ネットワークを構成する要素がネットワークをなす、いいかえれば、ネットワークが他のネットワークとネットワーク関係を取り結ぶという入れ子型のネットワークを指している。この場合、ネットワークは、構造であると同時に主体でもあるという両義的性格を帯びる。ネットワークのネットワーク化は、外部に存在するものが内部にも存在する可能性を生み出すが、全体システムと部分システムの関係に係わる先の謎を解く鍵も、この「ネットワークのネットワーク化」にあると考えられる。

次に第五章では、社会の構造を表現しているネットワークが主体にもなるというこの奇妙な現象を説明するために、近代の個体論的・因果論的な世界観とは異なる世界観としての情報的世界観を提示し、主体の成立機制としての入れ子原理を情報論的視点から考察する。情報概念の歴史的経緯を踏まえて情報概念を再定義し、身体とメディアの働きを考慮に入れながら、世界と個体的情報空間、社会的情報空間と個体的情報空間の入れ子的な関係を説明する。

第III部では、これまで論じてきた問題を情報の所有という観点から検討する。デジタル技術の発達は、情報の複製を容易にすることによって情報の社会的所有の可能性を拡大したが、その一方で、デジタル技術を介して生産された情報の私的所有を保護する動きも活発化している。目下、二つの所有形態がせめぎあっているが、いずれにしても所有の形態は、主体の有り様を規定する一因にもなっている。そこで、情報の所有・身体・主体の関係を問いながら社会的ネットワークに関する分析を進める。

第六章では、前章で提示された情報論の枠組に依拠して私的所有の構造を説明し、情報の私的所有がもたらす身体論的な帰結について考察する。そして第七章では、社会知としての情報が主体の生成と社会秩序の形成という二つのレベルで働くことを指摘したうえで、現代的ネットワークを支える社会知の創出形式について論ずる。

I

第一章　現代社会への視角——情報・身体・メディア

一　構造変容の四つの位相

情報社会といえば、「コンピュータという高度な計算機を使って効率化を徹底させた社会」というイメージが広く流布している。ＩＴバブルがはじけた今、情報化の掛け声は一時の勢いを失ったものの、情報社会に対するイメージは変わっていない。情報化を推進する人々も、その動きに対して批判的な人々も、共通のイメージを抱いている。

たしかに、情報社会というのは、情報や情報テクノロジーが産業活動の一環として生産され、しかもその生産が社会的再生産の不可欠なモメントをなすような社会である。情報が産業化されると、情報や情報テクノロジーが私的所有の対象となり、商品として生産される。情報化は、多くの先進国においてグローバルな経済競争を勝ち抜くための基本戦略に据えられ、国家的後押しを受けてきた。つまり、情報化は、企業資本や国家権力のもとで推進されてきたのである。このことを踏まえるならば、右のイメージが生まれることに何の不思議もない。とはいえ、そのイメージで情報テクノロジーと情報社会のすべてを語り尽せるわけではない。

コンピュータの歴史を振り返ってみると、それは、コンピュータの機能が向上していく歴史であると同時に、コンピュータが表象メディアやコミュニケーション・メディアとして利用される歴史でもあった。そして、デジタル技術の発展の末に浮上してきたのがコンピュータと身体の関係である。

周知のように、コンピュータが処理している記号は、「0／1」(電気的な「on/off」)を組み合わせたデジタル信号である。コンピュータが誕生した当初、デジタル信号に対して変換可能な記号は、数学的記号に限定されていた。このことが「高度な計算機」というコンピュータのイメージを生み出した。しかしその後、デジタル信号との変換可能性は、数学的記号を超えて、文字・音声・映像にまで拡張された。生命の進化においては、最初に知覚、次に言語的思考、そして最後に高度な数学的計算が出現したが、コンピュータの情報処理は、数値計算から始まり、言語処理を経て、知覚的・運動的な情報処理に行き着いた。デジタル技術の歴史は、ある意味で生命の進化を遡るような過程をなしている。

知覚的表象であれ、言語的表象であれ、世界を表象する精神的な営みは、すべて身体に担われている。精神と身体は、近代的世界観のなかでは対立的に捉えられてきたが、身体が物質性を帯びているからこそ、物質的存在に働きかけることが可能になる。このことが世界を認識するための基礎となる。(1) 身体の働きを介して世界が開示されるとすれば、身体は、世界の表象を生む原基的メディアといえる。そして、身体を介して世界が開示されるように、身体がコンピュータと知覚的・運動的に接続されると、コンピュータを介してバーチャルな世界が開示される。仮想世界を構成するコンピュータ・シミュレーションの技術は、まだ発展途上の段階にあるが、コンピュータが表象メディアとしての機能を獲得するにつれて、コンピュータ――より正確にいえば、コンピュータを中核としたデジタル技術――は身体に比肩しうるメディアになりうることが判明してきたのである。

デジタル技術の歴史を語るうえで、もう一つ注目すべきは、コンピュータがネットワーク化されることによって新しいコミュニケーション・メディアとして機能するようになったことである。身体は、世界の表象を可能にしているだけでなく、既存のコミュニケーション・メディア——話し言葉、書き言葉、マス・メディア——を作動させる前提でもある。身体は、その意味でも原基的メディアであり、コンピュータ・ネットワークとしての電子メディアは、身体との接続をとおしてコミュニケーション・メディアとして機能する。

電子メディアを介在させた非対面的なコミュニケーションは、話し言葉を中核にした対面的なコミュニケーションを空間的に拡張しただけのものではない。送り手と受け手の空間的距離の克服は、「対面的／非対面的」という違いを超えた質的な違いをもたらしている。コンピュータ・ネットワーク上で立ち上がる電子的情報空間のなかでは、先の表象技術——例えば、シミュレーション技術——が生成する世界とは異なるバーチャルな世界が構築され、この空間固有の社会関係が形成されている。

このように情報社会は、表象メディアやコミュニケーション・メディアが社会のなかに浸透するところから始まる。情報化の影響は多方面に及ぶとはいえ、それは、情報テクノロジーが社会的な出来事を決定しうるからではない。むしろ逆に、情報テクノロジーは社会の有り様を決定しえないからこそ、広範な影響をもたらしうるのである。原基的メディアとしての身体は、社会を構成するいかなる相互作用にも介在しているとはいえ、社会の内実を決定しているわけではない。人間がこれまで行ってきた情報処理はすべて身体に媒介されており、情報テクノロジーは、知覚情報や言語情報とデジタル信号（デジタル情報）との変換可能性を創出することによって、身体に依拠した情報の作動条件を変化させている。

知覚情報や言語情報は、いずれも物質的なものに担われつつ一定の意味を表現する点で、身体と同様、物質的なものと意味的なものの接点に位置している。そのため、情報の性能は、情報を担っている物質的なものとそれに働きかける身体の能力に規定されている。例えば、話し言葉の到達範囲が対面的な範囲に限定されるのは、話し言葉の乗り物となる物理的音声が現れては消えてしまう性質をもつと同時に、人の発声能力に限界があるからである。ところが、コンピュータ・ネットワークのなかでは、情報の到達範囲と伝達速度は、コンピュータ・ネットワークの空間的範域とデジタル情報を担う物質の移動速度に規定されている。情報が光という最速の物質を乗り物にすることによって、情報は瞬時に地球を駆けめぐるようになったのである。

社会は、物質的なものを基礎にしつつ意味的に構成されているが、電子メディアの直接的なインパクトは、世界を開示する身体の水準、いいかえれば、物質と意味が交差する地点に及んでいる。身体に規定された情報の作動条件を変化させることは、社会の内実を決定することではなく、社会の可能性を変化させることを意味している。情報テクノロジーの創造・普及も社会的・文化的な過程をなしており、社会の形態は、情報テクノロジーとそれを取り巻くさまざまな社会的・文化的要因の複合的な作用をつうじて決定されるのである。

とはいえ、社会の可能性が変化するということは、これまで一定の可能性の枠のなかで起こっていた変化よりも大きな変化に繋がりうる。情報テクノロジーをめぐる二つの命題――「情報テクノロジーが社会のあり方を決定すること」と「社会のあり方にインパクトを及ぼすこと」――は明確に区別されなければならない。

冒頭で述べた情報社会のイメージは、主として物質的生産が営まれ、効率性が最優先される産業分野を対象にした議論のなかから生まれてきた。これに対して、本書では、社会の文化的領域や意味的側面にまで視野を広げて情報社会を捉えることを企図している。ただし、このことは、経済（資本）・政治（権力）にかわって文化を、また物質にかわって意味を分析しようというのではない。「経済・政治と文化」「物質と意味」の二項対立を前提にしたうえで、後者のみを主題化することは、前者のみを主題化するのと本質的に変わりはない。重要なのは二つの側面を射程に収め、両者の連関を探り当てることである。

情報の情報たる所以は、それが物質と意味を媒介し、経済・政治・文化のあらゆる領域に遍在している点にある。物質でありながら物質を超える働きをするのが情報であり、言語のような意味的情報は、自己と他者、意味と物質を媒介してきた。電子メディア（コンピュータ）が処理するデジタル情報は、意味を内包しない非意味的情報であるが、意味的情報との変換をつうじて意味的な情報処理に介入してきた。

意味的情報に変換されたデジタル情報を「電子情報」、電子情報によって構成される情報空間を「電子的情報空間」と呼ぶならば、現代社会は、電子的情報空間が社会的情報空間のなかに埋め込まれた社会である。そこでは、電子情報が資本・権力をはじめとする社会的・文化的な諸力のもとで生産される反面、社会的・文化的な諸力も電子情報の影響を受ける。電子情報と結びついた資本や権力の作用は、制度化された既存の経済領域や政治領域を越えて文化領域にまで浸透してきている。したがって、情報化は、社会の全体的枠組のなかで考察されねばならない。

そこで以下では、情報化とグローバル化が進行した現代社会の基本的特徴を四つの点にまとめよう。それは、「時空的秩序の再編」「社会関係のネットワーク化とアイデンティティの揺らぎ」「経済・政治・文化の機能的融合」「身体感覚とリアリティの変容」である。

二　第一の位相——時空的秩序の再編

電子メディアの作用が端的に現れるのは、社会の時空的位相においてである。時空の変容が起こると、あらゆる出来事は非決定的な仕方でその影響を蒙ることになる。

時間と空間は、現実世界を成り立たせている根本形式であり、現実的な出来事はすべて時間と空間のなかで生起している。時間が存在するから、出来事が次から次へと起こるし、また空間が存在するから、複数の出来事が同時に起こりうる。ニュートン的な時空観のもとでは、時間と空間は、出来事から独立し、出来事を位置づける絶対的な座標軸として理解されていたが、今日では、そのような時空観は否定されている。むしろ、ライプニッツが考えたように、時間・空間は出来事と密接不可分であり、時間は出来事間の継起的関係を、そして空間は出来事間の共在的関係を表している。

情報化が時空的秩序に影響を及ぼすのは、情報化が、出来事の生起する時空的位置を変化させ、出来事と出来事の継起的・共在的な関係を組み替えるからである。このことを理解するためには、時間と空間には、それぞれ「連続性と非連続性」という二つの相反的な側面が含まれていること、そして時間と空間のいずれにも「社会的な時間・空間」と「体験的な時間・空間」という二つの水準があることを認識しておく必要がある。

未来・現在・過去という三つの時間的な位相のなかで中心をなすのは、「今」としての現在であるが、「今」には「瞬間（一つ一つの点）」としての「今」と、「持続（途切れることのない流れ）」としての「今」がある。時間の流れのなかで、次々と新しい出来事が、しかも過去や未来の出来事と繋がりをもちながら生起するのは、時間に、この二つの側面が内包されているからである。瞬間という契機を欠けば、新しい出来事は生起しえないし、逆に、持続という契機を欠けば、出来事は、他の出来事との脈絡を失ってしまう。瞬間としての「今」は、出来事と出来事の非連続的な関係を、そして持続としての「今」は、出来事と出来事の連続的な関係を生み出している。時間の継起性というのは、出来事間の非連続的かつ連続的な関係を表している。時間はこの二つの契機を総合することによって、さまざまな現象の生成・存続・変化を可能にしている。

同様に、出来事の共在性を支えている空間にも二つの側面がある。「今」に対応するのは「ここ」であるが、「ここ」と「あそこ」の間にも二つの関係が成り立っている。「ここ」は「あそこ」から区別される一方で、「ここ」を拡張すれば、「あそこ」も「ここ」に包摂されうる。ちょうど「今」が一秒としての「今」から、今日・今年・今世紀の「今」へ連続的に拡張されるように、「ここ」としての場所も連続的に拡張されうる。空間は、「ここ」と「あそこ」を、それぞれ別々の出来事を発生させる異なった場所として非連続化しつつ、それらを包含する場所として連続化している。空間にこのような二面性があるからこそ、異なった出来事が同時に「ここ」と「あそこ」で、しかもバラバラにではなく、相互に係わりをもちながら発生しうる。

社会的な出来事も特定の時間的・空間的な位置をもつ以上、社会的世界もこのような時間と空間を基礎にしている。社会は、「ここ」と「あそこ」が不連続的な仕方で連続する空間のもとで、自己と他者を分離しつつ結合する社会的諸関係の総体として成立する。また、社会の存続と変容は、「今」と「別の今」を不連続的な仕方で連続させる時間のなかで実現される（正村 2000）。もちろん、時間と空間にそのような二つの側面があるからといって、出来事間の有意味な繋がりが保証されるわけではない。時間と空間は、あくまで出来事の発生可能性を規定しているにすぎず、出来事の具体的な有り様を決定しているわけではない。

時間・空間がこのような出来事間の継起的・共在的な関係を規定する際、時間・空間には、特定の歴史的社会のなかで確立された「社会的な時間・空間」と個人の体験内容に規定された「個人的な時間・空間」がある。時空意識の基層をなしているのは後者である。人は、時間的流れのなかで空間内を移動する自己の身体をとおして時間と空間を把握している。時計で計れば同一の時間なのに時間が早く流れたり遅く流れたりするのも、あるいはまた、地図で測れば同一の距離なのに長く感じられたり短く感じられたりするのも、時間と空間が個人的な体験をとおして了解されているからである。ここでは、時間と空間は、各個人が体験している出来事の起こり方に依存している。「個人的な時間・空間」は、それぞれの個人に応じて、しかもその時々の体験内容に応じて変動するが（個別性）、社会や歴史の違いを超えて、すべての個人に内在している（普遍性）。

これに対して、「社会的な時間・空間」は、ある社会や歴史的段階にある人々の間で共有されている（社会性）反面、社会の歴史的変遷とともに変化する（特殊性）。例えば、近代を境に、社会的な時間や空間は「円環時間」から「直線時間」へ、「非均質空間」から「均質空間」へと移行した。円環時間は、時間が進行するにつれて、過去の状態が再現される回帰的構造を備えているので、未来における出来事の発生可能性は制限されていた。また非均質的空間は、「聖なる場所」「俗なる場所」のように、それぞれ特有の意味をもった場所として分割され、それぞれの特性に応じて出来事の発生可能性を限定していた。「聖なる場所」では俗なる出来事は起こりえないし、「俗なる場所」では聖なる出来事は起こりえない。

ところが、近代に至って直線時間と均質空間が確立されると、出来事の発生可能性が拡張された。一本の矢に喩えられる直線時間は未来をオープンにし、また空虚な容器に喩えられる均質空間も場所の質的特性をすべて取り払った。こうした時間的・空間的な無規定性が、出来事の発生可能性を拡張したのである。その結果、近代社会は、時間的には一層の変化を受け入れ、空間的には狭隘な伝統的コミュニティを超えた、より広域的な社会となった。

その直線時間や均質空間が今や変容を蒙ろうとしている。出来事が他の出来事と継起的・共在的な関係を保ちながら生起するためには、時間・空間とともに、出来事と出来事を結びつける情報が必要である。「今」と「別の今」、「ここ」と「あそこ」の非連続性と連続性は、出来事と出来事を分離しつつ結合する効果を及ぼしているが、情報もそれに類似する作用を担っている。我々が情報の「伝達」と「保存（貯蔵）」と呼んできた現象は、それぞれ「ここ」と「あそこ」、「今」と「先の今」を架橋することによって、出来事間の継起的・共在的な関係を創り出している。[(2)]

現代の情報化は、出来事間の時空的な関係様式を再編することによって、直線時間・均質空間としての近代的な時空的秩序を変化させつつあるが、その際、現代の時空観に関しては二つの対照的な見方がある。すなわち、「今」と「別の今」、「ここ」と「あそこ」の時空的距離が事実上消滅したために、出来事の発生が「今、ここ」という時空的位置に制約されなくなったという見方と、「今」と「別の今」、「ここ」と「あそこ」の区別が際だつことによって、「今－ここ」の重要性が高まってきたという見方である。

前者の例としては、P・ヴィリリオ（Virilio 1993＝2002）の議論が挙げられる。ヴィリリオによれば、情報の絶対速度が確立されたことによって、「現在」と「未来」、「ここ」と「あそこ」の区別が消滅し、現実の時間と空間が解体されつつあるという。この種の見方は、情報化がグローバル化を促進しているという考え方と結びつく。電子メディアを介して流通するデジタル情報の特質の一つは、ヴィリリオが認識したように、光という絶対速度を有する物質を「乗り物」にして伝達される点にある。その速度が「ここ」と「あそこ」の空間的距離を事実上、消滅させるというわけである。[(3)]

これに対して後者は、時間的には瞬間としての現在、空間的にはローカルな場所を強調する見方になっている。例えば、「メディオロジー」を提唱したR・ドブレ（Debray 1992＝2002）によれば、①文字（言語圏）、②印刷術（文字圏）、③オーディオビジュアル（映像圏）に対応する時間形象は、それぞれ①円環（永遠の反復）、②直線（歴史・進歩）、③点（現代性・出来事）であり、電子メディア時代のなかでは、時間は点の集まりと化す。円環時間とちがって直線時間は、その都度の現在において新しい出来事を発生させるが、それらの出来事は、直線としての連続性を帯びている。直線時間のなかでは、同一性としての連続性が保たれており、そうした同一性に裏打ちされて「歴史の進歩」や「大きな物語」が成立する。ところが、点としての時間は、もはやそのような同一性を保証しえない。文字通り、その都度の現在において、新たな出来事が次々と産出されるのである。

また、D・ハーヴェイ（Harvey 1990＝1999）は、グローバルな資本が有利な戦略的拠点を求めて自由に移動するようになった結果、場所間の競争が激化し、それぞれの場所が労働供給、資源、インフラストラクチャー等の面で他の場所に対する差異化をはかっていることを指摘している。空間は、それぞれの質的特性を捨象された均質空間ではなく、相互に差異化された場所の総体として立ち現れるという。

時空の捉え方に関しては、このように一見矛盾した見方があるが、時間と空間が先に述べた二つの対立的な位相を孕んでいることを考慮に入れると、その対立は解消される。二つの対立的な見方は、今までにない仕方で「今」と「別の今」、「ここ」と「あそこ」の間に連続性と非連続性を打ち立てる新しい時間・空間が出現しつつあることを示唆している。それは、一方では、「別の今」「あそこ」から区別された「今」「ここ」を顕在化させつつ、他方では、それらをこれまでであれば結びつきようのなかった「別の今」「あそこ」に接続させるような時間・空間である。そこでは、時間と空間がそれぞれ無数の「今」、無数の「ここ」に分解されつつ、それらの「今」「ここ」が縦横無尽に接合されるのである。

近代の直線時間と均質空間は、出来事の発生可能性を拡張したとはいえ、出来事がそれぞれの場所——例えば、国家的領土——のなかで、過去の出来事との継続性を保ちながら生起する可能性を排除したわけではなかった。「歴史の進歩」や「大きな物語」は、出来事がその同一性を失うことなく更なる発展を遂げていくような時間的蓄積を前提にしているが、そうした時間的蓄積は、時空的位置を異にする無数の出来事がランダムに結びつく可能性を排除したときに成立しうる。「ここ」と「あそこ」を結びつける空間的制約は、同時に「今」と「別の今」を結びつける時間的制約にもなっている。なぜなら、「あそこ」で起こった過去の出来事は、「ここ」で起こる現在の出来事と繋がらないからである。直線時間と均質空間には、このような時空的制約が実質的に働いていたのである。

ところが、グローバルなコンピュータ・ネットワークが発達した現代社会では、そうした時空的制約が緩和されている。情報の「伝達」能力と「保存（貯蔵）」能力の向上によって、「ここ」と「あそこ」、「今」と「別の今（過去）」が結びつく可能性が高まると、出来事は、時空的制約から解放される反面、ますます「今－ここ」という時空的条件に結びつくようになる。「今」と「別の今」、「ここ」と「あそこ」との繋がりが絶えず更新されていく時空間においては、「今－ここ」は、「歴史の進歩」や「大きな物語」を紡ぎ出す準拠点にはなりえないが、いかなる「別の今」、いかなる「あそこ」にも還元しえない固有性を獲得する。

この両義性が、時間的には伝統と革新の奇妙な混合をもたらし、伝統的な出来事が革新されたり、革新的な出来事のなかに伝統が蘇ったりする。また空間的には、脱場所化と再場所化が同時並行的に進行する。出来事は、「ここ」と「あそこ」の空間的距離を飛び越えるという意味では場所的制約から解放されているが、「あそこ」から区別された「ここ」で生起するという意味では、場所の重要性を高めている。そうした場所で生起した出来事が国境を越えて繋がるようになる。本書の主題の一つであるグローバル化とローカル化は、脱場所化と再場所化という空間的な両義性に基礎を置いているのである。

三　第二の位相——社会関係のネットワーク化とアイデンティティの揺らぎ

出来事は、自然的な出来事であれ、社会的な出来事であれ、特定の時空的位置を占め、絶えず現れては消えていくという性質をもっている。社会的な出来事は、他の出来事との係わりのなかで生起するが、社会関係は、そのような無数の社会的な出来事の連鎖として成立する。社会関係が形成されるためには、構成要素となる社会的な出来事を更新していかなければならない。時空的秩序が変化するということは、社会的な出来事間の継起的・共在的な関係が変化し、ひいては社会関係が変化するということでもある。

情報化は、出来事を発生させる時空的秩序を変容させることによってグローバル化とローカル化を促進しているが、グローバル化とローカル化をもたらした直接の要因は、もちろん二〇世紀後半に生じた政治的・経済的な変化である。政治的には、東西冷戦の終焉、社会主義国の崩壊によって、資本主義的なシステムが世界中に広まり、また資本主義国内部においても規制緩和が進んだ。経済的には、画一的な大量生産と大量消費を実現してきたフォーディズムが、フレキシブルな分業編成に基づくアフター・フォーディズムに移行するとともに、資本と労働の自由化に伴って国際分業が進展した。

こうした構造変化と情報化が結びつくなかで、グローバル化とローカル化が進行した結果、ローカルな領域が国境を越えてグローバルに結びつくようになった。近代国家は主権国家として国家の内部と外部を明確に分節し、（少なくとも理念的には）国外からの影響を受けることなく国内を自律的に統治してきたが、グローバル化とローカル化は、近代国家が有していた境界線を正反対の方向にずらすことによって国家の境界を曖昧にしている。もっとも、それはボーダーレス化ではない。国家の内部と外部が依然として分節されつつ、ローカルな領域にグローバルな関係が反映されるような入れ子の構造を示している。

例えば、M・カステル（Castells 1996, 1999＝1999）によれば、現代社会の発展様式が「産業的発展様式」から「情報的発展様式」へ移行するリストラクチュアリング・プロセスのなかで、国家間の格差、都市間の格差、都市内の格差が入れ子状に発生し、国家間に見られる格差が都市間や都市内部でも反復されているという。情報経済の不均等な発展は、グローバル経済の管理機能が集中した国家と、物的生産に特化した国家の格差を拡大した。その一方で、国際分業の進展は、安価な労働力を求めて多国籍企業が発展途上国に進出するとともに、移民が先進国に流入することを促進した。その結果、精神的労働と肉体的労働の分業として現れるような格差が国家間、都市間、都市内部で発生している。特に、ニューヨーク、ロンドンのような、グローバル経済を主導する世界都市は、国際関係の縮図となっている。情報経済の不均等発展によって引き起こされる国家間・都市間・都市内の格差は、階層的・地理的・人種的な差異が複雑に絡み合った入れ子型の構造をなしている。

入れ子の特徴は、全体を構成している各要素の内部に、全体（要素にとっての外部）が反映される点にある。この関係は、境界の消滅によって内外の区別がなくなるのとは異なり、内外の分節を前提にしている。外部が内部から分節されつつ内部にも存在するのである。今日、このような入れ子型の構造が国家の内部と外部のみならず、さまざまなレベルで形成されている。それは、現代社会がネットワーク的関係によって編制されているからである。

「ネットワーク」という概念は今日、近隣ネットワークからコンピュータ・ネットワークに至るまで、広く用いられているが、現代社会を構成しているネットワークの特徴は、単に流動的な関係性にあるだけではない。現代のネットワークは「ネットワークのネットワーク」として、多数のネットワークがネットワーク化されている。逆に言えば、ネットワークを構成する要素自体がネットワークを形成している。社会的ネットワークは、あとで詳述するように、組織内ネットワークから都市間ネットワークに至るまで重層的に構築されている。このような社会的ネットワークのインフラ的基盤となっているのがインターネットであるが、インターネットも、無数のコンピュータ・ネットワークをネットワーク化したものである。

そして、このような社会関係のネットワーク化は、同時に社会的主体の変容でもあり、個人的・集合的なアイデンティティの変容を伴っている。「主体」という概念を、近代的主体という意味ではなく、社会的な出来事を引き起こすアクターという広い意味に解するならば、社会的主体は社会関係に先立って存在しているのではない。近代的主体は、状況的変化に抗して自らの同一性（アイデンティティ）を維持する近代的個人を意味していたが、近代的国家もいわば大文字の主体として存在していた。アイデンティティには「個人的アイデンティティ」と「集合的アイデンティティ」があり、近代的個人は、近代的主体としての個人的アイデンティティと、国民としての集合的アイデンティティ（ナショナル・アイデンティティ）という二重性を帯びていた。

アイデンティティ理論の先駆者であったE・H・エリクソン（Erikson 1959＝1973）のアイデンティティ論は、近代的主体のアイデンティティを扱っていたため、アイデンティティ論は、近代的主体が相対化されていくなかで一時下火になったが、グローバル化が顕著になり始めた一九九〇年代頃から、集合的アイデンティティに関する議論が沸き起こってきた。ナショナル・アイデンティティが揺らぐ反面、エスニック・アイデンティティをはじめとした新たな集合的アイデンティティを確立しようとする動きが活発化してきた。例えば、カステルは、市民社会の支配的制度に根ざした「正統的アイデンティティ」と、その支配論理に抵抗する「抵抗的アイデンティティ」を対置したうえで、ネットワーク社会のなかでは、抵抗的アイデンティティがグローバル化に対抗する集合的アイデンティティとして世界的な広がりを見せていることを指摘している（Castells 1997）。アイデンティティが近代的主体に固有か否かは、論者によって意見が分かれる所であるが、いずれにしても、近年のアイデンティティ論の復活は、社会を構成する集合的主体の変容を物語っている。

四　第三の位相——経済・政治・文化の機能的融合

経済・政治・文化といった社会的機能は、さまざまな個別的・集合的な主体が取り結ぶ社会関係を別の観点から捉えたものであり、実体的には重なっている。したがって、時空的秩序の変容を基底に据えた社会関係と主体布置の地政学的な変動は、経済・政治・文化の関係にも波及する。ここでは特に、経済・政治と文化の関係に焦点をあててみよう。

「文化」という概念には、①社会や集団の基礎規範という意味と、②人間の審美的・精神的な活動（の結晶）という二重の意味が含まれている。前者を「文化Ⅰ」、後者を「文化Ⅱ」と呼ぶならば、文化Ⅱは、文化Ⅰに規定された人々の価値観を象徴的・集約的に表現しつつ、近代に至って、文化Ⅰに還元できない自律性を獲得した。

文化Ⅱの代表的なものとして宗教と芸術を挙げることができるが、宗教は、かつて現世と来世にわたる世界全体を解釈し、その権威をつうじて社会を統治するという絶大な役割を演じてきた。しかし近代以降、世界の解釈に関しては科学、社会の統治に関しては政治にそれぞれ席を譲ることによって、科学や政治には担えない機能を果たすようになった。また、芸術も、芸術活動を専門的職業とする人々の誕生によって、それらの人々を社会的に組織したシステムとして編成されるようになった。このような宗教や芸術の自律化は、近代社会のなかで政治・経済がそれぞれ機能的に自律したのと呼応している。機能分化をつうじて、経済・政治・文化IIは、それぞれ別個な規範によって形作られた領域を形成するようになった。

一方、文化Iは、あらゆる社会領域に遍在しているが、各領域を形作っている規範の基層をなしている。集合的アイデンティティも規範的要素を内包しており、その規範的要素は、集合的主体を形作る文化のなかで基層的レベルに位置している。そのため、集合的アイデンティティは、社会構造が安定的であるときには潜在的レベルにとどまっているが、社会関係の構造が変化したり流動化したりすると、社会的コミュニケーションの主題として浮上してくる。現に、経済、政治の各領域で文化Iの役割が再評価されたり、文化IIが再び文化Iに接近したりするという現象が起こっている。

例えば、経済の領域では、フォーディズムがアフター・フォーディズムへ移行する一九七〇年代から八〇年代にかけて、企業文化論が台頭してきた。T・J・ピーターズとR・H・ウォータマン（Peters & Waterman 1982＝1986）が当時の「超優良企業」において明確な経営理念と固有な企業文化が形成されていることを明らかにして以来、コーポレート・アイデンティティの重要性が認識されるようになった。企業組織が流動的な環境に直面し、厳格な組織規則や固定的な分業関係によって対処しえなくなったからこそ、コーポレート・アイデンティティが重視されるようになったのである。

また政治の領域でも、集合的アイデンティティをめぐる動きが活性化している。政治的主体のアイデンティティを構成するうえで、文化IIが重要な役割を担い始めている。G・ケペル（Kepel 1991＝1992）が指摘したように、一九七〇年代は、政治と宗教の関係が大きな転回を遂げた時期であった。第二次世界大戦後、政治は宗教からますます独立していくようにみえたが、七〇年代を境に、そうした流れが転換した。宗教が社会的組織化のための新たな基盤として政治の表舞台に登場してきたのである。一例を挙げれば、社会主義国であったユーゴスラビアの解体は、カソリック教徒のクロアチア人、東方正教徒のセルビア人、イスラム教徒のボスニア人の対立を顕在化させた（中野毅ほか 1997）。ナショナル・アイデンティティを支えていたのは、文化Ⅰとしての社会主義イデオロギーであったが、その文化Ⅰが崩壊するなかで、文化Ⅱとしての宗教が浮上してきている。宗教が新たな集合的アイデンティティを提供する資源として政治性を帯びてきたのである。

そして、文化Ⅱは、いまや政治的資源としてのみならず、経済的資源としても利用されている。ハーヴェイ（Harvey 1990＝1999）によれば、都市間競争がグローバルなレベルで激化するなかで、スペクタクル的な都市空間の構成をつうじて都市をイメージすることが資本や人々を引きつける手段になっている。そこでは、建築や都市のデザイン設計という、都市のアイデンティティを規定する文化的営みが資本戦略に組み入れられている。

このように経済や政治の領域のなかで潜在的なレベルにとどまっていた文化Ⅰが顕在化してくるという動きは、文化Ⅱが経済的・政治的な性格を帯びるという、もう一つの動きと連動している。前者は「経済の文化化」「政治の文化化」を、そして後者は「文化の経済化」「文化の政治化」を意味している。一九七〇年代以降における社会関係の構造的再編は、「政治の文化化」と「文化の政治化」、「経済の文化化」と「文化の経済化」の複合的な連関のなかで起こっている。現代社会では、資本や権力は、文化に規定された社会構造を前提にしながら作動するだけでなく、社会構造を規定する文化の再編を促している。より正確にいえば、文化Ⅰは資本や権力の作動を基礎づけているだけでなく、文化Ⅰそのものが文化Ⅱに介入する資本や権力の作用をとおして再編されようとしているのである。

そして情報化が進むと、資本や権力の作用形態も変化するので、「経済・政治の文化化」と「文化の経済・政治化」は、ともに情報化の影響を蒙ることにもなる。例えば、ポストモダニズムを後期資本主義の文化論理として捉えた

F・ジェイムソン（Jameson 1991, 1998）は、現代のエレクトロニクス技術が爆発的な発展をとげた後期資本主義においては、あらゆる文化が商品化され、文化と経済が一体化しつつあることを指摘している。彼は、さらにポストモダニズムの特徴として、①歴史性の希薄化、主体の分裂病的な不安定性として示される「深みのなさ」、②批判的精神を欠いた、空虚なパロディとしての「パスティッシュの氾濫」、③文化ジャンル間の境界——高級文化と大衆文化の境界、絵画・彫刻・建築等々の境界——の崩壊としての「脱分化」を挙げている。

これらの文化的特徴は、これまで説明してきた現代社会の構造的特質と照応している。時間には持続と瞬間という二つの側面があるが、「深みのなさ」は、近代的主体や歴史的進歩を根底で支えていた直線時間の持続的側面が衰退したことに起因している。時間が瞬間的な点の集まりになると、出来事は、内的連関を失って分裂病的な不安定性を帯びる。逆にいえば、出来事が、その同一性を規定する様式から切り離され、別の様式に基づいた出来事とランダムに結びつく。時間は、一方で点として断片化されるが、他方で、点と点が自在に接合される。「パスティッシュの氾濫」はこの時間構造を基にして、過去の作品の模造物が次から次へ脈絡なく産出されることを示している。

そして、この時間構造を空間次元に転換すると、さまざまな様式が異種混淆し、ジャンル間の境界が崩壊していく「脱分化」の現象となる。芸術作品が別の「今－ここ」で生産された諸々の作品を断片的に模倣しつつ、それらの恣意的な結合として創造されるとすれば、文化領域でもグローバル化とローカル化に内在していたのと同型の時空的連関が貫徹していることになる。

こうした文化IIの生産は、情報テクノロジーと芸術作品の関係を論じたW・ベンヤミンの古典的著作『複製技術時代の芸術作品』のなかですでに予見されていた。ベンヤミンは、複製技術の発達によってアウラが消滅することを説いた。アウラの消滅は、オリジナルの真正性を保証する契機としての「今－ここ」の破壊を意味していたが(4)、その場合、「今－ここ」は、単なる点としての時間・空間ではなかった。「芸術作品が唯一無二であるということは、芸術作品が伝統の連関に埋め込まれていることと同じである。……像においては一回性と持続性が密接に結びついているとすれば、複製においては一時性と反復可能性が同じく緊密に結びついている」(Benjamin 1936＝1995, p. 593)。この芸術作品の技術的複製が可能になると、芸術が大衆化するとともに、伝統の結晶物である儀式にかわって政治という別の実践に基づくようになるという。

ここで複製を特徴づけていた「一時性と反復性」は、「今」が「一時」的なものであると同時に、オリジナルが位置していた過去の「今」の「反復」でもあることを示唆している。一方で、時間が点としての「今」に解体されつつ、他方で、「別の今」が反復されると、点としての「今」と「別の今」が自在に接合される。この時間構造を空間次元で展開すれば、「ここ」と「あそこ」が差異化されつつ、「ここ」が無数の「あそこ」と自在に接合されることになる。複製技術は、このような時空的連関のもとで「高級文化と大衆文化の脱分化」と「文化の政治化」を促しているのである。

ベンヤミンの認識は、情報社会の文化状況を先取りしていたとはいえ、今日の文化状況は、もはや二〇世紀前半と同じではない。現代社会においては、情報機能が複製・編集・伝達・保存のいずれの面でも向上しただけでなく、文化産業も世界市場を席巻するまでに至っている。そして、文化Ⅱのなかに、グローバル化とローカル化に内在していた時空的連関が看取されるだけでなく、文化Ⅰもグローバル化とローカル化の波に晒されている。グローバル化とローカル化は、文化（Ⅰ・Ⅱ）を成り立たせていた空間構造の変革をつうじて、地球上に存在する無数の文化の異種混淆化をもたらしているのである。

五　第四の位相――身体感覚とリアリティの変容

電子的情報空間のなかで成立するリアリティは、「バーチャル・リアリティ」と呼ばれて現実世界のリアリティから区別されているが、我々が「現実世界」と考えている世界も情報的に構成された世界である。「バーチャル」という言葉は元来、「実際には存在しないが、本質において存在しているのと同等な効果を有する」（廣瀬 1993, p.1）という意味の言葉で、「リアリティ」の対立語ではない。「現実性・実在性」を意味する「リアリティ」の対立語は、「可能性」としての「ポッシビリティ」である。

時間・空間に「体験的位相」と「社会的位相」があったように、リアリティにもそれに対応する二つの位相がある。人は、常に「今－ここ」に位置しているが、知覚や言語をとおして「今－ここ」に存在する対象だけでなく、別の「今－ここ」に存在する対象をも認識している。いかなる個人的体験も、知覚的認識と言語的認識に基づいており、各個人の体験をとおして世界のリアリティが形作られる。世界に対する個人的体験をとおして獲得されたリアリティを「体験的リアリティ」と呼ぶならば、体験的リアリティの違いは、個人の体験内容の違いに起因している。

またリアリティには、社会的な時空観と同様に、社会的・歴史的に規定された位相がある。「社会的リアリティ」は、当該社会のなかで共有された集合的意識として生成されるゆえに、社会的・歴史的に変動する。このような変動が起こるのは、リアリティを構成する複数の情報チャネル間の優位関係が社会的・歴史的に変化するからである。知覚（視覚・聴覚・嗅覚・味覚・触覚）や言語は、情報を獲得するチャネルでもあり、情報チャネルの違いによって情報が開示する世界の有り様も異なってくる。

例えば、W・J・オング（Ong 1982＝1991）やM・マクルーハン（McLuhan 1962＝1986）は、話し言葉と書き言葉の違いを聴覚的メディアと視覚的メディアの違いに求めたうえで、近代という、印刷物が登場した時代を視覚優位の時代、ラジオやテレビが誕生した現代を、視覚優位が再び崩れた時代として捉えた。これに対して、メディアを知覚と言語との対比のなかで把握したドブレ（Debray 1992＝2002）は、近代と現代を「文字圏」と「映像圏」として対置した。また、「速度の政治学」に立脚したヴィリリオ（Virilio 1996＝1998）は、情報の絶対速度が確立されたことによって、現実世界のリアリティが崩壊し、世界の見え方は一九世紀の「対象的＝客観的現前」から「遠隔的＝電波的現前」へ変化しているという。

電子メディアが、「今－ここ」で成立する世界のリアリティに対して否定的に作用するか否かに関しては検討の余地があるが、いずれにせよ、世界のリアリティを考察するためには、情報チャネル間（「視覚／聴覚」間、「知覚／言語」間）の関係はもとより、すべての情報処理の原基的メディアとなる身体を考慮に入れなければならない。

社会的世界は社会的コミュニケーションをつうじて構成されている以上、表現メディアだけでなく、コミュニケーション・メディアもリアリティの構成に関与している。現代社会の情報空間は、これらのメディアによって構成された電子的情報空間を組み込んでいる。社会的情報空間のなかにバーチャルな情報空間が組み込まれたとき、我々のリアリティはどのような変容を蒙るのか、それが問われなければならない。

以上、情報化とグローバル化に係わる現代社会の諸相として四つの位相を指摘したが、重要なことは、これらが緊密な相互連関をなしているということである。個人間・集団間の繋がりとしての社会関係も、経済・政治・文化といった社会的機能も、すべて時間的流れと空間的広がりのなかで生ずる出来事の連鎖として成立する。しかも、物理的な出来事と違って、社会的な出来事は、社会的世界に対する人々の表象に媒介されている。人は社会的世界を表象し、その表象をとおして社会的世界に参与している。このとき、表象された世界のなかには物的対象や他者だけでなく、自己自身も含まれる。表象された世界のなかで他者との区別をとおして自己を位置づけることが、(個別的・集合的)アイデンティティの構築に繋がる。また、表象された世界には、特定の「今－ここ」に存在する現実的なものだけでなく、可能的なものも含まれる。社会的関係や社会的機能は、すべて可能性のなかからの選択をとおして存立している以上、可能的なものに対する表象に媒介されている。だからこそ、「リアリティ」と「ポッシビリティ」の区別が必要になり、この区別をとおして世界のリアリティが構成されるのである。

第二章　機能分化とアイデンティティの行方

一　近代の機能分化とメディア

E・デュルケーム（Durkheim 1893＝1971）をはじめ、多くの社会学者が指摘したように、近代に至って社会の分化形態が大きく転換した。近代社会は機能的に分化した社会であり、機能分化が確立されたのは一九世紀においてである。西欧社会において国民国家が勃興してきたのも一八世紀末から一九世紀であるので、国民国家の誕生と機能分化の確立は時期的に重なっている。この時間的一致が単なる偶然でないとすれば、国民国家を揺さぶる社会の地政学的変動は、機能分化のあり方にも少なからぬ影響を及ぼしているはずである。一九七〇年代以降における社会変動を分析するためには、いったん歴史を遡って近代社会の形成とその構造的特質を把握しておかねばならない。

1　オートポイエティック・システムとしての機能システム

機能分化をコミュニケーション論的な視点から分析したのはN・ルーマンであるが、彼（Luhmann 1988＝1991,

1997）によれば、近代を境にして社会の支配的な分化形態は、環節分化や階層分化から機能分化へ移行した。機能分化の場合には、部分システムは、政治・経済・科学・教育等々といった諸機能の違いに基づいて分化している。経済システム、政治システム、科学システム等々は、全体システムと同様、それ自身も相対的な自律性を備えているが、ルーマンは、このようなシステムを「オートポイエティック・システム」として定式化した。

オートポイエティック・システムというのは、環境との係わりのなかで自らの存続をはかる点で「開放的」であるが、自己と環境の境界を自ら設定する点で「閉鎖的」でもある。オートポイエティック・システムの特徴は、何よりもシステムの構成要素を同種の他の構成要素との関係をつうじて再生産する点にある。ルーマンによれば、近代社会では、このような特徴が全体システムだけでなく、機能分化したシステムにもあてはまる。それゆえ、機能分化した各部分システムは、その環境となる全体システムや他の部分システムと構造的にカップリングしつつ（開放性）、固有の機能を担うコミュニケーションを再生産している（閉鎖性）。

機能分化を実現するうえで重要な役割を果たしているのがコミュニケーション・メディアである。経済システム、政治システム、科学システムを例にとると、各システムのメディアとなっているのがそれぞれ貨幣、権力、真理である。これらのメディアは、マス・メディアや電子メディアのように情報の到達範囲を規定しているのではない。情報が受け手に伝達されたからといって受容されるとは限らないが、これらのメディアは、送り手の情報が受け手に受容される可能性を高めている。(1)

そして、これらのメディアは、いずれも特有なコードを前提にして作動する。貨幣であれば「支払い／不払い」、権力であれば「与党（適法）／野党（不法）」、真理であれば「真／偽」といった「二肢コード」がそれにあたる。二肢コードが適用されると、一切の出来事は二肢コードを構成する二つの値に還元され、それに関連しない内容はすべて排除される。一方、具体的な出来事に対する二肢コードの適用を規定しているのがプログラムである。コードが部分システムの自律性（閉鎖性）をもたらすのに対して、プログラムは、その内容如何によってシステムと環境の関係を変化させる（開放性）。

ルーマンは、近代における機能分化をコミュニケーション・メディアと二肢コードによって説明したが、コミュニケーション・メディアと二肢コードは、いずれも近代において登場したものではない。環節分化や階層分化が支配的であった近代以前から、貨幣・権力・真理は存在しており、しかもそれぞれ二肢コードを備えていた。古代ギリシャの段階から貨幣は「支払い／不払い」、真理は「真／偽」という二肢コードに依拠していた以上、二肢コードは、機能分化を実現するための必要条件ではあるが、必要十分条件ではない。機能分化したシステムの自律性・閉鎖性は、メディアの二肢コードから導き出されたものではなく、次に述べるメディアの循環性に起因している。

近代社会のなかでは、各部分システムが相互に分化しているだけでなく、どの部分システムも固有の内部分化を内在させている。この内部分化は、社会関係の次元に定位するならば、各システムに固有な役割分化として現れる。同じシステムのなかで別々の役割を担った人々が存在し、それらの人々は、貨幣・権力・真理に媒介されたコミュニケーションをつうじて関係づけられる。各部分システムは、このコミュニケーションの循環的過程をつうじて閉鎖性（自律性）を獲得する。部分システムが相互に分化することと、各部分システムのなかで分化した内部が統合されることは表裏一体をなしている。

以下では、経済システム、政治システム、科学システムを取り上げ、右のことを見てみよう（その際、各システムを構成する行為主体（アクター）として代表的なものだけを取り上げることにする）。

2 経済システム――貨幣循環

経済システムの内部分化は、「生産者（企業家）と消費者（労働者）」の分離として現れ、両者は貨幣を媒介にして結合する。消費者（労働者）は、代金を支払って生産物を購入し、生産者（企業家）は、賃金を支払うかわりに労働力を獲得する。このような仕方で交換が行われたとき、経済システムは貨幣循環のシステムとして成立する。

このような貨幣循環が起こるためには、生産物はもとより、労働力・土地・貨幣を含む一切の生産要素が貨幣的交換の対象とならなければならない。本来商品ではないこれらの生産要素が商品化されたのは一九世紀である。K・ポラニー（Polanyi 1944＝1975）が指摘しているように、一九世紀以前の経済は、互酬性や再配分が支配的であり、市場は社会のなかに埋め込まれていた。市場も古くから存在していたとはいえ、旧来の市場は、経済領域と政治領域の構造的分離を欠いた統制的市場であった。ところが、一九世紀になると、労働力・土地・貨幣がそれぞれ賃金・地代・利子というかたちで商品化され、自己調整的な市場システムが形成された。「この経済は政治や統治の中心部から制度的に切断されており、それ自身の法則をもつオートノミーに到達している」（同訳 p. 191）。

統制的市場から自己調整的市場への転換は、ルーマンのいう経済システムの分出、すなわちオートポイエティック・システムとしての経済システムの誕生に相当するが、この移行を促す契機となったのは、生産（者）と消費（者）の分離という内部分化であり、その前提となる労働力・土地・貨幣の商品化であった。これらの条件が整い、すべての生産要素が価格という数量的情報によって表示されたとき、内部分化を再統合する回路として、貨幣の閉鎖的循環が成立する。生産要素のなかでも、土地は場所そのものであり、労働力を有する人間も特定の場所に内属しているが、場所に由来する個別的特性がすべて捨象されることによって、土地や労働力は商品交換の過程に組み込まれたのである。

そして、近代国家の主権の一つは通貨の発行権にあるが、一国家が一通貨を保有するという通貨の地政学的構造が姿を現してくるのも一九世紀である（Cohen 1998＝2000）。一九世紀中葉以降において、通貨の地理的境界線は、初めて国家の政治的境界線と重なるようになり、貨幣は、国家的領土の内部に限定されつつ、その全域で作動するメディアとなった。このように経済システムの分出は、国家的領土のなかに存在するすべての生産要素を価格という数量的情報によって表現する貨幣の抽象作用のもとで実現されたのである。

3 政治システム——権力循環

経済システムが貨幣循環によって特徴づけられるとすれば、政治システムは権力循環によって特徴づけられる。権力循環は、近代の政治システムが間接民主主義（代議制民主主義）を採用していることに由来している。

「デモクラティア（民主政）」という言葉が「デーモス（民衆）」と「クラティア（権力）」の合成語であることからもわかるように、民主政とは、民衆が自らを統治する政治形態である。民主政は、民衆の権力が民衆自身に向けられる回帰的構造を備えている。とはいえ、近代の民主政は、民衆（被代表者）と政治家（代表者）の構造的分離を伴っている点で古代ギリシャの民主政から区別される。奴隷をポリスの構成員から排除した古代ギリシャの民主政と違って、近代の民主政においては、代表者を選出する者が（最終的には成人女性を含む）国民にまで拡張された反面、代表者として選出される者は、政治家という専門家に限定された。この構造的分離のもとで代表者と被代表者を結合しているのが権力である。

権力循環のシステムにおいては、権力は、いわば上から下に流れるだけでなく、下から上にも流れる。法や政治的プログラムが議会（政治家）によって決定され、行政機構（官僚）をつうじて実行されていく過程だけでなく、民衆が政治家を選出する過程も権力に媒介されている。それゆえ、政治システムは権力循環のシステムとして構成される。[(2)]「下から上に流れる権力」は、革命運動を組織したり、憲法を制定したりする権力を意味するが、近代の民主的な政治システムのなかでこの権力は、投票によって政治家を選出する権力に還元されてしまった。

歴史的にみると、フランス革命が起こったのは一八世紀末であったが、人民主権を基礎にした政治システムが制度的に確立されたのは一九世紀後半である。福田歓一は、パリ・コミューンの敗北を「人民武装の実質的意味の喪失」と規定したうえで、「人民武装の実質的意味の喪失のあとに、人民主権の体制的意味の定着が生まれたのは、第三共和政の最大の逆説であった」（福田 1988, p. 51）と述べている。福田のいう「第三共和政の最大の逆説」とは、パリ・コミューンの敗北を機に、革命運動を組織化する権力が、政治家を選出する権力に還元されたことをつうじて、近代の政治システムが確立されたことを指している。

政治システムが権力循環のシステムとして形成されるためには、代表者の意思と被代表者の意思が一致しなければならない――そうでなければ、前者は後者を代表したことにはならない――が、そのためには政治家と公衆をともに主権者として包摂する共通の基礎が与えられなければならない。フランス革命の人権宣言のなかで「生まれながらの人間の自由」「法の前での平等」「主権在民」が謳われた。代表制の原理を根底で支えていたのは、階級・身分・財産といった社会的特性を問わず、社会の全構成員を国民として同定する抽象化であった。こうして、近代民主政を支えていた投票的権力は、すべての人間の自由・平等という思想的前提のもとで、人々の意思を票数という数量的情報に還元しながら集合的な意思決定過程を媒介しているのである。

投票的権力に限らず、権力というメディアは、無数の人々の意思からなる社会の全体的意思を一つの個別的意思へ集約したり、一つの個別的意思を社会の全体的意思として提示したりする働きをしており（正村 2001）、そのような仕方で「全体と個」、そして権力者と被権力者としての「個と個」を媒介している。投票的権力の特異性は、人々の多様な意思決定の内容を票数という数量的情報に圧縮することによって全体の意思を個（権力者）の意思へ変換している点にある。この抽象化は、経済システムのなかで貨幣があらゆる商品の質的特性を価格という数量的情報に圧縮する抽象化に対応している。投票的権力の抽象化は、貨幣の抽象化と方向こそ異なるものの、個々人の質的特性を一切捨象する点で共通しているのである。

4　科学システム――真理循環

「科学」という言葉が創造され、科学が多数の学問分野を包摂したシステムとして制度化されたのも一九世紀である。一七世紀から一八世紀に登場したガリレイやニュートンらの理論は、中世的自然観を打倒するうえで決定的な役割を演じたとはいえ、それらの理論の出現がただちに近代科学の誕生に繋がったわけではなかった。近代科学の誕生には、一七・一八世紀と一九世紀にそれぞれ起こった二度の「革命」を必要としたのである（野家 1999）。

科学システムの中核をなすのは、認識活動を職業とする科学者（集団）であるが、科学者（集団）だけが科学システムの構成員ではない。なぜなら、科学システムのメディアとなる真理とは、すべての理性的人間が受容すべき命題を表しているからである。近代の科学システムは、経済システムや政治システムの場合と同様、知の生産者である科学者と、知の消費者である素人の構造的分離という内部分化を伴っている。そして、貨幣が生産者と消費者の間を循環し、権力が政治家と公衆の間を循環するように、真理も、知を生産する科学者と知を消費する素人の間を循環するのである。

こうした科学システムの内部分化は、もう一つの分離を必要としていた。それは「認識と行為の分離」である。本来、認識は「行為のための認識」として営まれるが、認識が行為から切り離されると、「認識のための認識」が成立する。それに応じて知も、行為を選択するための「実践知」と、認識そのものを目指した「認識知」に分裂する。どのような行為をなすべきかは、それぞれ状況に応じて異なる以上、実践知は個別的性格を免れられないが、認識知は世界の客観的な存在性を想定している。近代科学が前提していた真理は、客観的・普遍的な性格を備えた認識知であり、このような認識知は、科学者という専門家によって生産されつつ、その客観性・普遍性ゆえに、素人を含むすべての人間に受容されるべきものとして位置づけられたのである。

真理は常に知として現象するが、認識知の客観性・普遍性も、現象的多様性を量化する抽象作用に支えられている。事物の多様な性質を質量のような抽象的な量に還元していく態度こそ、科学的発想の真髄をなすものであった。近代科学のなかでも自然科学、そのなかでも物理学が科学のモデルとなったのは、物理的世界を研究する物理学こそ、認識の客観性・普遍性という近代科学の理念を体現していたからである。

以上のように、経済システム、政治システム、科学システムは、いずれもシステムの内部分化を伴っており、各部分システムの閉鎖性は、部分システム内で分化した諸要素を統合するメディアの循環的作用によって確立されている。その意味で、システム間分化とシステム内統合は表裏一体をなしているが、ここから近代において機能分化した部分システムの特徴として次の二点を指摘することができる。

まず第一に、近代社会における機能分化は、ルーマン自身も認識していたことだが、一つの環節分化を含んでいた。機能分化の場合には、各部分システムは機能的に分離されているが、各部分システムに帰属する人々の集合とその地理的範域は相互に重なっているだけでなく、全体システムのそれとも重なっている。各部分システムの内部で見られる「生産者（企業家）と消費者（労働者）」「政治家と民衆」「科学者と素人」の区別は、あくまで役割上の区別にすぎない。つまり、機能分化した各部分システムの領域は、その全体システムである国民国家の領域と重なっていたのである。

機能分化を実現するためには、その共通の土台として、各部分システムの地理的・人的な範域が一致することが要請されるが、この地理的・人的な分割をもたらしたのが近代国家であった。近代国家の特色は、明確な空間的領土を有し、国家の構成員を国民として同定する点にある。近代国家は、環節分化をつうじて他の国家から区別されるが、国家の境界を確定する地理的・人的な分割がすべての部分システムにも貫徹している。その結果、どの部分システムをとっても、部分システムの空間的範域と人的構成は、全体システムのそれと一致する。機能分化の確立と国民国家の誕生が時期的に重なったのは、このような内的連関が存在するからである。そして、国民国家の内部は機能分化を実現しているとはいえ、近代社会は、それぞれ特定の領土を有する国民国家の集合として形成された点で環節分化を残していたのである。

第二に、各部分システムの内部分化は、各メディアに内在する高度な抽象作用によって統合されていた。メディアが作動する空間的範域は、国家的領土の内部に限定されているとはいえ、それまでの地域共同体と比較すれば、大幅に拡張されている。各メディアが、内部分化した諸要素を結びつけながら、国家的領土の全域をカバーする循環的なコミュニケーションを媒介しうるのは、地域的・人的な多様性をなす個別的要素を捨象する抽象作用を備えていたからである。

そして、電子メディアが機能分化に係わってくるのもこの二点においてである。

二　超機能的メディアと原生的メディア

1　身体の超越作用と復権作用

第一章で述べたように、電子メディアは、身体に依拠した情報の作動条件を変化させることによって、物質的なものと意味的なものの関係を変化させている。その関係とは、具体的にいえば、「身体と自己」「相互行為とコミュニケーション」「建造物と社会組織」の関係である。

「身体と自己」「相互行為とコミュニケーション」「建造物と社会組織」は、これまで分かち難く結びついてきた。自己は身体を所有しているというよりも、それ自身が身体的存在である。身体は、一個の物質的存在であると同時に、その物質性を介して世界を開示する精神的機能を担っている。しかも、身体は、物質的存在としてみれば、各人各様であるが、精神的機能の担い手としてみれば、社会的関係のなかで形作られる。身体には、物質的かつ精神的、個人的かつ社会的な性格が刻印されており、自己はそのような身体的存在としてある。同様に、社会組織も、企業・議会・学校・病院・教会のいずれをとっても、固有の建造物を保有しているが、同時にまた、それらの建造物は意味を胚胎し、それ自身が組織を象徴するシンボル的役割を果たしている。

また、建造物が自己と他者の間身体的な相互行為によって創建され、社会組織が自己と他者の間主観的なコミュニケーションによって生成されるとすれば、相互行為とコミュニケーションも、送り手と受け手が直接対峙する日常的場面のなかでは実体的な重なりをもっている。すなわち、送り手の身体的振る舞いが一定の意味を表現する情報として受け手に理解される反面、約束や契約のように、発話（情報の表現・伝達）が行為としての意味をもちうる。相互行為を「自己の身体と他者の身体が有意味的に連関する過程」、コミュニケーションを「情報の表現・伝達・理解の過程」として捉えるならば、どちらも意味的要素と物質的要素を含むゆえに相互に転換しうる。

とはいえ、「身体・相互行為・建造物」と「自己・コミュニケーション・社会組織」の間には、物質と意味に対応した違いが見られる。すなわち、身体が皮膚によってかたどられた物理的境界をもつのに対して、自己を他者から区別している境界は意味的境界である。人は、誕生したときから身体を有しているが、自己の意識は一定の発達段階において確立される。同様に、建造物が物理的境界を備えているのに対して、社会組織を他の組織から区別しているのも、組織のルールや文化によって設定された意味的境界である。さらに、間身体的な過程としての相互行為は、例えば労働のように、自然的世界を加工する物質的性格を帯びているが、間主観的な過程としてのコミュニケーションは、情報の表現・伝達・理解という意味操作的な過程をなしている。コミュニケーションに内在する物質的過程は、情報の作動を支える物質的土台をなしているにすぎない。

要するに、「身体・相互行為・建造物」が意味的なものを内包した物質的ものであるのに対して、「自己・コミュニケーション・社会組織」は、物質的なものに支えられた意味的なものとしてある。社会的世界のなかでは、意味的なものと物質的なものが相互に浸透しているが、「身体と自己」「相互行為とコミュニケーション」「建造物と社会組織」の間には亀裂が入っているのである。電子メディアはこの亀裂を拡大させており、しかもその際、二つの正反対の効果を及ぼしている。この二つの効果は、先に述べた機能分化の二つの特徴と関連してくる。

まず、電子メディアは、「身体・相互行為・建造物」から相対的に遊離した「自己・コミュニケーション・社会組織」を産み出す可能性をもっている。

物理的空間に存在するものはすべて時空的位置を占めている以上、自己と他者が対面的関係のなかでコミュニケーションや相互行為を行うには、「今－ここ」としての状況を共有しなければならない。また、組織を形成するためには、コミュニケーションや相互行為に必要な空間的場所を確保しなければならない。建造物は、そのための空間的場所を提供してきた。

このような物理的空間に対して、電子メディアは、電子的情報空間という新しい空間を出現させた。電子的情報空間内では、あらゆる対象をデジタル信号に置き換えることによって、対象の物質性を剝奪している。この空間内では、身体間に介在していた時空的距離が無化され、「身体・相互行為・建造物」から（相対的に）遊離した「自己・コミュニケーション・社会組織」が生成される。

相互行為と相互に浸透している対面的コミュニケーションの過程では、言葉を交わしながら建物を建てることが可能であるが、電子メディアを介したコミュニケーション過程ではそうはいかない。送り手と受け手が互いの身体を使ってコンピュータを操作する身体的振る舞いは、情報の表現・伝達・理解のための行為に還元されるが、そのかわり、コミュニケーションは、身体的振る舞いが行われる場所的制約から解放される。そして、コミュニケーションと相互行為の関係の変化は、自己と身体、社会組織と建造物の関係にも及ぶ。電子的情報空間内では、例えば、性別や年齢を偽ることによって現実の身体から切り離されたバーチャルな自己を呈示することができる。また、複数の企業がインターネット上で提携・創設した「バーチャル・カンパニー」も、固有な建物を保有していない点でバーチャルな組織といえる。(3)

このように電子メディアは、グローバルな広がりをもった電子的情報空間のなかで「身体・相互行為・建造物」から（相対的に）遊離した「自己・コミュニケーション・社会組織」を生成する。このような電子メディアの特性は、「グローバル・ビリッジ」（マクルーハン）、「フローの空間」（カステル）、「情報の絶対速度の確立と時空的距離の消滅」（ヴィリリオ）等、従来の情報社会論のなかで論じられてきた。しかし同時に、電子メディアは、それとは正反対の効果を及ぼしてもいる。というのも、右の乖離をつうじて、これまで抽象的な意味作用のもとで封じ込められていた「身体・相互行為・建造物」のポテンシャリティが解き放たれたからである。

従来の情報社会論は主に、情報を世界中に、かつ瞬時に伝える情報の伝達作用に焦点を置いてきたが、言語のような意味的情報には、情報を伝達する作用のほかに、意味を表示したり変換したりする意味作用がある。人間の情報処理を「認知・記憶・思考」に大別するならば、認知は、「ここ」と「あそこ」を架橋する情報作用、そして記憶は「今」と「先の今」を架橋する情報作用に基づいている。もちろん、認知は、単に「あそこ」に位置する対象を「ここ」で再現することではないし、記憶も、単に「先の今（過去）」に位置する対象を「今（現在）」の時点で再現することではない。認知や記憶は、そのつどの「今－ここ」において再構成されており、意味変換としての思考と不可分に結びついている。

言語のような意味的情報は、意味を伝達・保存するだけでなく、意味を別の意味に変換する作用を担っているが、その際、情報が表示する意味――正確にいえば、言語的意味――は、いかなる時空的位置をも占めない。例えば、「今－ここ」という言葉は、時と場所を問わず、いかなる状況においても使用可能である。あらゆる言語の意味は、時間性と空間性を捨象している点で脱時空的である。

対面的な関係にある人々も、厳密にいえば、別々の空間的位置を占めている以上、対面的コミュニケーションも脱時空的な抽象作用のもとで成り立っているが、機能分化した近代社会においては、さらに貨幣・権力・真理といった機能的メディアが言語的抽象化を超えた抽象作用を担っている。これらのメディアは、状況や身体に内在する無数の個別的要素のなかで、部分システムの機能に関係しない要素を捨象することによって広範な社会的結合を生み出した。

抽象的な意味作用によって「今－ここ」という状況を超越する脱コンテクスト化は、機能分化した近代においてすでに高度な段階に達していたのである。(4)

これに対して、インターネットに代表される電子メディアは、状況を構成する個別的要素を自由自在に結びつけることを可能にしている。コンピュータが得意とする数学的計算は思考の一部にすぎないが、デジタル信号と変換可能な対象が数学的記号から言語記号にまで拡大されたことによって、コンピュータは、言語的な意味変換としての思考の領域にまで介入するようになった。もちろんそうだからといって、コンピュータは、人間と同一の思考ができることを意味しないが、違いがあるからこそ、電子メディアは、社会的過程において一定の補完的役割を果たすようになったのである。

コンピュータ・ネットワークのなかに多数のデータベースが構築されると、電子メディア上のテクストはハイパーテクストとしての性格を帯びる。どのテクストもデータベースに蓄積された全テクストの一部となり、アクセス可能なテクストのすべてを参照することができる。このことは、データベースに蓄積されたすべての情報にあてはまる。人間にとっては、無数の具象的情報を少数の抽象的情報に圧縮する抽象化が思考の節約をもたらす手段となるが、コンピュータにとっては、具象的情報も抽象的情報もすべてデジタル信号に変換されるので、二つの情報は等価である。そのため、抽象化を行うことなく無数の具象的情報を任意に結びつけることができる。

こうして、機能分化した部分システムのなかで捨象されていた状況的要素を利用する条件が整うと、メディアの抽象化作用のもとで抑圧されていた間身体的な相互行為の可能性が切り開かれる。その結果、電子的情報空間の形成に伴って、場所に定位した「身体・相互行為・建造物」の意義が増大していくという逆説的な現象が起こる。つまり、時空的距離を克服する電子メディアの作用が「身体の超越」をもたらすとすれば、具象的な情報処理に威力を発揮する電子メディアの作用は「身体の復権」をもたらすのである。
そこで、電子メディアと貨幣・権力・真理が組み合わさることによって生ずる、この二つの対照的な変化を各システムごとに追ってみよう。

2　グローバル・マネーと地域通貨

通貨の覇権領域が国家の政治的領土と曲がりなりにも対応していたのは、一九世紀後半から二〇世紀前半までの間であったが、一九七〇年代以降、それまで保たれていた通貨の空間構造が変質してきた。B・コーヘンは、今日の通貨圏構造を次のように描いている。「相互に排他的な『空間的パッケージ』にきちんと区切られた、平面的で地形的な通貨圏構造ではなく、世界中のさまざまな通貨が限りなく競争し、ヒエラルキーを形成する、多重層の複雑な風景のなかにわれわれはいる。それはむしろ、領土内通貨が生まれる前の通貨圏によく似ている。各国通貨は、政治的国境線を無視して進入してくる市場の力との体験をますます余儀なくされている。通貨の覇権領域は公式の領土とは徐々に合致しなくなってきた」(Cohen 1998＝2000, p. 199)。

こうした通貨圏構造の揺らぎは、二〇世紀後半における国際金融市場の急速な発展に起因している。この時期に、経済システムの領域では、①固定相場制から変動相場制への移行、②貿易や資本の自由化、③「デリバティブ（金融派生商品）」の開発、④金融の情報化が進んだ。

戦後の世界経済は、各国の通貨と米ドルの交換比率を固定し、米ドルを基軸通貨とした固定相場制を採用していたが、一九七〇年代に入って、固定相場制が変動相場制へ移行し、為替レートがその時々の状況に応じて変動するようになった。このことを受けて、為替管理が撤廃され、資本の内外移動が自由化された。それによって、国際貿易や国際資本取引が増大したが、同時に、為替相場、金利、商品価格の予期せざる変化によって損失を蒙るリスクも増大した。これらのリスクを減少させるために開発されたのが、各種の「デリバティブ（金融派生商品）」である。また、金融の情報化によって、インターネット・バンキングに代表される新しい取引形態が実用化され、デリバティブをはじめコンピュータと関連した商品やサービスが普及した。その結果、二十四時間稼働する統合的な国際金融市場が出現した。国際金融市場の発展は、世界の実体経済の発展と連動していたとはいえ、実体経済の発展をはるかに上回っていた。

こうして、国家的領土と結びついた通貨圏の空間構造が崩壊してきた。さまざまな貨幣の交換が行われる国際金融市場のなかで交換の媒体的役割を担っているのがグローバル・マネーである。現在、「ドル」がグローバル・マネーとしての地位を占めているが、ヨーロッパやアジアでは、ドルに対抗する動きもある。コーヘンが指摘した「通貨の覇権争い」とはこのような事態を指していた。

貨幣は一定の物質的定在を帯びているが、物質自体に価値が宿っているわけではない。貨幣の本質は価格を表示する情報機能にあり、電子メディアはそうした貨幣の本質を露わにしている。最初は貴金属のような物質に担われていた貨幣は、ペーパー・マネーの誕生によって、「紙」という軽微な物質的素材を獲得した。そして今では、貨幣は「電子」と称される最高度の移動能力を有する物質を獲得した。地球上を瞬時に駆けめぐるグローバル・マネーは、「ここ」と「あそこ」の間に存在する空間的距離を無化している。また、デリバティブと結びついたグローバル・マネーは、目下の「今」と将来の「今」の時間的距離をも無化している。というのも、デリバティブは、未来のリスクを現在の時点で操作しているからである。

しかも、グローバル・マネーは、電子化された金融市場の内部を流通するバーチャルな貨幣でもある。現代の国際金融市場における取引の大半は、為替・金利・株価の変動に由来する利子の獲得を目的としており、投機的な様相を呈している。一九九〇年代末における一日の平均的な外国為替取引額は、一九七〇年代当時の額の一〇〇倍から二〇〇倍に達しているが、そのうち海外の物産やサービスの売り買いに当てられる実体的取引はわずか二%にとどまっている。残りの九八%は投機的取引に相当する（Lietaer 1999＝2000）。金融取引はマネー・ゲームと化しているが、そのマネー・ゲームのなかで作動するバーチャル・マネーがグローバル・マネーである。いかなる通貨がグローバル・マネーであるかは別にして、国際金融取引の媒体であるグローバル・マネーは、コンピュータによって処理され、情報ネットワークのなかで流通する電子マネーなのである。

その一方で、電子メディアは地域通貨の普及にも寄与している。地域通貨（補完通貨）の歴史は、一九三〇年代の大恐慌時代にまで遡るが、現在の地域通貨は一九八〇年代に始まる。地域通貨は、一九九〇年代に入って世界各地で急速に広がり、一九八〇年の時点で、二〇〇〇以上もの地域で利用されている。地域通貨の大きな特徴は、利子をとらず、互酬的な原理に従っている点にある。一口に「地域通貨」といっても、発行主体・発行目的・流通形態・償還方法の面で多様な形態が存在する。(5) ここでは、最も一般的な地域通貨である「LETS（Local Exchange Trading System（後に Local Employment Trading System に変更）」を取り上げよう。

マイケル・リントンを生みの親とするLETSは、一九八〇年代初頭、カナダのブリティッシュ・コロンビア州でスタートした。当時の経済不況のなかで、マネーの不足に頭を悩ませていたリントンは、マネーの本質が情報にあることに気づき、公式の金融システムとは別の「情報システム」を構想した。それがLETSである。

LETSは、非営利団体（NPO）のボランティア活動によって運営されている。少額の入会費と年会費を払った参加者は、掲示板に自分が何を提供し、何を求めているのかを書き込んだうえで、掲示板を見ながら必要な相手を捜し、財やサービスを交換する。このとき、バーター取引（双方向的な交換）を行う必要はない。取引は一方向的な交換の連鎖をなし、取引価格は相対で決定される。各参加者は、取引のたびに自分の口座残高を管理者に報告し、その報告をもとに掲示板のリストが更新される。参加者の口座はゼロから出発し、財やサービスを提供すると加算され、財やサービスの提供を受けると減算される。口座がマイナスになっても、利子はつかない。負債を生じさせないように人々を動機づけているのは相互の信頼である（Greco 2000＝2001）。

ＬＥＴＳは、各人が交換しあう財やサービスの具体的な内容を互いに知ることによって機能する。地域通貨が誕生した当初、電子メディアはまだ使われていなかったが、その後、取引内容の報告、掲示板の情報サービス、口座の決算といった情報処理は、パソコンを利用しながらＷＷＷ上で行われるようになってきた（加藤 2001a）。

ＬＥＴＳに限らず、地域通貨は、貨幣的交換の対象になりにくかった財やサービスの移転を容易にすることによって、地域内で営まれる各種の介護・介助・支援を促進している。これらの活動は特定の場所に根ざした相互行為として営まれ、その身体的実践は、供給財（サービス）と受給財（サービス）に関する情報をマッチングする情報処理に支えられている。電子メディアによるコミュニケーションは、そうした相互行為に必要な情報処理に役立っている。電子メディアは、各地に散在する大量の情報をその個別的内容を捨象することなく、必要に応じてマッチングする情報処理の働きを担っている。こうした電子メディアの機能が、これまで組織化しえなかった地域内の互酬的な相互行為を活性化する可能性を高めているのである(6)。

これまで貨幣経済と互酬性経済、機能分化した経済システムと地域共同体は、相容れない性質をもっていた。貨幣経済が、互酬性経済とそれを埋め込んでいた地域共同体に対して破壊的影響を及ぼすことは、経験的にも知られている。例えば、米国北西部における先住民の地域共同体は、キリスト教の伝道によってではなく、貨幣経済の導入によって崩壊した。「コミュニティ内の贈り物の習慣をお金の取引にかえていった部族は、一世代のうちに社会的絆を失ったのである」(Lietaer 1999＝2000, p. 202)。

貨幣は、あらゆる商品特性を価格に還元して広域的な商品交換を実現していく反面、商品所有者の個別的人格や環境的条件を捨象し、地域共同体の絆を断ち切っていく。そうした貨幣の極限的形態がグローバル・マネーである。これに対して、地域通貨は、地域内での資金循環を作り上げたり、地域内でのボランティア活動を支援したりしながら、互酬的原理に従った地域コミュニティの再生を促している。その二つの貨幣形態は対照的であるが、電子メディアは、この二つの貨幣形態の創造・発展のいずれにも関与しているのである。

3　情報的権力と運動的権力

情報化は、貨幣の場合と同様に、権力の本質を浮かび上がらせてもいる。権力は、決して権力者に内属する個人的な力ではない。にもかかわらず、権力が権力者（個人・集合体）に内属しているかのような様相を呈してきたのは、権力が特有の情報処理を必要としているからである。ここで詳述する余裕はないが、権力が権力者と被権力者という「個と個」の関係を媒介しうるのは、同時に「全体と個」を媒介しているからである（正村 2001）。「個」としての権力者が「個」としての被権力者に情報を受容させるには、その情報が「個」を超えた「全体」として意味づけられねばならない。それには、無数の個別的意思を全体的意思へ集約したり、ある個別的意思を全体的意思として表現したりするような情報処理が必要とされる。

これまで人間は、このような情報処理を行いうる唯一の存在であった。このことが権力が権力者の能力であるという錯覚を生み出してきた。権力の典型とされてきたのは、上から下に流れる権力であり、しかも権力者の命令というかたちをとってきた。けれども、権力の作動に要する情報処理が（全面的ではないにせよ）情報テクノロジーに依存するようになると、権力は、従来の古典的形態から離反してくる。上から下に流れる権力であっても、被権力者に対する権力者の命令というかたちをとらなくなる。このとき、ちょうど貨幣が数量的情報を処理するグローバル・マネーと、個別的情報をマッチングする地域通貨に分岐したように、権力も二つの形態に分岐する。

「全体と個」を媒介する情報処理の一様式は、人々の意思を数量的に表現することである。抽象化に依拠したこの権力様式は、すでに近代の政治システムに内在していた。代議制民主主義のもとでは、投票によって代表者となる政治家が選出されたので、全体を構成する人々の意思は、多数票を獲得した政治家の意思へ変換される。つまり、権力循環のなかで、下から上に流れる権力は、票数という数量的情報＝データに基づいた投票的権力として作動していたのである。

ところが、社会現象をデータ化する統計的手法と、データを流通させる情報テクノロジーが発達してくると、投票の場面にかぎらず、各種のデータに裏打ちされた権力が社会生活の諸領域で増殖する。情報社会の権力を特徴づけているのは、権力者の監視の目が社会の隅々にまで行き渡るというよりは、社会的世界や社会的状況を「客観的」に表現した数量的データによって人々の行動を非強制的な仕方で方向づけていく点にある。

もちろん、数量的データも特定の行為主体（個人もしくは組織）が一定のプログラムに従って生産したものであるが、この主体は、他者に対して具体的な行動を指示するわけではない。被権力者のほうがデータを読みとり、そこから全体に対する判断を下しながら自分の行動を選択する。数量的データに依拠しながら作動する権力を「情報的権力」と呼ぶならば、代表者を選出する投票的権力は、情報的権力の萌芽的形態であった。

情報的権力はデータと結びついているので、グローバルな電子空間のなかで最もその効果を発揮する。「ムーディーズ」や「S&P」に代表される格付け機関が現代の国際金融市場のなかで重要なプレイヤーになっていることは、すでに多くの論者によって指摘されているが、情報的権力の一例は、格付けのなかに見出される。例えば、A・オルレアン（Orlean 1999＝2001）は、「格付けの変更は、市場全体に即座に影響するために、強い効果を及ぼす。一九九五年初めのメキシコの格付け低下は、結果として国際市場での（メキシコの）資本調達能力を大幅に低下させ、その結果、流動性危機を悪化させた」（同訳 p. 183）と述べている。

社債や国債に対する格付けは、デリバティブと同様、元来は金融リスクを減少させるための手だてとして講じられたものである。市場参加者は、社債や国債の格付けによって、自分の投資の見返りの可能性を知ることができる。格付け機関は、企業や国家の経済状態をさまざまな質的・量的なデータに基づいて分析し、企業や国家が発行している社債や国債の返済可能性すなわち投資リスクを評価している。こうした投資リスクの分析・評価は、企業や国家をファンダメンタル価格に還元する抽象化作用に裏打ちされている。「流動性が、企業をコード化された一連の量に再構成するとき、行使されているのはまさにこの抽象化能力である。……経済情報の透明性とコード化は、金融の影響権力、つまりさまざまな生産計画を評価・裁定する能力にとって不可欠な道具である」（同訳 p. 227）。

社会現象が一定のプログラムに従ってデータ化され、しかもそのデータが電子的情報空間内で流通するようになると、権力は情報的権力として作動する。データに依拠して人々の行動に影響を与える情報的権力は、グローバル・マネーと同様に、数量的データを産出する抽象化作用に依拠しており、それによって世界全域を射程に収めることができる。

その一方で、電子メディアは、権力循環から排除された権力の活性化にも役立っている。先に指摘したように、近代の政治システムが権力循環のシステムとして構成されたとき、下から上に流れる権力は、投票的権力に縮減されてしまった。いいかえれば、大衆運動の組織化をつうじて全体的意思を表明していく権力は抑圧されてしまった。この権力を「運動的権力」と呼ぶならば、代議制民主主義に立脚した近代の政治システムは、運動的権力の排除のうえに成り立っていた。

ところが、一九七〇年代以降、議会制民主主義の形骸化に伴って、既成政治に対する不信感が増大し、「政治離れ」が進んだ反面、非制度的領域のなかで政治性を帯びた現象が拡大してきた。A・メルッチの言葉を借りれば、「旧来の政治的理解では、『私生活の非政治的退却』や『新たな内向性』、『心の癒し』と見なされてきたものが、別の面からみれば、政治的なものの新たな次元を求める苦悩の具体的な現れとなる」(Melucci 1989=1997, p. 42)。八〇年代に入ると、従来の労働運動や政治闘争にかわって、運動そのものを目的とし、集合的アイデンティティの形成を目指した運動すなわち「新しい社会運動」が展開されるようになった。

政治の本質は、集合的な意思決定にあるので、政治的過程ではつねに「全体と個」「個と個」を媒介する権力が介在している。一九七〇年代以降における二つの政治的現象は、権力作用に着目するならば、政治システムを構成していた投票的権力が機能喪失に陥ると同時に、政治システムのもとで抑圧されていた運動的権力が再び活性化してきたことを意味している。電子メディアは、そうした運動的権力の発展をも促しているのである。

例えば、市民運動が盛んなアメリカ合衆国では、①ピースネット、②エコネット、③レーバーネット、④ウィメンズネット、⑤コンフリクトネットを統合した情報ネットワークが構築されている。「IFC(グローバル通信協会)ネットワーク」と呼ばれ、インターネットと接続しているこのネットワークにおいては、平和運動・環境運動・女性解放運動・市民紛争処理に関する膨大な情報がデータベース化されており、一二〇〇もの電子会議が開かれている。そこでは、高度な情報検索機能によって情報が効果的に取り出されるだけでなく、多様なメンバー間でコミュニケーションができるような工夫が凝らされている。このことが、社会運動を組織するのに必要な討論と交流の機会を拡大し、情報を共有する可能性を高めている（岡部 1996）。

インターネットが社会運動を成功に導いたケースとして、グローバル経済の発展を推進するWTO（世界貿易機関）に対するNGOの抗議運動が有名である。一九九九年、シアトルでWTOの会議が開催されたとき、先進国に有利な決定がなされることを事前に知ったNGOは、インターネットをつうじて互いに抗議するよう呼びかけた。これまで別々の場所で、別々の運動を行ってきた人々がシアトルに結集して抗議行動を起こした結果、WTOの決定にストップがかけられたのである。

インターネット上のコミュニケーションは、相互行為からいわば遊離しているが、そのコミュニケーションをつうじて共有された情報は、特定の場所において営まれる相互行為のための情報として活用されうる。社会運動を展開するためには、人々がコミュニケーションをつうじて情報の共有や意見の交換をはかるとともに、自らの意思を実践的に表明していかなくてはならない。運動的権力は、そうした相互行為としての社会運動を組織化する権力として作用する。今では、「アメリカの市民運動は、六〇年代のCIAの情報収集能力に匹敵する力をもった」（同上 p. 115）とも言われている。

情報的権力が数量的データをつうじて人々の選択行動を方向づけていくのに対して、運動的権力は、問題や状況に関する具体的情報をもとに人々の集合的行動を誘発する権力である。二つの権力は対照的であるが、どちらも権力者の「命令・強制」という形態をとらない点で共通している。

4　工学知と臨床知

貨幣と権力に起こった変化は、真理の領域にも貫徹している。科学システムのなかで真理は、実践から切り離された認識知、しかも客観的・抽象的な知として生産されたが、今日、このような真理観が揺らいでいる。そして、真理の変容はここでも二つの方向に沿って進行している。

まず、真理の技術化によって「工学知」と呼ぶべき新しい知が出現した。工学知は、真理循環を構成していた真理の延長線上にあるとはいえ、真理の技術化は「認識と行動」「事実と価値」の分離を再び曖昧にしている点で伝統的な真理から離脱している。科学技術の急速な進歩は、「認識と行動」「事実と価値」の分離という、これまで自然科学が拠り所にしていた前提を掘り崩している。自然科学も社会領域に介入し、社会的な行動や価値に深く関与するようになったのである。このような工学知の代表的な分野が遺伝子工学と金融工学である。どちらも客観的・抽象的な知を生産する近代科学の更なる発展をつうじて産出されたものである。

遺伝子工学は、二〇世紀中葉に誕生した分子生物学に端を発しているが、今では産業界を巻き込みながら、あるいは国家的プロジェクトとして研究が進められている。そして、情報テクノロジーを不可欠の道具とし、バイオ・インフォマティックス（生物情報科学）と手を携えながら発展してきた（中村・中村 2001）。米国では、ゲノムに関連する情報を世界中から集め、それを研究者に提供する情報システムが構築されている(7)。

そして、遺伝子工学とならんで社会領域に進出してきた、もう一つの分野が金融工学である。国際金融市場の急激な膨張をもたらしたデリバティブは、金融工学の産物である。デリバティブも、複雑な投資理論とコンピュータの高度な情報処理に依拠している。遺伝子工学と金融工学のどちらも、情報を高速度で処理するスーパーコンピュータ、大量の情報を集積するデータベース、その効果的な活用を可能にする情報ネットワークなしには成り立たない。

ところで、真理のなかには、技術的・実践的な性格を帯びつつも、工学知とは違うタイプの知も出現してきた。それが「臨床知」である。臨床知は、学問的な知を抽象的・客観的な知として位置づけてきた伝統的な真理観の対極に立っている。例えば、中村雄二郎（1992）は、科学の知を構成していた原理を、①事物や自然をすべて量に還元し、どこにでも適用可能な理論を構築する「普遍主義」、②出来事を論理的・一義的な因果関係によって説明する「論理主義」、③観察者の主観を排除して対象をありのまま捉える「客観主義」としたうえで、臨床知を特徴づける原理として、①個々の場所や空間の質的特性を踏まえた「コスモロジー」、②出来事の多義的な意味を扱う「シンボリズム」、③他者との身体的な相互作用を重視する「パフォーマンス」を挙げている。

つまり、工学知が、場所的な差異を超えて妥当する普遍性と抽象性を備えたグローバルな知であるのに対して、臨床知は、個別的場所に志向し、間身体的実践と結びついたローカルな知を表している。臨床知は、臨床医学、臨床哲学等で主題化されているが、ここでは個々の場所のなかで営まれる相互行為を組織化する実践知を指すことにしよう。

情報テクノロジーは、工学知の生産・流通のみならず、臨床知の生産・流通に関しても一定の役割を担っている。先に指摘したように、LETSのような地域通貨は、NPOのボランティア活動によって管理・支援されている。地域通貨に媒介された交換システムも、NGOに担われた各種の社会運動も、場所に志向し、間身体的実践としての相互行為を組織化するための知に基づいている。近代科学の思考様式を一層徹底させた工学知の誕生に寄与した情報テクノロジーは、近代科学の形成過程で排除されたローカルな知の創造にも寄与しているのである。

こうしてみると、工学知と臨床知は、ちょうどグローバル・マネーと地域通貨、情報的権力と運動的権力とパラレルな関係にあることがわかる。「グローバル・マネー、情報的権力、工学知」は、機能分化を構成する貨幣・権力・真理の機能を一層徹底させているが、「地域通貨、運動的権力、臨床知」は、機能分化したシステムの形成過程で排除された機能を蘇らせている。そこで以下では、前者を「超機能的メディア」、後者を「原生的メディア」と呼ぶことにしよう。

三　機能分化の変容

近代社会の機能分化を特徴づけていたのは、次の二点にあった。すなわち、各部分システムの空間的境界は、全体システムの空間的境界と一致するかたちで相互に重なっており、貨幣・権力・真理というメディアは、その抽象作用をつうじて国民国家内の全域をカバーしていた。これに対して、三つの超機能的メディアは、抽象化（数量化）された情報の効率的処理と広域的伝達を行う電子メディアの働きによってグローバルな性格をもち、また三つの原生的メディアは、相互作用に必要な情報の組織的収集を行う電子メディアの働きによってローカルな性格をもっているが、どちらも国家的領土に根ざした部分システムの循環から逸脱している。

グローバル化とローカル化という、国家の境界線を正反対の方向にずらす二つの動向の間には相互対立的な関係とともに相互共振的な関係がある。ローカルな領域は、グローバルな広がりを有する相互依存のなかに組み込まれている。地域を規定する空間的地平が地球的規模に拡張されると、各地域は、地球上に存在する無数の地域との選択的関係のなかで意味づけられる。反グローバリズムの運動がグローバル化されるように、種々のローカルな運動も、情報ネットワークをつうじてグローバルな連帯を築く可能性を秘めている。ローカル化は、グローバル化のなかのローカル化として進行しているのである。

超機能的メディアと原生的メディアは、こうした二つの相克的かつ相補的な動きに荷担しているが、ここで注目すべきは、三つの超機能的メディアと三つの原生的メディアが機能の違いを超えて一体化しているということである。機能分化した部分システムの間には、もともと環境との係わりのなかで相対的な自律性を確保するという「構造的カップリング」（ルーマン）の関係が成り立っているが、三つの超機能的メディアと三つの原生的メディアの間にみられる関係は、それとは異なっている。

実体経済から遊離した現代の国際金融システムは、貨幣を唯一の媒体として商品交換が行われる古典的な経済モデルからかけ離れている。国際金融システムのなかで流通するグローバル資本は、電子的情報空間のなかで流通するグローバル・マネーを媒体としつつ、格付け機関の情報的権力に影響を受けながら、金融工学という工学知によって開発されたデリバティブをも取引対象にしている。つまり、グローバル資本は、グローバル・マネーと情報的権力と工学知の複合体をなしているのである。

同様に、地域通貨の作動にも権力や知が関与している。LETSの場合、地域通貨は、電話や電子メディアといったメディアに依存しながら、NPOという市民のボランタリーな運動によって管理・運営されている。そして、地域通貨が各地域のなかで成果を上げるためには、地域の実状とそこで展開される人々の相互行為に関する実践知が必要になる。地域通貨は、運動的権力や臨床知と結びつくことによって機能するので、地域通貨システムも、地域通貨と運動的権力と臨床知の複合体をなしている。

こうして三つの超機能的メディアと三つの原生的メディアは、部分システムの境界線を国家の外と内に向かって揺さぶるだけではなく、機能分化とは別の原理に従った秩序を生成している。グローバル化とローカル化は、国家という、機能分化を成立させる全体領域の単なる拡大でも、単なる縮小でもない。超機能的メディアの複合化と原生的メディアの複合化は、機能的未分化への退行とも、機能分化を前提にした構造的カップリングとも異なる構造変化をも

たらしているのである。(8)

四　機能分化に照応するアイデンティティ――近代的アイデンティティ

1　位置感覚としてのアイデンティティ

機能分化の再編は、アイデンティティの変容を示唆しているが、そのことを説明するためにはアイデンティティ一般について若干の考察を加えておかねばならない。前章で述べたように、今日、個体的・集合的アイデンティティの変容が起こっているのは、アイデンティティが社会関係を形成する過程で個人や集合体が占める「位置」と関連しているからである。

物理的世界であれ、社会的世界であれ、人が世界のなかで活動していくためには、世界を表象し、表象された世界のなかで自らを位置づけなければならない。どのような位置であれ、位置というのは他の位置との相対的な関係のなかで決定される。その場合、位置の有り様は、世界の有り様――物理的世界か社会的世界か――に応じて異なってくる。物理的世界も、厳密にいえば、社会的に構成されているが、社会的世界を「社会関係の総体」という狭義の意味に解するならば、社会的世界は、「物質的存在の総体」としての物理的世界から区別される。それゆえ、二つの世界における自己の位置の違いは、二つの世界の違いに対応している。

物理的世界における自己の位置というのは、自己から見た「今‐ここ」を意味する。あらゆる物質的存在は、それぞれの「今‐ここ」を占めることによって物理的世界に帰属している。人も身体的存在として「今‐ここ」に位置し、それによって物理的世界に内属している。このとき、無数の「ここ」を包含した空間は、人々が同時に存在することを可能にし（共在性）、無数の「今」を包含した時間は、その流れのなかで相互行為が展開されることを可能にしている（継起性）。こうした時間と空間からなる物理的世界が社会的世界の基礎をなしている。

それにもかかわらず、社会的世界が物理的世界から区別されるのは、社会的世界が「時間性と空間性」「継起性と共在性」を一定の仕方で総合した無数の社会関係によって成り立っているからである。一つの社会関係を形成するにしても、自己と他者は、それぞれ別々の空間的位置を占める自分の行為と相手の行為を接続するだけでなく、過去や未来における自分（および相手）の諸行為を接続しなければならない。そうした行為の接続は、①「ここ」と「あそこ」を架橋する情報作用、②「今」と「先の今」を架橋する情報作用、そして③いかなる時空的位置をも超越する情報の意味作用によって実現されうる。

しかも、人は、さまざまな他者との間で多種多様な関係を形成するので、社会的世界における自己の位置というのは、自己の身体が存在する「今‐ここ」でも、また「地位」のように、ある特定の関係のなかで占める位置でもなく、空間的な広がりと時間的な流れのなかで他者と取り結ぶ社会的諸関係のいわば「交点」として析出されるような位置を表している。しかも、この位置は、自分が現に「ある」位置としての事実性と、「あるべき」位置としての価値性を孕んでいる。この位置は、単なる事実的な関係の交点ではなく、仮想的・価値的に設定された位置でもある。その意味では、表象された社会的世界の内部において措定された「虚焦点」であるといってもよい。

ともあれ、社会的世界のなかで自己の位置を同定するには、「今」を中心にした時間的な繋がりと、「ここ」を中心にした空間的な広がりを考慮に入れなければならない。自己の位置は、「事実性（現実性）と価値性（仮想性）」という多元的な位相を孕みつつ、「時間性（継起性）」と「空間性（共在性）」の総合をつうじて、自分が取り結ぶ社会関係の結節点として同定されるのである。

その際、物理的世界であれ、社会的世界であれ、自分が表象した世界とそのなかで占める位置の間には相互規定的な関係がある。「今－ここ」にいる自分の位置は、全体のなかで特定されるとともに、全体は、「今－ここ」としての位置から表象されるという循環が起こる。

同様に、社会的世界のなかで社会関係を取り結ぶ際にも、人は自己認識というかたちで自らの位置を同定する。このとき、自己の位置は、自分が社会的世界のなかで占める位置（いわば自分の居場所）として認識されるが、その社会的世界は客観的な意味での全体ではない。自己と他者を位置づける社会的世界は、それぞれの（個別的・集合的）主体の位置から表象された世界である。こうして、社会的位置を同定する過程でも「位置と全体」の間に循環が働く。この循環は、物理的世界のなかで「今－ここ」を同定する場合の循環と構造的に同型であるとはいえ、時間性（継起性）と空間性（共在性）、事実性と価値性を総合し、諸々の行為を接続することによって得られる社会的位置である以上、自己と他者を関係づけていく高度な意味操作に支えられている。

個体的アイデンティティ・集合的アイデンティティを問わず、アイデンティティの核心にあるのは、このような社会的世界に固有な位置感覚である。社会的世界のなかで自己の位置は、社会的諸関係を形成する前提であると同時に結果でもある。個人や集合体は、それぞれ自分の位置を同定することによって他主体と関係を取り結ぶことができるが、その自分の位置は、自分が取り結んだ社会関係のなかから析出されてくる。そのため、アイデンティティというのは、社会的世界に参与するための自己準拠的な形式をなしている。社会的世界は、「位置と全体」の循環を組み込んでいるので、社会関係の構造的再編は、アイデンティティ（位置同定）の変容を伴っている。

従来のアイデンティティ論には、時間軸を重視する議論――自己の出自や来歴といった過去に注目する議論や、自己の理想といった未来に注目する議論――と、空間軸を重視する議論――自己と他者の差異に注目する議論――があるが、いずれにしても、社会的世界における自己の位置は、時間性（継起性）と空間性（共在性）の総合をとおして与えられるのである。

どの社会においても、「位置と全体」の循環が働いているといえ、アイデンティティの問題は、当該主体の位置が身分や階級等々によって先験的に決定されえない社会、すなわちこの循環が顕在化した近代社会において発生する。近代的アイデンティティは、これまで本質主義的に理解されてきたが、「関係に先立つ本質」ではない。社会の動態性が高まると、自己の位置は、自己自身の絶えざる変化をつうじて維持される。自己の位置の有り様と、それを規定する社会的世界の有り様は相関しているので、アイデンティティ（同一性）が「不変性」として現れるか否かは、社会的世界の形態に依存している。流動的・動態的な社会では、アイデンティティは「不変の同一性」どころか、「変化する同一性」として現象する。自己のあり方を絶えず更新していくことによって自己同一性を保てるケースもありうるのである。

とはいえ、ひとたび自己の位置が定まると、位置は社会関係を形成する前提として作用し始めるので、どのようなアイデンティティも「関係に先立つ本質」へ転化する可能性を孕んでいる。アイデンティティの確定は、社会的世界に対する参加を保証すると同時に、自己の可能性を束縛することでもある。しかも、社会的世界を表象し、その表象された世界のなかに自己を位置づける過程は、他者との係わりをもち、権力が介入する政治力学的な過程をなしている。自己のアイデンティティが他者によって決定されることもありうるわけである。

2　近代的アイデンティティの本質主義化

近代的アイデンティティが本質主義化する理由は、位置が関係形成の前提として作用するというアイデンティティ一般の傾向にあるだけではない。近代的アイデンティティは、国家を単位として、機能分化を遂げた近代社会の構造と相関的な関係にある。この特殊な相関性が近代的アイデンティティを実体化する要因にもなっている。近代的アイデンティティには、個体的アイデンティティと集合的アイデンティティという二つの水準がある。国民としての集合的アイデンティティが国民国家という全体システムに照応していたのに対して、自律的個人としての個体的アイデンティティは機能分化と関連している。

先に述べたように、機能分化においては、全体システムに属する人々と各部分システムに属する人々は一致していたが、このことが近代社会に生きる人々のアイデンティティの基礎をなしている。人は、まず国家という全体システムの構成員すなわち国民として同定される。この集合的アイデンティティは、国民国家を立ち上げる文化的装置でもあった。というのも、Ｂ・アンダーソン（Anderson 1983＝1987）が指摘したように、国民とは「想像の共同体」であり、この集合的観念のもとで国民国家という全体システムが作動するからである。

そして、国民の一人一人は、機能分化したすべての部分システム内での役割を担っている。部分システムが別々の人間に担われる環節分化や階層分化とちがって、機能分化のなかでは、各人がすべての部分システムに横断的に帰属している。とはいえ、いかなる個人も、異なる部分システムの役割を同時に遂行することは不可能である。誰しも、時間的流れのなかで空間的移動を伴いながら役割を担う。今仮に、個人Ａは、時点t1・場所p1において、個人Ｂと部分システムＸに属する相互行為を行い[9]、時点t2・場所p2において、個人Ｃと部分システムＹに属する相互行為を行うものとしよう。このとき、相互行為は一定の継続性を必要としているので、ＡとＢ、ＡとＣの相互行為は、時点t1とt2で完結しない。ＡはＢとの相互行為のあとで再びＣと、そのあとで再びＢと相互行為を行わねばならない。つまり、それぞれの相互行為は、互いに他の相互行為によって遮断されつつ継続的に遂行されねばならないのである。

こうしたなかで機能分化を実現するためには、二つの対照的な問題が解決されなければならない。すなわち、第一に、各人は、時間的には隣接しているが、別々の部分システムに属する諸行為を相互に切り離すことができなければならない。ある部分システムの行為が、時間的に隣接する他の部分システムの行為に影響を与えるようでは、各部分システムは、自らの自律性を保つことができない。そして第二に、各人は、時間的には離接した、同一の部分システムに属する諸行為をその時間的な隔たりを超えて接続させることができなければならない。どのような相互行為も、同一の部分システムに属する過去の相互行為を踏まえて遂行されねばならない。

この二つの相反的な問題を同時に解決するためには、個人は、近代的主体としての個体的アイデンティティを獲得しなければならない。近代的主体は、自らの内面化した行動原理に従って自律的で一貫した行動をとりうる存在として表象されるが、そうした個体的アイデンティティこそ、機能分化に必要な二つの条件を同時に充足するのである。

まず、部分システムを相互に切り離すことは、個体的アイデンティティがすべての部分システムに対して距離をとることによって可能になる。もし、個体的アイデンティティが特定の部分システムに依拠して形成されるならば、個人は、その部分システムを担える反面、他の部分システムを担うことはできなくなる。個体的アイデンティティがすべての部分システムから切り離されることによって、部分システムが相互に切り離される。このような個体的アイデンティティと部分システムの距離は、人格性と非人格性の差異として顕現する。どの部分システムも、非人格的関係として形成されるのに対して、個体的アイデンティティは、いかなる非人格的関係にも還元できない人格的同一性として確立される。

その一方で、各部分システムの相互行為における継続性は、状況的変化にもかかわらず一貫した行動をとるような個体的アイデンティティに依存している。その都度の「今－ここ」で営まれる行為を接続させながら継続的な相互行為を行うためには、自己の行為を他者の行為と関連づけるだけでなく、過去に行った自分の行為や未来において行うであろう自分の行為と関連づけねばならない。言語的な意味作用は、時空的コンテクストに埋め込まれた行為を脱時空的世界に移し替えることによって、時間的な隔たりをもった諸行為を結びつけていく。とくに、抽象的な意味作用は、過去から未来にわたる時間地平のなかで長い行為連鎖を形成し、状況的変化に抗した一貫した行動をとることを可能にしている。抽象的な意味作用のもとで個体的アイデンティティが形作られたとき、統一的な人格を形成する行為の接続能力が、時間的な隔たりをもった状況のなかで展開される非人格的な相互行為の接続基盤となるのである。

要するに、個人は、すべての部分システムから独立することによって、すべての部分システムの構成員になりうるのである。近代社会の個体的アイデンティティは、こうした機能分化に相関的なアイデンティティであった。近代的主体としての個人は、国民としての集合的アイデンティティをもっているとはいえ、この集合的アイデンティティは、個体的アイデンティティの構成要素ではない。個体的アイデンティティが国家を含む集合体への帰属というかたちをとらないところにこそ、近代的アイデンティティの特徴がある。

このような社会システムと人格システムの対立的かつ相補的な連関が国家と個人の双対性として現象する。そして、自己の位置がすべての部分システムから独立した地点で設定されるために、アイデンティティの実体化が起こるのである。

五　個体的アイデンティティの普遍化と集合化

機能分化の再編に二つの相反的な動きが見られたように、一九七〇年代以降における近代的アイデンティティの変容にも二つの相反的な動きが認められる。ただし、その二つの動きは、グローバル化とローカル化に対して倒立的な構造を示している。

まず、超機能的メディアに象徴されるように、機能分化の再編には近代の機能分化に内在していたものが一層発展していく傾向が存在していた。アイデンティティに関しても、継続的な傾向が存在しているが、その傾向はグローバル化とは対照的に、人間の個別化として現れる。グローバル化を「社会的結合の普遍化」とすれば、個別化は「社会的分離の普遍化」として位置づけられる。どのような社会であれ、自己は他者との差異を介して同定されるが、自己の中核的な意味が集団や階層への帰属をとおして与件化されているかぎり、アイデンティティが主題化されることはない。近代社会においてアイデンティティが主題化されたのは、個体的アイデンティティと集合的アイデンティティが分裂し、個人の個別化が進んだからである。近代が誕生して以来、一人一人の人間を個体的存在へ分解していく個別化の作用は、社会の隅々にまで浸透しつつある。

特に、一九七〇年代以降、「プライバタイゼーション」というかたちで個別化が進展している。社会が「情報社会」「消費社会」としての様相を帯びてくるにつれて、大量に生産されたモノは、物財として消費されるだけでなく、個別的な自己を表現するための記号として消費されるようになった。消費領域こそ、現代社会における個別化の舞台となっている。ただし、そこでの個別化は、もはや部分システムの非人格的な役割を担いつつ自己の人格的な統一性と行為の一貫性を実現するような個別化ではない。

近代における個体的アイデンティティは、無数の「今－ここ」で営まれる自己の諸行為を、時間的・空間的な隔たりを超えて接続する高度な抽象作用に依拠していたが、目下進行している個別化は、このような統一性や一貫性を欠いている。無数の「今－ここ」を架橋する抽象的理念としての自己表象にかわって、個別化の拠り所となっているのは、その都度の「今－ここ」に存在している自己の身体である。いかなる個体的アイデンティティも、自己の視線と他者の視線が交錯する社会的プロセスをつうじて形成されるが、身体は、そうした社会的プロセスによるアイデンティティ形成の準拠点になっている。身体に係わる膨大な商品が市場のなかで供給され、これらの商品の記号的消費と結びつきながら個体的アイデンティティが形成されている[10]。身体に照準した個体的アイデンティティは、状況に応じて可塑的・流動的に変化しうる。

このような個体的アイデンティティの可塑的・流動的な性格が最も先鋭なかたちをとっているのは、電子的情報空間内での自己アイデンティティである。各人の身体が互いに可視化されている対面的関係のなかでは、自己は、性別や年齢などの身体的・現実的な属性に拘束されるが、各人の身体が相互に不可視的である電子的情報空間内では、身体的属性までも言語を使って恣意的に設定される。そのため、状況や相手に応じて自己の有り様を選択することができる。

その一方で、ちょうどグローバル化がローカル化を伴っていたように、個別化も正反対の傾向を伴っている。それは、個体的アイデンティティが集合的アイデンティティと混淆し、集合体への選択的・自発的な帰属をとおして確立されていくという傾向である。

近代的個人のアイデンティティを特徴づけていたのは、個体的アイデンティティと集合的アイデンティティが乖離し、個人の人格が社会的なものへの帰属から切り離されている点にあった。部分システムと個人は、それぞれ非人格的なものと人格的なものとして分離され、その分離をとおして、機能分化した部分システムは、相互の自律性を保ちつつ同一の人々に担われることになった。

ところが、機能分化の再編は、非人格的なものと人格的なものの区別を再び曖昧化し、個人の個体的アイデンティティと集合的アイデンティティを融合させている。個人は、再び社会的文脈のなかに埋め込まれた存在として自己を見いだす。この現象は、ちょうどローカル化をもたらす地域通貨システムの導入によって、互酬的な相互行為が再生されたのとパラレルな関係にある。

もちろん、ローカル化と同様に、個体的アイデンティティの集合化も、アイデンティティ問題を潜在化させていた伝統的共同体への回帰ではない。というのも、人が自発的な選択をつうじて多様な集合体や運動体に帰属するとき、人はその組み合わせの違いによって個別化されるからである。例えば、新しい社会運動の場合、集合的アイデンティティの構築は、運動に自発的に参加する人々の個体的アイデンティティの形成と結びついている。「集合行為への参加は、個人的欲求に直接反応したときにはじめて、個人にとって意味のあるものとなる」(Melucci 1989＝1997, p. 49)。集合体への自発的・選択的な帰属をとおして、自己の存在意義が確認されるのである。しかも、集合的アイデンティティの構築は、「主体間の交換、交渉、決定、紛争の結果」(同訳 p. x) であるので流動的な性格を帯びている。

このような現象は、「新しい社会運動」以外のさまざまな局面でも起こっており、例えば、国民という集合的アイデンティティもその例外ではない。国家が国民の活動領域の全体をカバーしているときには、国民というアイデンティティは、個人にとって選択の余地のない——したがって個体的アイデンティティにはなりえない——集合的アイデンティティであった。ところが、グローバル化が進展し、国家の領土と民族の分布が乖離してくると、国民という集合的アイデンティティは、人々の自発的選択をとおして成立しうる集合的アイデンティティと化す。国家の領土内にいる人々を自動的に国民と規定しえなくなったとき、この集合的アイデンティティは、個体的アイデンティティの一構成要素となるのである。

したがって、個体的アイデンティティは今や、社会的なものとの断絶をつうじて形成されるのではなく、逆に社会的なものへの自発的な帰属をとおして獲得される。このとき、多様な集合的アイデンティティの構築を可能にしているのも、各個人の身体である。身体は個別化の準拠点になるとはいえ、身体をア・プリオリに個別的なものとみなすわけにはいかない。身体は、肉体という物質的側面としてみれば、個別的な存在であるが、精神の基体という機能的側面からみれば、社会的・匿名的な存在である。相互行為に内在する原初的な共同性は、匿名的なレベルで作用する身体機能によって担保されている。

電子メディアの効果は、ここでも身体と自己の境界面で現れている。しかも、電子メディアは、「身体の超越作用」によって、自己を流動的に定義する個別的な自己意識を先鋭化させるだけでなく、「身体の復権作用」によって、社会的文脈に組み込まれた共同的な自己意識を醸成してもいる。電子メディアは、相互行為から切り離されたコミュニケーションを成立させているにすぎないが、そのコミュニケーションが従来のシステムに内在していた境界――専門領域間の境界、部分システム間の境界、国家間の境界等々――を越境することによって新しい相互行為の可能性を切り開くのである。それは、地域の空間的繫がりを拡張するグローバル化が、地域の自律性を高めるローカル化を促進することに対応している。

これまで、社会の機能分化と個人の個体的・集合的アイデンティティについて検討してきたが、以上の考察が正しいとすれば、両者の間には共通の傾向が存在していたことになる。それは一言でいえば、近代において内在していたものが一層貫徹していく反面、近代のなかで排除されたものが新たな装いのもとで復活してきているということである。

第三章　リアリティとバーチャリティ

一　リアリティ・ポッシビリティ・バーチャリティ

「バーチャル」という言葉は、現代の情報技術によって構成された電子的情報空間の特性を表現する言葉として人口に膾炙しているが、「バーチャル」を「仮想」として理解するのは必ずしも適切ではない。「バーチャル」という言葉は、ラテン語の「virtualiter」に由来しており、現実化されてはいないが、現実と本質的には同等な状態を指している。例えば、習慣や能力は潜在的状態にとどまっているが、そのような習慣や能力の潜在的状態を指すのにバーチャルという言葉が使われたのである。

M・ハイム（Heim 1993＝1995）によれば、「バーチャル」に哲学的な意味を与えたのは、中世後期のスコラ哲学者ドゥンス・スコトゥスであった。彼は「バーチャル」を、形式的・概念的に統一された現実と雑多な経験を架橋する概念として捉え、物の概念が経験的属性を含むあり方を「バーチャル」と称した。つまり、「バーチャル」は、経験的属性を潜在的に保有する状態を指している。リアルなものは現実的なものとして顕在化しているが、そのリアルなものが潜在化している状態を表しているのである。

それゆえ、「リアル」と「バーチャル」は対立語ではない。「リアリティ」の反対概念はむしろ「ポッシビリティ」であり、「バーチャリティ」の反対概念は「アクチュアリティ」である。「実在的（リアル）」の対立項が「可能的（ポッシブル）」、「バーチャル」の対立項が「現実的（アクチュアル）」であるとすれば、「バーチャル・リアリティ」を理解するためには、それを一方で「現実性（アクチュアリティ）」から区別するとともに、他方で、「実在性（リアリティ）」と「可能性（ポッシビリティ）」との関連を問う必要がある。その際、リアリティやポッシビリティのあり方は、社会の歴史的変動と呼応しながら変容してきた。そこで、最初にリアリティに関する歴史的考察を行い、それを踏まえてバーチャル・リアリティの特質を検討することにしよう。

二　リアリティとアイデンティティ

今日、「リアリティ（実在性・現実性）」は、客観性と結びつけて理解されており、実在的なもの・現実的なものは、人間の主観を超えた客観的世界に属していると考えられている。このようなリアリティ観の確立に大きな貢献をしたのはI・カントであったが、カント（Kant 1987＝1961）が今日的意味でのリアリティを指すのに用いた言葉が「objektive Realität（客観的リアリティ）」であった。この場合、リアリティとしての「実在性・現実性」は、客観性によって担保されている。

もっとも、リアリティを文字通り、主観を超えた客観的実在と解するならば、リアリティはただちに矛盾を孕むことになる。なぜなら、一切の認識作用を排除するならば、客観的なものを把握することもできないからである。究極の客観的実在は、カントのいう「物自体」に相当するが、「物自体」は、カントが説明したように、論理的に導出された概念であって、人間にとって不可知な存在である。現実世界に対する認識を可能にしているのは、人間の場合、知覚と言語であるが、言語はもとより、知覚とて現実世界をあるがままに映し出す透明な媒体ではない。

第五章で詳述するように、情報概念を広い意味で定義するならば、我々が現実世界として認識している世界そのものが、知覚情報や言語情報によって構成された情報空間として成り立っている。現実世界に属するモノやコトはすべて、「物自体」とちがって情報空間の内部に取り込まれている。世界は、物理的には自己の外部に存在しているが、情報空間は、世界に関する情報と自己に関する情報から構成されている。そのため、外部世界も情報的には情報空間の内部に属しているのである。

電子的情報空間の「仮想性・非現実性」を強調する見方と、現実世界の「客観性・真実性」を強調する見方は、情報を介在させているか否かという共通の基準で判断しているが、現実世界も情報空間である以上、現実世界と電子的情報空間の違いは、情報を介在させているか否かにあるのではなく、情報空間の違い、いいかえれば、情報空間を構成する情報様式の違いにある。

P・レヴィは、バーチャル化とアクチュアル化の違いを、「脱今‐ここ化」（脱領土化・脱同期化）と「今‐ここでの例化」（領土化・同期化）の違いに求めたが、リアルな世界は、情報技術が誕生する以前からバーチャル性を孕んでいる。というのも、現実世界が言語的に認識されたとき、言語は脱「今‐ここ」化を遂行しているからである。「今‐ここ」という言葉がいかなる時点、いかなる場所にも適用可能であるのは、「今‐ここ」という意味が特定の時空的位置から離脱した脱時空的性格を帯びているからである。実際、レヴィも、「言語はまず、今ここに囚われている生物をつかまえている『リアルタイム』をバーチャル化する」（Lévy 1995＝2006, p. 88）と述べている。

リアルとバーチャルの違いが情報空間の質的な違いにあるとすれば、「客観的な現実性や実在性」を想定する近代的リアリティも、「リアル」と「非リアル」を差異化する情報空間の特別な編成様式として捉えねばならない。リアリティは、情報空間の内部で設定されるにもかかわらず、その実在性は情報空間の外部に措定される。人間が認識しうるものはすべて情報空間の内部に属しているにもかかわらず、リアルなものは、情報空間の外部に措定されることによって、主観的・恣意的で非リアルなもの――その典型的な事例が夢――から区別されるのである。

それゆえ、リアリティは、主観の内部で世界の存在が主観の外部にあることを了解するという意味では、自己（人間）の脱中心化を物語っている。内部に位置づけられるものと外部に位置づけられるものを区別するためには、情報空間の内部にありながら「リアル／非リアル」というかたちで人間が自らの意識を反省的地点から捉え直さなければならない。そのような意識の意識化によって、人間の意識の限界が設定され、人間の意のままにならない外部世界が自覚される。それを哲学的なレベルで行ったのがカントにほかならなかった。

このことは、リアリティとアイデンティティが世界と自己の分節過程で生じてくる相関項、すなわち二つの双対的な意識であることを示唆している。前章で論じたように、アイデンティティは、社会的世界のなかで自己が占めるであろうと想定される位置――より正確にいえば、「架空の焦点」としての位置の自覚――を意味している。アイデンティティが社会的世界のなかで特定の位置を占める自己を意識させるのに対して、リアリティは、その自己を取り巻く世界の実在性を意識させる。アイデンティティが、社会的世界に参画する自己の存在論的な位置を表しているのに対して、リアリティは、自己の外部に措定された世界の実在性を表している。したがって、アイデンティティとリアリティは、自己と世界の関係をともに反省的視点から捉え直すことによって成立する双対的な意識であるといえる。リアリティは、自己との関係のなかアイデンティティが世界との関係のなかで獲得された自己認識であるとすれば、リアリティは、自己との関係のなかで了解された世界認識なのである。

三　リアリティの二つの位相

自己には、個人的存在としての自己と集合的存在（の一員）としての自己という二つの位相があるように、リアリティにも二つの位相がある。そして、リアリティの二つの位相は、世界の根本形式である時間・空間の二つの位相に対応している。

時間が矢のごとく過去から未来に向かって直進し、空間は空虚で均質な入れ物であるという時空観は、古今東西において妥当する普遍的な時空観ではなく、近代に確立されたものである。それに物理学的な定式を与えたのがニュートンであった。ニュートンは時間と空間を、世界を構成する客観的な形式、しかも出来事から独立した絶対的な座標軸とみなしたが、近代以前には、それとは異なる時空観が存在した。時間と空間に「聖と俗」の区別を設ける時空観のもとでは、時間は非直線的で、空間は非均質的なものと考えられていた。このように時空観には、歴史的に変化するが、特定の時代・社会のなかで広く人々に共有された時空観がある。

これに対して、より潜在的なレベルで働く時空観がある。それが個体的な時空意識である。直線時間・均質空間が支配的な社会のなかでも、時計や地図に依拠した時空意識とは異なる時空意識が働いている。人は誰でも、時計で測れば同一の時間でありながら時間が急速に進んだり緩慢に流れたりするという感覚、また、地図の上では同一の距離であっても、空間的距離が長く感じられたり短く感じられたりするという感覚をもっている。このような時空意識は、各人のその都度の体験内容に依存している。ニュートンは、時間・空間を絶対的な座標軸と考えたが、G・W・ライプニッツのように、時間を事物間の継起的関係、空間を事物間の共在的関係として捉えるならば、時間・空間と事物を切り離すことはできない。というのも、事物間の継起的・共在的な秩序としての時間と空間は、事物的世界に働きかける個人の身体的体験をとおして開示され、したがって個人の体験内容に依存しているからである（正村 2000）。

個人の体験的な時空意識は、各個人によって異なるだけでなく、各人のその都度の体験内容に応じて揺れ動く反面（個別的）、社会や時代のあり方に係わりなく、あらゆる個人に内在している（普遍的）。一方、社会的な時空観は、特定の社会や時代のなかで共有されるかわりに（社会的）、社会や時代の推移とともに変化していく（歴史的）。したがって、個人的な時空意識は、社会的な時空観とは対照的である。いかなる社会的な時空観も、個別的かつ普遍的な性格をもつ個人的な時空意識を基礎にしているが、人々の意識のなかで顕在化しているのは、歴史的に変動する社会的な時空観である。

時間と空間は世界を構成する根本形式であるので、世界の実在性に対する意識としてのリアリティにも二つの位相が存在する。リアリティは、まず個人がその誕生以来、営み続けてきた身体的体験の蓄積をつうじて形成される。身体的体験には「認識」と「行為」という二つの局面があり、さらに、認識には「知覚的認識」と「言語的認識」という二つの水準がある。知覚と言語は、現実世界を認識するための二つの主要な情報様式であり、知覚が常に「今－ここ」で生起している出来事に向けられるのに対して、言語は「今－ここ」を超えた可能的な事態をも開示しうる。現実世界に属する存在は、「今－ここ」に位置するものとして知覚されるだけでなく、「今－ここ」を超える言語の意味作用のもとで理解されるのである。

いかなる個人にとっても、現実世界を認識する身体的体験には、知覚的認識と言語的認識という二つのモメントが含まれる以上、世界に対する個人のリアリティは、個人の体験内容に応じて変異する。個人の体験には、当然のことながら個人差がある。世界に対する体験の蓄積をとおして、個人の情報空間には世界を了解する基本シェーマが生成されるが、各個人の体験内容が異なれば、世界を了解する基本シェーマも異なってくる。この違いが個体的リアリティの違いとして現れてくるのである。

一方、社会的リアリティは社会のなかで広く共有されたリアリティであり、社会の変化とともに歴史的に変動する。先に「リアリティ」の反対概念が「ポッシビリティ」であると述べたが、このような捉え方自体がすでに特定の社会的リアリティを反映している。ポッシビリティとの対比においてリアリティを把握するリアリティ観は、後述するように、近代において成立する。「リアリティ」は、中世のスコラ哲学に端を発するが、この概念の中世的な意味と近代的な意味は同じではない。そして中世以前には、「リアリティ」という言葉すら存在していなかった。

ここでは、近代のリアリティを古代ギリシャや中世の「存在観」と対比するために、リアリティを「存在観」「存在把握」という一般的な意味で解釈したうえで、社会的リアリティの歴史的変遷を追ってみよう。近代的リアリティとその変容を理解するためには、近代以前の社会的リアリティを視野に入れる必要がある。

近代的リアリティの歴史的起源が古代ギリシャにあることを指摘したのはM・ハイデッガーであった。彼によれば、ギリシャ人の存在把握は「現在全く浅薄なものにされ、もとのままの形では知られていないとはいえ」(Heidegger 1953＝1994, p. 103)、今日の存在把握の源流をなしている。ギリシャ人にとって「存在」とは、「自分自身で存立に至り、存立のなかにとどまる」という意味での存続性を表している。存在は、限界のなかに身を置き、限界のなかで自己を保持することによって存立に至るのであり、その限界を超えれば「非存在」となる。

したがって、存在は、自らの限界を超えた「非存在」から区別されるが、この区別は、ハイデッガーによれば、「存在と生成」「存在と仮象」「存在と思考」「存在と当為」という四つの位相を含んでいる。つまり、「存在」は、「生成」「仮象」「思考」「当為」からの区別をとおして同定されたのである。その際、「存在と生成」「存在と仮象」という区別がギリシャ哲学の原初において形作られたのに対して、「存在と思考」の区別は（古代ギリシャの段階から用意されていたとはいえ）、近代の初期に確立され、さらに「存在と当為」の区別は、一八世紀末に出現したものであるという。

ハイデッガーの分析は、プラトン＝アリストテレスから近代に至る思想的過程に通底する存在把握を摘出することを目的としており、プラトン＝アリストテレス以前と以後の違いを重視しているが、ここではプラトン＝アリストテレス以後の思想的過程で生じた存在把握の変化に力点が置かれているので、ハイデッガーの説をそのまま受け入れるわけにはいかない。とはいえ、彼が指摘した四つの区別は、社会的リアリティの変容を認識するための重要な手がかりを与えてくれる。

四　社会的リアリティの歴史的変遷

1　古代ギリシャの存在観

ハイデッガーが指摘するように、ギリシャ人にとって存在とは二重の意味での存続性を表していた。すなわち、「発-生することとしての自己の-中-に立つこと」「だが、そのようなものとして『存続的』であり、滞留的であり、滞在であること」（Heidegger 1953＝1994, p. 109）を意味していた。そのことを端的に示しているのが、次のパルメニデスの一節である。

語られるべきみちとして、なお残されているのはただ一つ――

すなわち（あるものは）あるということ、この道には
非常に多くのしるしがある。すなわちいわく　あるものは不生にして不滅であること。

なぜなら、それは姿完全にして揺るがず　また終わりなきものであるから。

またそれはあったことなく、あるだろうこともない。今あるのである――一挙にすべて（内山編 1998, p. 71）

存在が「あったことなく、あるだろうこともない」とすれば、存在は、「いかなる現在においてもある」ということ、すなわち「存続」を表している。「それはあらゆる方向において自分自身と等しく、限界の中で一様同質のあり方を保つ」（同上 p. 75）。存在は、ここでは「可能性（ポッシビリティ）」と対置されているのではなく、時間の流れのなかで発生と消滅を繰り返す「生成」と対置されている。生成とは、「かつてあったが、今はない」「今はないが、いつかある」状態を指している。存在は、そうした生成から区別されるのである。

ただし、他の区別にもいえることだが、ハイデッガーは、単に存在が生成から区別されることを主張しているのではない。ハイデッガーの主張の力点は、むしろ存在が生成と緊張を孕みつつも内的連関をもっていることに置かれている。いかなる対立にも「対立の統一」とも呼ぶべき内的連関があり、生成・仮象・思考・当為も、存在を支える内的連関をもっている。存在と生成・仮象・思考・当為の区別は、「差異（対立）」と「統一（支持）」という両義的な関係として捉えねばならない。

ところで、古代ギリシャにおいては「生成」と並んで、「存在」に対する、もう一つの対立項となるのが「仮象（シャイン）」である。ハイデッガーは、ここでも存在と仮象の両義的な関係に着目しているが[1]、ソフィストとプラト

図1　線分の比喩（プラトン『国家』より）

ンに至って、仮象は、存在を担う現象としての意味を失い、単なる仮象に格下げされたとしている。

周知のように、プラトンのイデア説では、存在と生成・仮象の区別が前面に押し出されている。プラトン（Plato 1905＝1979）は、思惟によって把握されうるイデアが真に実在的であり、知覚可能な世界は、イデアを原像とした不完全な似像であることを「線分の比喩」によって説明した。図1に示されるように、一つの線分ＡＢは、等しからざる二つの部分（ＡＣとＣＢ）に分割され、さらにそれと同じ比例関係のもとでＡＣとＣＢもそれぞれ二つの部分（ＡＤとＤＣ、ＣＥとＥＢ）に分割される。

「線分の比喩」が表現しているのは、知覚可能な「可視界」（ＡＣ）と思惟によって把握可能な「可知界」（ＣＢ）が存在するだけでなく、その区別がそれぞれの世界のなかで反復されるということである。つまり、可視界には、動物、植物、人工物のような直接知覚可能な事物的存在（ＤＣ）と、その影や（水面に映った）映像（ＡＤ）があり、また可知界にも、知性的思惟によって把握されうるイデア（ＥＢ）——例えば、知覚的映像を排除した四角形そのもの——と、悟性的思考によって把握可能なもの（ＣＥ）——例えば、具体的に描かれた図形としての四角形——がある。逆に言えば、事物的存在（ＤＣ）と影・映像（ＡＤ）、イデア（ＥＢ）と数学的・幾何学的対象（ＣＥ）は原像と似像の関係にあるが、それらと同じ比例関係にある可知界（ＣＢ）と可視界（ＡＣ）も、原像と似像の関係をなしているというわけである。

ここから究極の原像であるイデアが実在的であるという主張がなされる。「実在（実存）」を意味する「exsitence」は、ハイデッガーによれば、古代ギリシャでは（存続の）外に置かれることを表していたので「非存在」を意味していたが、この言葉を今日的な意味に解するならば、プラトンにとって、仮象の背後にあるイデアこそ、生成・消滅を免れた実在であった。プラトン＝アリストテレス以前と以後に横たわる隔絶を踏まえると、プラトンのイデア説をもって古代ギリシャの思想を代表させるわけにはいかないが、イデア説が、「存在」を「生成・仮象」との対立のもとに置く存在把握を代表していることは間違いない。

その際、これらの対立を支えていたのが、知覚的認識と言語的思考の差異であったことに留意する必要がある。プラトンのいう「可知界」と「可視界」は、それぞれの内部に同様な対立が繰り返される重層的な構造をなしているが、基本的には、「可視界」が「見られるもの」（同上 p. 86）、つまり知覚的に把握された世界、それに対して「可知界」は、「思惟によって知られるもの」（同上 p. 86）、つまり言語的思考によって把握された世界を意味していた。言語的思考が絶えず流れ去っていく「今－ここ」を超越し、脱時空的世界を構成するのに対して、知覚的に認識された世界は、「今－ここ」に現前する時空的世界であり、絶えざる生成と消滅を繰り返している。

もちろん、厳密に言えば、知覚的認識の水準においてもJ・J・ギブソン（Gibson 1979＝1985）が指摘したように、絶えざる変化のなかに不変的な知覚パタンが読み取られる。例えば、人の動きに伴って目の前にあるテーブルの知覚像は刻々と変化していくが、それらの知覚像は無数の断片の寄せ集めではない。知覚の段階でも、絶えざる変化のなかから一定の恒常的なパタンが抽出されるのである。とはいえ、この知覚的な恒常性は、あくまでも「今－ここ」に拘束されており、その状況的な拘束性を超えるものではない。テーブルの知覚像は、光に照らされているかぎり、可変性と不変性を保っているが、光を失えば、知覚像そのものが消滅してしまう。

これに対して、言語的思考は、知覚に内在していた状況的な拘束性を克服している。光の消失とともにテーブルの知覚像が消滅しても、テーブルが存在しているという判断が下せる。さらに、言語的思考は、色・形・材質の面で異なる多種多様なテーブルを、しかも今まで見たことのないテーブルを同一のテーブルとして同定しうる。言語的思考は、同一のカテゴリーに属する無数の対象をその時空的差異を超えて結びつける働きをしている。

ハイデッガーによれば、論理としての「ロゴス（logos）」は元来「集約する」という意味をもっており、互いに分離し対抗しているものを一つの相関性へつなぎ止める働きを表していた。「logos とは存続的集約であり、存在者の、自己の中に立つ集約態、つまり存在である」（Heidegger 1953＝1994, p. 215）。存在は、絶えざる生成のもとにあるものを結びつけるロゴスの集約機能のもとで自己の限界内に止まることができる。このような集約機能は、多様な可変項から不変項を抽出する知覚にも内在している以上、思考の特権的機能ではないが、思考は、生成と消滅を繰り返す無数の現象的パタンを集約する働きにおいて知覚に勝っている。

それゆえ、存在は、それを支える集約機能を重視する限り、（知覚以上の集約機能を備えた）思考と結びついていた。逆にいえば、存在が思考と結びついていたのは、存在が生成・仮象と対置されていたからである。生成と消滅を繰り返すものが非存在としての仮象であり、その仮象から区別されるものが存在であった。プラトン的な存在把握は、このような「存在／生成・仮象」の区別に立脚していたのである。(2)

2　中世の存在観

中世の存在観は、古代や近代のそれに比肩しうる形態というよりは、古代から近代に至る存在観の過渡的形態を示している。たしかに、中世初期には、新プラトン主義を経由したプラトン的な発想が命脈を保っていた。そのことは、例えば、九世紀に活躍したヨハネス・エリウゲナの思想に見て取れる。エリウゲナは、世界を、一性（神）から多性（被造物）の段階的な発出と多性の一性への還帰という円環的な過程として捉え、存在を四つのタイプに分類した。すなわち、①「創造するが、創造されない自然」としての神、②「創造され、創造する自然」としてのイデア、③（イデアに基づいて）「創造されるが、創造しない自然」としての時空的世界、④「創造せず、創造されない自然」としての神と被造物の一体的状態。時空的世界は、ここでもイデアを範型にしており、イデアの展開に基づく存在の実在的な展開が想定されていた。

しかし、存在に先行するイデアの超越的な実在性を認める考え方は、一三世紀の頃には影を潜めるようになる。C・パースが指摘したように、「realis および realitas ということばは、ローマ時代からあったことばではない。それらは一三世紀に哲学用語として新しくつくりだされたものであり、それらのことばの意味はきわめて明晰である。すなわち、あるものがある性質をもっているということが、人間によって考えられているかいないかに依存せずになりたつとき、そのものは実在的であると、そこでは定義されている」（Peirce 1960＝1980, p. 240）。ただし、スコラ的な実在論が「実念論」「概念実在論」と呼ばれるように、「realis および realitas」は、客観性と結びついた近代的な意味での「実在性」ではない。スコラ的な「実在性」は、イデアの超越的な実在性とは違う意味での普遍の実在性を表していた。

中世の「realis」「realitas」は、プラトン的な存在観と近代的な存在観のいずれとも異なる存在観を象徴していた。そして、中世の普遍論争は、この時代に存在観の根本的な転換が起こったことを示していた。普遍論争は数世紀にもわたるため、論争の内容は時代の流れとともに変化したが、発端となったのは、ポルピュリオスの『エイサゴゲー（アリストテレスのカテゴリー論への序論）』のなかで提起された、「類や種といった普遍は実在するか」という問いであった。類（例えば、動物）や種（例えば、人間）としての普遍は、無限の普遍者としての神と、個別的存在としての個体の中間に位置している。神が一切の存在を包含した無限の普遍者であるのに対して、類や種は、他の類や種から区別された限定的な普遍を表している。無限の普遍者である神と違って、類や種は限界づけられている反面、無数の個体を包含している点で普遍的である。

従来、普遍論争は、事物に先立って普遍が存在すると考える「実在論（実念論）」と、普遍が事物の後にある――すなわち普遍が名称として観念のうちに存在するにすぎない――と考える「名目論（唯名論）」の対立として捉えられてきたが、近年の研究（山内 1992）によれば、普遍の実在性は、事物の前か後かという単純な議論ではなかった。少なくとも一三世紀以降になれば、実在論者も個体の実在性を認めており、そのうえで普遍の実在性を主張しているからである。ここで詳しく説明する余裕はないが、そうした普遍論争をつうじて近代的な存在観が姿を現してくる。一四世紀の唯名論者であるオッカムは、普遍は精神の外に存在するのではなく、実体の本性を解明する精神のうちなる記号であると考え、実在するのは個体のみであると主張したが、この認識こそ、近代の個体主義的世界観の先駆けとなるものであった（稲垣 1990）。

実在的なものがイデア的普遍から個体に移行することは、同時にまた、存在と非存在を区別する基準が変化したことを示唆している。先にみたように、古代においては、存在と生成・仮象の対立が決定的であり、存在と思考、存在と当為の対立は背後に隠れていた。存在が生成・仮象と対比されるのか、それとも思考・当為と対比されるのかという違いは、人間の認識の二大様式である知覚と思考をどのように評価するのかという問題とも関連している。知覚と（言語的）思考の間には、すでに指摘した二つの違いが孕まれているからである。[3]

第一に、先に述べた集約機能の違いがある。知覚と思考のどちらにも集約機能が備わっているとはいえ、知覚の集約機能が「今－ここ」としての時空的な連続性を前提にしているのに対して、思考の集約機能は、「今－ここ」としての時空的な連続性を欠いた対象にも及びうる。思考は、例えば、プラトンとオッカムという、異なる時代、異なる場所で生きた存在を同じ「人間」として包摂しうるが、知覚にはそのような集約はできない。

第二に、知覚によって把握可能な対象が時間的・空間的な位置を有する現実的対象に限定されるのに対して、思考によって把握可能な対象は、現実的対象だけでなく、現実には存在しない可能的対象も含まれる。思考は、プラトン、オッカムといった過去に実在した人間を同じ「種」に包摂するだけでなく、未だ存在していない人間をも包摂しうる。それゆえ、知覚と言語の集約機能の違いは、その背後に現実的なものと可能的なものという、もう一つの違いを宿しているのである。

形而上学的伝統のもとでは、事物的存在の本質を規定しているのは類や種であり、類や種を規定しているのは「イデア」や「形相」であると考えられていた。そのため、普遍論争のなかで実在性が問われた普遍と個体の関係は、思考と知覚の関係に関連してくる。なぜなら、普遍が思考によって把握可能であるのに対して、個体は知覚的に把握可能であるからである。正確にいえば、思考は、現実的対象と可能的対象の双方を把握しうるが、知覚が把握しうるのは現実的対象に限られる。

したがって、普遍にかわって、個体（のみ）を実在的とみなすことは、思考に対して知覚を重視することを意味している。現実的なものと可能的なものの隔たりが潜在化している限り、知覚と思考の違いは縮約機能の差にすぎないので、知覚以上の縮約機能を果たす思考は、存在を生成や仮象から区別する支えになってきた。存在は、思考の縮約機能のもとで自らの存続を実現しうる。ところが、ひとたび現実的なものと可能的なものの落差が広がると、可能的なものを表示しうる思考は、現実的なものを支える根拠にはなりえなくなる。近代において、存在が仮象・生成ではなく、思考や当為との対比のなかで規定されるのは、存在と非存在が「現実的なもの（リアリティ）／可能的なもの（ポッシビリティ）」という基準のもとで理解されたからである。

要するに、普遍と個体の実在性をめぐって展開された普遍論争は、「思考と知覚」「可能的なものと現実的なもの」といった要因に規定された世界のリアリティの捉え方をめぐる対立でもあった。ただし、オッカムに代表される唯名論が近代的世界観の扉を開くとはいえ、この論争は、唯名論の勝利＝実在論の敗北という単純な図式では片づけられない。オッカムの唯名論を誕生させるうえで重要な役割を果たしたのは、実在論の立場に立つドゥンス・スコトゥスであったが、スコトゥスは、形而上学的な伝統のもとで質料的存在とみなされてきた個体に対して「このもの性」としての普遍を認めたからである。

「質料」は、「形相」とともにアリストテレスによって導入された形而上学の根本概念である。プラトンのイデア論を批判したアリストテレスは、「イデア」にかわって「形相」概念を設定し、自然の事物を形相と質料の結合体として捉えた。アリストテレスにとって個体は主語に位置するものであるが、スコラ哲学のなかでは、個体は、形相と結びつくことによって現実性を与えられる質料的なものと解されていた。事物の類的・種的な本質を規定しているのが形相である以上、形相は、質料に対して存在論的優位を占めていた。ところが、スコトゥスは、形相が「このもの性」というかたちで個体にも内在していることを示すことによって、個体の存在論的価値を高めたのである。オッカムの唯名論は、このようなスコトゥスの議論を継承したうえで、「形相」「スペチエス」といった、実在論の根本概念を余分なものとして切り捨てたのである（「オッカムの髭剃り」）。

したがって、実在論から唯名論への移行は、社会的リアリティの根本的な転換を意味していたとはいえ、その非連続的プロセスのなかに連続性を見て取ることもできる。唯名論の立場に立てば、普遍は精神によって構成される名目的存在にすぎないが、近代の個体主義が誕生しえたのは、個体が、世界を構成する単位としての普遍的性格を付与されたからである。個体主義の社会的形態が個人主義であるが、個人主義における個人というのは、性別、年齢、民族性等といった特殊な生物的・社会的・歴史的なコンテクストを捨象することによって成立する。そこでは、他のいかなる個人にも還元されない特殊個別的な存在であるということが普遍的な妥当性をもって語られる。その意味で、近代の個体主義（個人主義）は、神や類・種に内在していた普遍を個体（個人）にまで拡張した実在論の展開の逆説的帰結として生じたのであり、特別な普遍主義でもあった。このパラドキシカルな構造は、絶対的存在としての神を否定することによって、人間自身が絶対的存在に祭り上げられた近代の逆説的帰結に類似している。

ちなみに、スコトゥスとオッカムのような、個体の存在価値を引き上げることに貢献した思想家がともに一三世紀から一四世紀にかけてのイギリスで誕生した背景には、イギリス社会の特殊性が影響していたことが考えられる。家族形態・所有形態の面からイギリス個人主義の起源について研究したA・マクファーレン（Macfarlane 1978＝1997）は、イギリスの個人主義化・資本主義化が、すでに一三世紀に始まったことを指摘している。この見解に関しては歴史学のなかでさまざまな評価があるが、大陸と比べて、イギリスでは早くから個人主義化が進んだことが事実であるとすれば、一三世紀から一四世紀にかけてスコトゥスとオッカムのような思想家が登場してくるのも頷ける。

3　近代の存在観

知覚の対象である個体のみが実在するというオッカムの名目論は、その後、一七・一八世紀のイギリス経験論に受け継がれていった。例えば、イギリス経験論を代表するJ・ロックも、普遍は実在の事物に属するのではなく、知性の案出物であり、類や種は抽象観念にすぎないと主張した。「すべて存在するものは特殊なものばかり」

(Locke 1961＝1976, p. 95) であり、心は「白紙状態（タブラ・ラサ）」である。観念の起源にあるのは、感覚の対象となる物質的事物と、心の作用に対する知覚としての内省であり、あらゆる心の作用、あらゆる観念は経験を介して生まれてくる。知性は、感覚と内省を超えることはできないという。

こうして近代に至って、普遍を把握する知性は人間の精神作用にすぎないという考え方が支配的になった。そうなると、個別特殊な多様性を類的・種的な同一性のもとに包摂する知性や思考は、もはや存在の根拠にはなりえない。古代においてロゴスというかたちで、存在を支えていた集約機能は、存在を非存在から区別する基準ではなくなったのである。このリアリティの転換を決定的なものにしたのがカントにほかならない。

カントは、ロックを祖とするイギリス経験論と、デカルト、スピノザ、ライプニッツに代表される大陸合理論を総合したといわれているが、それは、イギリス経験論を取り込みつつ、大陸合理論に流れ込んでいる形而上学的伝統を（排除ではなく）脱構築したからである。カントは、古代ギリシャ以来の伝統的な観念論において「およそ感覚と経験とによる認識は、すべて仮象にすぎない。真理は純粋悟性および純粋理性に由来する諸観念のうちにのみ存する」(Kant 1783＝1977, p. 260) としたうえで、この考え方を逆転させて、自らの立場を次のように定式化した。「およそ物（自体）に関する認識は、単なる純粋悟性や純粋理性によるとを問わず、まったくの仮象にほかならない。真理は経験のうちにのみ存する」（同訳 p. 260）。カントはロックと違って、心が「タブラ・ラサ」であるとは考えなかったが、真理を認識するうえで知覚と経験の重要性を認めたのである。

こうして、集約機能において知覚に勝っていた思考は、今や存在の対立項として位置づけられた。カントは、先の命題のなかで「仮象」という言葉を使っているが、「存在／仮象」の内実は大きく組み替えられている。仮象と現象が区別され、知覚されるのは仮象ではなく、現象であるとされる一方で、存在と本質も区別される。類や種としての普遍が指し示しているのは物の本質であって、存在ではないとされるのである。知性（思考）によって把握される普遍が「～である」の「～」に相当する事物の本質を表しているのに対して、「～がある」の「～」に相当する存在は知覚・経験を介して認識されるというわけである。

「存在vs生成・仮象」という対立軸にかわって、「存在vs思考」という対立軸が優位を占めたことによって、存在を規定する際の知覚と思考の役割が根本的に変化した。いつの時代にも、「知覚（感覚）」と「思考（言語）」は、世界を認識する根本的な様式となってきたとはいえ、現実的世界と可能的世界が乖離し、両者を明確に区別する必要が生じてくると、可能的なものをも対象にしうる思考は、もはや実在を保証する根拠にはなりえない。逆に、知覚は、思考ほどの集約力をもたないとはいえ、常に「今－ここ」で生起している現実的なものと結びついている。知覚像は時々刻々と変化するが、同じ時間的・空間的な位置にいる人は、（色盲のような例外的ケースを除けば）、誰しも対象を同じように知覚しうる。同じ条件であれば、誰に対しても同じように知覚されることこそ、認識の客観性を保証する条件となる。

こうしてカントは、事象内容を意味していた中世の「realitas」にかわる新しい概念として、「objektive Realität」を提起した。この概念の転換は、中世から近代に至るリアリティの歴史的転換を象徴している。中世では、天上の生活も地上の生活と同じくらい実在的であると考えられていたが、近代以降の人間がそのような見方をしないのは、地上の生活と違って、天上の生活が知覚不能であるからである。近代的世界のなかでは、リアリティは知覚可能性によって担保され、同じ条件のもとであれば、誰もが同じように知覚できるという客観性に基づいている。近代科学の実証主義も、このような近代的リアリティを基礎にしており、理論の検証は知覚可能性――知覚のなかでも重要なのが視覚可能性――に依拠しているのである。

中世から近代に至る存在観の転換の背景にあるのは、今述べたように、現実性と可能性の乖離であるが、この乖離は、主観と客観の分離、記号と事物の分離でもあった。記号を操作して、現実には存在していない可能的なものを措定する思考の働きは主観の作用として位置づけられ、事物は、主観の外部に位置する客観的で現実的な存在とされたのである。記号と事物が分離する萌芽は、すでにオッカムの思想に胚胎しているが、これらが決定的な分離を遂げたのは一八世紀である。「主観／客観」二元論を確立したカントによって、近代的リアリティが定式化されたのは偶然ではない。

そして、ハイデッガーが指摘したように、存在と当為の区別が際だってくるのは一八世紀末から一九世紀にかけてであるが、この区別も、現実性と可能性の区別の延長線上にある。というのも、現に「ある」事態としての存在と違って、「あるべき」ことを指し示す当為は言語的思考によって開示可能であるからである。現に「ある」事態は、無数の可能的事態のなかから、その都度の現在において現実的事態として選択されたものである。これに対して、当為は、現に存在する以前に、いいかえれば、可能的世界のなかで、特定の事態を選択する働きをしている。例えば、「人を欺いてはならない」という当為は、「欺く／欺かない」という選択肢のなかから後者を可能的なレベルで選択している。存在を現在的・現実的な選択様式とすれば、当為は未来的・可能的な選択様式なのである。

以上のことを踏まえると、「リアリティ」と「ポッシビリティ」との対比・対立そのものが社会的・歴史的な所産であることが判明してくる。近代に至って、存在と非存在の区別は、「存在／生成・消滅」ではなく、「存在／思考・当為」に取って代わったが、それは、現実性と可能性が乖離し、存在を規定する際の知覚と思考の役割が変化したからである。今や、存在は、常に現実的なものを把握する知覚に支えられ、可能的なものをも開示する思考は、事物の本質を表現する精神作用として存在から切り離された。こうした社会的・歴史的な条件のもとで成立したのが近代的リアリティなのである。

五　電子的情報空間のリアリティ――バーチャル・リアリティ

これでようやく、「バーチャル・リアリティ」と呼ばれる電子的情報空間のリアリティを議論するためのお膳立てが整った。言うまでもないことだが、情報技術が発達したからといって、社会的リアリティのあり方がただちに変化するわけではない。社会的リアリティは社会のあり方と相関的に変化する。社会的リアリティに及ぼす情報技術の影響を論ずるには、まず電子的情報空間のリアリティを、これまで述べたきたリアリティ論の枠組のなかに位置づけてみる必要がある。

1　二つのバーチャル

一口に「バーチャル・リアリティ」と言っても、さまざまなタイプがある。例えば、「バーチャル・カンパニー」と「バーチャル・ファクトリー」には一定の共通点があるものの、対照的な違いが見られる。

バーチャル・カンパニーというのは、インターネットのような情報ネットワーク上で創設された企業を指している。情報ネットワークの発達によって、市場での取引コスト（金銭的・情報的・時間的なコスト）が低減した結果、企業は、生産に要する資源を内部で調達する方法にかわって、必要に応じて外部から調達する方法を採用するようになった。資源の外部調達が進むなかで、現存する複数の企業が情報ネットワークを介して提携を結び、情報ネットワーク上で新しい企業を創設する動きが起こったが、そのようにして誕生した企業がバーチャル・カンパニーである。

通常の企業は、特定の場所に存在し、固有の設備・技術・人員を擁しているので、企業の存在を知覚的に確認することができる。このことはもちろん、バーチャル・カンパニーに参画している個々の企業にもいえるが、バーチャル・カンパニー自体は、固有な設備・技術・人員を擁しているわけではない。この企業は情報ネットワーク上でのみ存在するので、その存在を知覚的に確認することはできない。だからこそ「バーチャル」と称されるのである。

けれども、バーチャル・カンパニーは幽霊企業ではない。なぜなら、この企業のもとで新しい製品が生産されるからである。その生産は、もちろん個々の企業が有する設備・技術・人員に負うているとはいえ、バーチャル・カンパニーの実在性は、各企業の生産要素を情報ネットワークを介して結びつけて新しい製品を生産している点にある。つまり、バーチャル・カンパニーに参加している個々の企業が有する諸資源を情報ネットワークを介して結びつける創発的な関係性にある。したがって、バーチャル・カンパニーは、知覚可能性を欠いているとはいえ、実在的である。

これと対照的なのがバーチャル・ファクトリーである。バーチャル・ファクトリーは、コンピュータ上で構成された仮想工場のことであり、そのねらいは、コンピュータ・シミュレーションを使って最適な工場を設計することにある。コンピュータ上で現実の工場を再現したうえで、多様な工場の可能性を探索し、そこから最適な工場を選択する。そのための技術が現実の工場をコンピュータ上で再現するモデリング技術と、それを基に最適な工場を設計するシミュレーション技術である。

シミュレーションの本質は、可能的なレベルでさまざまな事態を想定することにあるので、シミュレーション自体は古くから存在してきた。人間は思考実験というかたちでシミュレーションを行ってきた。工場を設計する場合にも、人間は未来の工場を思い描くとともに、道具やメディアを使って思考の内容を外部化してきた。設計図も、思考をつうじて可能的に想定された内容を外部化する一手段であった。

従来のシミュレーションと比較すると、コンピュータ・シミュレーションの場合には、可能的モデルとなる工場が現実の工場にきわめて近い姿で表現される。図面上の工場は、設計者の頭のなかで構想された工場よりも具体化されているとはいえ、現実の姿とは懸け離れている。工場は、二次元的世界のなかで線の組み合わせとして描かれるにすぎない。ところが、コンピュータ・シミュレーションの場合には、工場をさまざまな角度から立体的に、しかもよりリアルに表現することができる。この技術が一層発達すると、現実の工場に限りなく近い姿で可能的な工場を表現することが可能になる。

したがって、バーチャル・ファクトリーは、可能的な工場であるにもかかわらず、現実の工場に匹敵しうる知覚可能性を帯びている。その点で、バーチャル・カンパニーが実在的であるにもかかわらず、(通常の企業が有する)知覚可能性を欠いているのとは対照的である。しかしそうだからこそ、二つのケースは、実在性が知覚可能によって担保されていた近代的リアリティからの乖離を示している点で共通している。どちらも、近代的リアリティに内在していた、実在性と知覚可能性の連関が断ち切られており、両者が「バーチャル」と称される理由もそこにある。そして、この違いは、現代の情報技術が生み出したメディアの違い、メディアによって構成される電子的情報空間の違いに起因している。

2　三つの電子的情報空間

従来のメディア論が分析の対象にしてきたのは、印刷物、テレビ、電子メディアといったコミュニケーション・メディアであり、しかも伝達メディアとしてのコミュニケーション・メディアが中心であった。そして、メディアが構成するリアリティは、視覚優位か聴覚優位かという知覚様式に照らして論じられてきた。例えば、マクルーハン

（McLuhan 1962＝1986）やオング（Ong 1982＝1991）は、話し言葉と印刷物の違いを、聴覚優位か視覚優位かの違いに求めた。話し言葉が聴覚依存的であるのに対して、印刷物は視覚依存的である。たしかに、印刷物が重要な役割を果たした近代社会は視覚優位の社会であり、その点で印刷物の特性と一致していた。しかし、近代社会の視覚優位は、これまで述べてきたように、聴覚優位からの転換であるだけではなく、思考優位からの転換でもあった。社会的リアリティの歴史的変容は、知覚様式の内部で起こっただけでなく、知覚と言語の間でも起こったのである。

電子社会における社会的リアリティを論ずるためには、メディア概念の拡張をはかるだけでなく、知覚と思考の関係をも考慮に入れなければならない。メディア概念を拡張するならば、メディアは、社会的コミュニケーションを媒介する「コミュニケーション・メディア」と、知覚的世界の構成に関与する「表現メディア」に大別される。

コミュニケーション・メディアには、前章で論じたように、印刷物、テレビ、電子メディアのように、情報の伝達様式、伝達範囲、流通速度等を規定する「伝達メディア」のほかに、貨幣・権力・真理・愛のように、伝達された送り手の情報の受容可能性を高める「受容メディア」——ルーマンの言葉でいえば「成果メディア」——がある。受容メディアは、それぞれ固有な仕方で情報の受容可能性を高めている。

これに対して、情報工学者のいう「バーチャル・リアリティ」を構成しているのは、ここで「表現メディア」と呼ぶ別種のメディアである（舘 1992）。ただし、伝達メディアと表現メディアの区別は絶対的なものではない。伝達メディアも情報の表現可能性を規定しているし、表現メディアも社会的コミュニケーションに介在すれば、伝達メディアになる。しかし現時点では、両者は別物である。そして、表現メディアには、情報工学者の言葉を借りれば、「テレイグジステンス（遠隔世界）」と「サイバースペース（架空世界）」を生成する二つのメディアがある。

テレイグジステンスの場合には、人間とロボットが知覚的・運動的に連結されることによって、遠く離れたロボットの知覚的世界がリアルに体験される。ロボットは、人間のいわば分身として人間の意志に従って動くと同時に、ロボットが知覚した世界がそのまま人間に認識される。こうして人間は、ロボットの位置する場所にいるかのように世界を遠隔的に体験しうる。

サイバースペースの場合には、人間は仮想体験をしており、その体験をとおして現れる仮想世界が現実の世界に匹敵するようなリアリティを帯びてくる。例えば、フライト・シミュレーションであれば、被験者は、地上に据え付けられたコックピットにいるのであって実際に空を飛ぶわけではないが、コックピット内の操縦にあわせて目の前の光景が変化する。フライト・シミュレーションに限らず、サイバースペースは、コンピュータ・シミュレーションによって構成されている。テレイグジステンスが、人間にとって非現前的ではあるが、実在的な世界を現前化させているのに対して、サイバースペースは、非現前的で、しかも可能的な世界を現前化させているのである。

現代の情報技術は、人間がコミュニケーション過程で使用する文字や数字はもとより、音声、映像など、人間が感覚器官をつうじて得られる情報をデジタル情報に置き換えることによって、人間の知覚的世界は、伝達メディアとは異なる仕方で拡張される可能性が生まれた。伝達メディア、表現メディアを問わず、現代の情報技術が産み出した電子的情報空間のリアリティは、すべて「バーチャル・リアリティ」としての特性を帯びているが、バーチャル・リアリティの内実は、このようにメディアの形態に規定されているのである。

先にみたバーチャル・カンパニーとバーチャル・ファクトリーの特性は、それぞれインターネットとコンピュータ・シミュレーションによって構成される電子的情報空間の特性を反映している。インターネットは印刷物と違って、文字情報だけでなく、さまざまな映像情報・音声情報をも伝達しうるとはいえ、送り手と受け手は非対面的な関係にある以上、受け手は送り手を直接知覚的に確認することはできない。インターネット上での送り手と受け手の関係は、実名的にも匿名的にもなりうるし、今日のインターネットは、より実名的な関係に接近しているとはいえ、インターネット上で表現された本人の属性と本人の現実的属性が一致する保証はない。

インターネット上に成立する電子的情報空間は、送り手と受け手が非対面的な関係のもとで繋がるグローバルな空間であり、そこではあらゆる物質的存在がビット化されている。そのため、対象物を直接確認するための知覚的情報が欠損している。バーチャル・カンパニーに限らず、インターネット上の存在がバーチャルな性格を帯びる理由もそこにある。にもかかわらず、インターネット上の形象をすべて非現実的な存在とみなすことは、もちろんできない。インターネットを介してコミュニケーションを行う相手は、現実の相手の姿から懸け離れていたとしても、現実に存在している。例えば、バーチャル・セックスでの「レイプ」被害の報告が寄せられている（Ito 1996）。この被害は、肉体的なものではなく、電子的コミュニケーション上での会話による被害であるが、被害者にとっては、肉体的被害に準ずる精神的影響を受けている。言葉にすぎないとはいえ、「レイプ」する意志は実在的である。

これまでみてきたように、近代的リアリティは、類や種としての普遍の実在性を主張する中世的な実在論を否定し、個体の実在性を主張する名目論を経由することによって確立された。知覚が思考に対して優位を占めるのは、知覚の対象が個体という、一定の時間的・空間的な位置を占める物質的存在であるからであった。このようなリアリティが最も妥当性を有するのは、物理的世界――より正確にいえば、二〇世紀以前の古典物理学が描いた物理的世界――である。そこでは、モノとしての個体が世界を構成し、分割不可能（indivisual）な単位となっている。

しかし、社会的世界を構成しているのは社会的コミュニケーションや社会関係であり、社会的主体（アクター）は、その結節点として存在する。個人のような個別的主体であれ、組織や国家のような集合的主体であれ、社会的コミュニケーションを介して社会的関係を形成する働きはすべて情報の意味作用に基づいている。社会的存在は、個人的主体であれ、集合的主体であれ、自と他を分節する情報の意味作用を介して主体性を獲得し、それによって社会的世界に参画している。

人間は個別的身体を備えているとはいえ、最初から一個の主体（アクター）として誕生するわけではない。言語のようなシンボルを操作する情報的能力の習得をつうじて一個の身体的主体となる。自己の身体は、自らを主体化するための物質的基盤であるとはいえ、他者との間に引かれる自己の境界は、皮膚によってかたどられる物理的境界ではなく、意味的境界である（正村 1995）。

同様なことは、組織や国家のような集合的主体にもいえる。集合的主体も物理的境界によって他の主体から区別されるのではない。集合的主体を主体たらしめているのは、内部の関係を組織し、内部を外部から分かつ情報の意味作用――そこには、文化的アイデンティティや社会的規則も含まれる――である。バーチャル・カンパニーと違って、通常の企業は、固有の物質性（人員、設備、土地）を備えているとはいえ、それらの物質的存在は、組織の存在を知覚的に認識するための条件にすぎない。

個人の実在性に対して、集合的主体の実在性を認める動きは、以前から起こっていたが、(4)情報化が進展した現在では、物質的境界と意味的境界の乖離という、もう一つの次元が加わっている。近代国家や官僚制組織のような集合的主体は、他の集合的主体から自らを区別する意味的境界と同時に、その象徴的表現となる物理的境界を有していたが、バーチャル・カンパニーを含め、物理的境界をもたない集合的主体が誕生している。

後述するように（第四・五・七章）、現代社会では、無数のネットワーク的関係がネットワーク化されている。ネットワークは、多数の主体を結びつける関係であると同時に、それ自体が上位のネットワーク関係を構成する主体にもなっている。「構造か主体か」という二項対立を超えたところに「ネットワーク的主体」が立ち現れる。ネットワーク的主体は集合的主体であるとはいえ、命令が発動される中心も固定的な構造もない脱中心的な存在である。複数の企業がネットワーク化されているバーチャル・カンパニーも、ネットワーク的主体の一つである。

このような社会的ネットワークを形成するためのインフラ的基盤となっているのが、インターネットである。インターネットは、無数のコンピュータ・ネットワークをネットワーク化している点で「ネットワークのネットワーク」である。インターネット上に成立する電子的情報空間を「CMC（Computer Mediated Communication）型情報空間」と呼ぶならば、この空間は、社会的実在の本質を顕わにしている。物理的境界をもたないために知覚的確認が困難であるにもかかわらず、その実在性を否定できない存在の可能性を高めているからである。

それとは対照的な帰結をもたらしたのがコンピュータ・シミュレーションである。コンピュータ・シミュレーションによって構成される電子的情報空間を「CS（Computer Simulation）型情報空間」と呼ぶならば、この空間内では、知覚可能性が与えられているにもかかわらず、その体験は可能的な体験にとどまっている。バーチャル・ファクトリーも、フライト・シミュレーションもその点では変わりはない。シュミレーション技術が発達すればするほど、知覚可能性が広がり、それだけ現実的体験に近づくが、その体験はあくまでも可能的体験にすぎない。

このように「CMC型情報空間」と「CS型情報空間」は、ともにバーチャルな空間であるとはいえ、バーチャルの意味は正反対である。前者は実在的であるにもかかわらず知覚可能性を欠いており、逆に、後者は知覚可能性をもつにもかかわらず可能的である。バーチャル・リアリティには「テレイグジステンス」という、もう一つのタイプがあるが、この電子的情報空間のリアリティは、「CMC型情報空間」と「CS型情報空間」の中間に位置している。テレイグジステンスの場合、人間に現前する環境世界は、直接知覚されたものではないが、別の場所に存在する実在的な世界である。そこで知覚的に現前する世界は、人間の知覚的・運動的能力の拡張によって得られる世界なのである。

六　世界を断片的に内包した「今‐ここ」

現代の情報技術が生み出す「バーチャル・リアリティ」には、上述した複数のケースが含まれるが、いずれのケースも、実在性を知覚可能性によって担保していた近代的リアリティから逸脱している。近代に至って、「存在／生成」「存在／仮象」の対立にかわって「存在／思考」「存在／当為」の対立が顕在化したとき、思考と当為の共通項となったのは「可能性（ポッシビリティ）」である。近代のリアリティを成り立たせていたのは、「リアル／ポッシブル」という対立軸であり、またその背後に控えていた「知覚／思考」や「個体／普遍」という対立軸であった。ところが、現代のバーチャル・リアリティは、いずれも「リアル／ポッシブル」という対立の狭間に位置している。

このようなバーチャル・リアリティの誕生は、近代的リアリティを変容させるのであろうか。もちろん、ここで早急に結論をだすことはできない。社会的リアリティのあり方は、時空意識をはじめ社会構造を規定する多様な要因によって決定されるからである。近代的リアリティの形成を促した現実性と可能性の乖離は、近代に至る過程で社会がより複雑化し動態化したことに起因している。

時間意識との関連でいえば、現在というのは、可能な出来事のなかから特定のものを現実的な出来事として選びだす「可能性の縮減機構」として作用しているが、現実的な出来事が生起する現在に対して、未来がどれだけの可能性を包含しうるかは、社会の時間意識に規定されている。円環的時間に支配されていた中世の段階では、未来は現在の反復という性格を帯びていたために、現在とは異なる出来事が未来に起こる可能性はおのずと制限されていた。

ところが、近代になると直線時間が確立されたことによって、未来は開かれたものとなった。現実性と可能性が乖離し、可能的な出来事は現実の出来事の反復ではなくなった。可能性が一層広がると、現在とは別の「可能性の縮減機構」が必要になるが、可能性のレベルで可能性を選択する働きが「当為」にほかならない。「〜がある」という「存在」に対して、「〜があるべきだ」という「当為」は、可能性のレベルで存在すべき出来事を選択している。その意味で、当為は、出来事の現実的な生起によって可能性を縮減する現在と機能的には等価な働きをしている。一八世紀から一九世紀にかけて生じた、「存在と思考」から「存在と当為」への重心移動は、可能性がより拡大し、現実性と可能性が一層乖離したことに基づいている。

こうした時間意識の変化は、社会構造が大きく変容したこと——例えば、近代に至る過程で産業構造が、自然の円環的リズムに基礎をおいた農業経済から、自然的制約から相対的に解放された工業経済へ移行したこと、あるいは社会の正当性の根拠が自然や伝統や神といった超越的存在にかわって、実定法という人為的な規範に置かれるようになったこと——を背景にしている。したがって、近代的リアリティが変容するか否かは、このような社会的・文化的な条件の変化如何にかかっている。近代的リアリティは、思考と比べて構成度の低い知覚作用と結びついているために、客観的・普遍的な様相を呈しているが、それ自体が社会的・歴史的な形象物である。現に近代的リアリティを支えていた社会的・文化的な諸条件に目を向けるならば、「個体／普遍」「知覚／思考」「リアリティ／ポッシビリティ」の対立は、変化し始めている。

まず、社会的ネットワークの形成が進み、個人以外の社会的主体の形態も拡張されてきた。近代国家や官僚制組織は、中心性を備えた集合的主体であったが、今やネットワークのような脱中心的な関係も、それを取り巻く広域的なネットワークを構成する社会的主体となっている。現代社会では、ネットワークのような関係的存在も実在とみなさなければならない。しかも、このような現代社会の動向は、二〇世紀の思想的潮流とも符合している。すでに、二〇世紀に登場した量子力学的世界観は、個体を独立自存的な実体とみなす認識から離脱しているし、構造主義やシステム論も広い意味での関係主義的世界観の一端を担ってきた。

関係的存在が実在性を有するとすれば、リアリティを支える思考の役割を再評価せざるをえなくなる。思考の対象には可能的なものも含まれるために、近代において思考は存在の対立項として位置づけられたが、知覚的確認が困難な関係的存在は、思考の働きを介してリアリティを獲得しうる。その場合、思考は、同一のネットワークに属する多様な要素を結節する集約機能を果たす。こうして、リアリティの構成過程で思考が改めて召還されるのである。

そして、存在と思考の対立の揺らぎは、現実的なものと可能的なものの対立の揺らぎに繋がる。この変化は時間意識の変化に表れている。第一章で述べたように、現在としての「今」には、持続としての「今」と瞬間としての「今」、いいかえれば、切れ目のない流れとしての「今」と、その都度その都度の出来事を生起させる点としての「今」がある。古代ギリシャにおいて支配的であった「存在」と「生成」の対立を支えていたのは、時間に内在するこの二つの様相であった。「今」に内在する持続と瞬間から、それぞれ「存在」と「生成」が導かれる。

いかなる現在も二つの「今」を内包しているが、現代社会では、二つの「今」の比重の置き方が変化している。直線時間は、未来に対して開かれているとはいえ、近代の「大きな物語」を生み出すだけの持続を保証していた。歴史という時間的流れのなかで大きな物語が語られるためには、その物語に同一性を与えるだけの持続が必要となる。そこでは、過去の展開として現在が成立し、現在の展開として未来が切り開かれなければならない。直線時間には、新たな出来事が生起しつつも、物語の同一性を支えるだけの持続性が備わっていたのである。

しかし今日では、持続＝流れとしての「今」に対して、瞬間＝点としての「今」が優勢である。直線時間は、その都度その都度において新たな出来事が産出されていく「点の集合」へと変化しつつある。ただし、この変化は、変化の加速といった、単なる量的変化を物語っているのではない。「点の集合」といっても、それは単なるバラバラな点の集まりではない。この点は、他の点――それも地球上の別の場所で出来事を発生させた（あるいは将来発生させる）他の点――と自在に結びつくことによって、これまでにない点と点の関係を創出している。

このような時間的変化は、社会的ネットワークの発達によって、各々の場所で生起する出来事がグローバルな仕方で、しかもその時々の状況に応じて結合するという空間的変化と連動している。これまで出来事は、それぞれのローカルな場所、あるいはナショナルな場所で起こった過去の出来事との繋がりを保ちつつ生起したが、情報化とネットワーク化は、出来事を、一方では、そのような既存の時空的コンテクストから引き離しつつ、他方では、地球上で生起する別の出来事との状況的な繋がりを生み出すことによって、新しい時空的コンテクストを設定している。情報化とネットワーク化は、出来事と出来事の既存の時空的連関を断ち切る反面、新しい時空的連関を創出している点で時空的秩序の再編を促しているのである。

出来事が、地球上の別の場所で生起する出来事と流動的な仕方で結びつきながら生起するようになれば、時間は、他の点とランダムに結びつきうる点の集合となるが、そのとき、現在と未来を、もはや現実性と可能性として分離することはできない。なぜなら、現在がそれぞれ特有の可能性を孕んだ現実的なものとして成立するからである。現在が点として過去や未来から自律してくるのは、一見逆説的だが、現在において生起している個々の出来事がそれぞれの時空的コンテクストとなる世界を（断片的な仕方で）内包し、それによって自己完結性を帯びるからである。出来事が時間的には過去や未来の出来事、空間的には他の地点で生じた出来事を時空的コンテクストにして生起する際、時空的コンテクストそのものがその都度の現在においてたえず更新されていく。

したがって、現在を取り巻く時空的コンテクストは、もはや知覚可能な範囲を超えており、文字通りグローバルな世界へと広がりつつある。「今-ここ」で発生する出来事を支えているのは、時間的・空間的に隔たった他の無数の出来事である。ネットワークを介して結びついたそれらの現実的、可能的な出来事が、その都度「今-ここ」で生ずる出来事を成立させる背景的・潜在的な要素となる。

このような仕方で現在が瞬間=点としての性格を強めることによって、現実的なものはそれ自身のうちに潜在的なものを包含している。「今-ここ」で発生した出来事は知覚可能であるが、その出来事には世界が断片的な仕方で内包されており、一つ一つの出来事に、文字通りグローバル化した世界が刻印されている。今や、その実在性を承認しなければならないバーチャルなものとは、一つ一つの出来事に断片的に内包される世界にほかならない。

こうして現代社会では、時間意識の変化を伴いながら、近代的リアリティの基礎をなしていた「個体／普遍」「知覚／思考」「現実的なもの／可能的なもの」の対立が揺らいでいる。だからといって、知覚可能な物質的存在の実在性が否定されるわけではないが、少なくともその自明性が失われつつある。古代の存在と近代の存在観は対照的であるとはいえ、どちらもリアリティを規定するうえで一面的な認識をしていた。ハイデッガーは、パルメニデス以降、存在が生成・仮象・思考・当為との対比のなかで把握されたことを指摘したが、その際、それらが存在の単なる対立項であるとは考えていなかった。生成・仮象・思考・当為は、存在と緊張を孕みながらも存在を支える要因であるという点にこそ、ハイデッガーの力点が置かれていた。

バーチャル・リアリティが近代的リアリティに影響を及ぼすとすれば、それは、近代的リアリティを支えていた社会的・文化的な条件の変化を促すからである。バーチャル・リアリティは、現実的（知覚可能）なものと可能的（思考可能）なものの対立を掘り崩し、「バーチャル」という位相を浮かび上がらせている。「バーチャル」という言葉を使ったドゥンス・スコトゥスは、普遍論争のなかで実在論から名目論への橋渡しをした人物であったが、現代のバーチャル・リアリティは、再び名目論からの離脱を促している。プラグマティズムの創始者であるパースは、「普遍的観念は、そのもとになっている感覚そのものとおなじくらい、もしくはさらにそれを上回るくらい生き生きとした実在なのである」（Peirce 1960 = 1980, p. 182）としてスコラ的実在論を支持した。

バーチャル・リアリティは、知覚可能性に還元できないリアリティを開示することによって、改めて社会的リアリティの構成という、古くて新しい問いを提起している。このような問いが浮上してきたのは、情報化とネットワーク化の進展に伴って、出来事を発生させる時空的秩序が再編され、「今‐ここ」で生起する出来事がその時空的コンテクストとなる世界を潜在的かつ断片的な仕方で内包するようになったからである。そうだとすれば、このような出来事の入れ子構造を創り出す現代社会の仕組みとそれを支えている情報的作用を解明しなければならない。第Ⅱ部ではそれを行うことにしよう。

II

第四章　グローバル社会の編成原理

一　グローバル化の現代的位相

一九七〇・八〇年代は、経済的にはブレトンウッズ体制の崩壊、新自由主義的な資本主義への移行、政治的には福祉国家の限界、東西冷戦の終焉等々によって、第二次世界大戦後に築かれた経済的・政治的な体制が揺らいだ時代であった。こうした状況のなかで「グローバル化」と呼ばれる地球的規模の相互依存が急速に深まった。世界的相互依存の今日的なあり方をどのように捉えるかは、国家に対するグローバル化の影響の捉え方と絡んで論争の争点となっているが、この点に関しては、少なくとも三つの見方がある。

まず第一に、グローバル化によって国家が衰退し、国内と国外がボーダーレス化しているという見方がある(Ohmae 1990; Strange 1996＝1998)。例えば、S・ストレンジは、金融市場と生産システムのグローバル化に伴って、領域的存在である国家のパワーの衰退と脱領域的存在である市場のパワーの増大が起こったことを指摘している。国家が衰退し、国境がボーダーレス化すれば、これまで国際関係として展開されてきた世界的相互依存のあり方も根本的な変化を蒙ることになる。

第二に、それとは逆に、近代国家が今なお主権国家としての地位を保持し、今日のグローバル化はこれまで進行してきた国家間相互依存の深化であると考える見方がある（Hirst and Thompson 1999; Hart 1992)。この見方によれば、二〇世紀後半も一九世紀の延長線上に位置づけられる。一九世紀末から二〇世紀初頭にかけての「良き時代（ベル・エポック)」のほうが今以上に貿易・資本・人口移動の規模が大きかったし、現在においても世界市場は複数のリージョナルな経済圏に断片化されていること等がその理由として挙げられている。

そして第三に、グローバル化によって国家が衰退したわけではないが、従来の国家的・国際的な枠組が変容したと考える見方がある。例えば、世界都市論の代表的な論者であるS・サッセンは、グローバル化の脱領土化に焦点をあてる議論も、国家の領土的枠組の存続を説く議論も、主権の一元的な時空間概念と国民国家のなかでの排他的な制度的配置を前提にしてきたが、その共通の前提がグローバル化によって崩され、主権国家を支えてきた制度的配置の再編が進んでいるという（Sassen 1996＝1999)。

上記の考え方をそれぞれ「国家衰退説」「国家存続説」「国家変容説」と呼ぶならば、ここでは、基本的に国家変容説の立場に立って議論を進めたい。国家変容説は国家衰退説と国家存続説の中間に位置するとはいえ、両者の折衷論ではない。グローバル化が進行した現在も、国家は衰退するどころか、世界的相互依存のなかで一層重要な位置を占めている。ナショナリズムの動きも息を吹き返してさえいる。しかし、このことは、現代の国家が近代の主権国家と同一であることを意味しない。問うべきは、近代国家が衰退したか否かではなく、近代国家のあり方にどのような変容が生じたのかという点にある。

そして、この問いは、別言すれば、国内と国外を厳格に分離する近代国家の境界がどのように変容したのかということでもある。国家の境界変容は、内部領域と外部領域における社会関係上の変化として現れる。国家が変容するということは、国家の境界が、国家存続説が主張するような、内部と外部を厳格に分離する排他的な状態でも、また国家衰退説が主張するような、内部と外部が同質化した状態でもないことを示唆している。そうだとすれば、世界的相互依存の今日的変化を捉えるためには、国外領域と国内領域の双方における社会関係の変化に目を向ける必要がある。

そこで、国内と国外を分離する近代国家の境界に焦点をあてながらグローバル社会の編成原理について検討してみたい。ただし、「グローバル社会」という概念は、世界全体が一つの統一的な原理に基づいて組織されていることを含意しているわけではない(1)。また、この概念は、国内領域を捨象した国外領域のあり方を指しているわけでもない。国内と国外を機械的に分離できないところに現代社会の特質があり、国外領域における変化を把握するためには、国内領域の変化に注目しなければならない。

国家変容説の立場に立つと、今日の世界的相互依存は、国家間の相互依存の深まり以上の意味をもつが、その根拠はどこにあるのだろうか。一九世紀までの世界的相互依存と比較したとき、現代のグローバル化には四つの新しさが含まれているように思われる。

まず第一に、現代の世界システムは、国家を含む多様な主体（アクター）間の対立・交渉・連合からなる多層的・多元的なネットワークをなしている。現代の世界システムを構成しているのは、①国家だけではなく、②多国籍企業、③国連に代表される国際的政府間組織（ＩＧＯｓ）、④グリーンピースやアムネスティ・インターナショナルに代表される国際的非政府組織（ＩＮＧＯｓ）、⑤グローバルな社会運動を展開している無数の運動団体等が含まれる。もちろん、グローバル・ガバナンスをめぐって、上記の社会的主体に同等なパワーが配分されているわけではない。アメリカ合衆国が今なお覇権的性格を保持していることは否定できない。しかし、国際金融市場の発展を背景に成長してきた多国籍企業も国家に匹敵するほどの存在となってきたこと、その一方で、新自由主義的なグローバル経済の動きに反対する運動団体が国家や国際機関の意思決定を左右しうるだけの影響力を獲得していることも事実である。近年、反グローバリズム運動が国際舞台において華々しい成果を上げたのは、反グローバリズム運動もグローバル化されているからである。

第二に、グローバル化はローカル化と同時並行的な進展を見せている。グローバル化とローカル化の関係には、文化帝国主義論とその批判に見られるように対立的な局面もあるが、相互補完的な局面もある。例えば、サッセンが国家の重要性を認めたうえで主権国家の制度的枠組が変容していることを主張するのは、グローバル化がローカルな基礎を有しているからである。グローバル化は、有利な条件を求めて地球上を自由に移動する多国籍企業の活動に象徴される脱領土性と、多国籍企業の本社機能が世界都市に集中する領土性という、両義的な性格を帯びている。グローバル化の戦略的拠点としての世界都市は国家のなかに埋め込まれたローカルな場であるゆえに、国家は世界都市の諸条件を規定する重要なアクターとなるが、逆に、世界都市を抱えた国家は脱領土的な外部性を孕むことになる。

第三に、近代国家を「全体社会」として成立させた近代社会は、機能分化した社会であったが、グローバル化をつうじて、分化した機能間の関係が変化してきた。経済・政治・文化といった、近代社会のなかで分化した諸機能が交差・融合する事態が生じている。例えば、芸術や宗教に代表される文化は、一九世紀に他の社会領域から独立したが、情報産業が発達した今日では、音楽・映画・アニメといった文化的形象も企業の生産活動のなかに組み込まれ、商品として世界的に流通するようになった（文化の経済化）。

また、近代の民主主義は、国民を主権者とし、国民国家という制度的枠組のなかで機能する「領域的民主主義」であるが、グローバル経済は、その基盤である国家の領域性を掘り崩している（Hertz 2001＝2003）。国家存続説は、政府が未だ多国籍企業に対して強力な交渉力を保持していると主張するが、政府の交渉力は、現実には企業の海外移転を防いだり、企業を自国に誘致するために企業に有利な条件を提示したりする等、限定的なものにとどまっている。グローバル経済の発展によって政府の経済的選択肢が狭められた結果、与党の政策と野党の政策を見比べながら一方を選ぶ国民（国家）の政治的選択の幅も狭まってきた。多国籍企業のような大企業は、ロビー活動をとおして生産活動に必要な社会的条件を自らの手で創出している。こうして、国民国家という領土的枠組のなかで間接民主主義として機能していた近代民主主義が空洞化することが懸念されている（経済の政治化）。

さらに、これに類する現象は社会運動の過程でも起こっている。一九八〇年代頃から世界的規模で宗教運動が活発化しているが、それらの宗教運動は、政治的色彩を帯びる傾向にある。例えば、イギリスに起源をもち、アメリカに伝播したクリスチャン・アイデンティティ運動は、アメリカ社会における教会と国家の分離を元に戻す革命を目指している。彼らが掲げる「悪魔の陰謀」のなかには「国際通貨基金の設立、クレジットカードの導入、紙幣による通貨制度等々」もリストアップされている（Juergensmeyer 1999＝2003）。

宗教は、近代以前には、彼岸の世界と此岸の世界の双方を統括していたが、近代に至ると、此岸の世界から身を引き、彼岸の世界を解釈することに自らの役割を限定した。宗教のかわりに此岸の世界を統治する役割を担ったのが政治であった。政治は宗教の世俗的な形態といえる。ところが、グローバル化が進展し、国民国家体制が揺らいだことによって、宗教と政治が再び結びついてきた。政治的志向をもった現代の宗教運動は、近代政治の綻びのなかから噴出してきたのである（宗教の政治化）。

以上の現象はいずれも、近代社会のなかで分化した機能間に新しい関係が形成されつつあることを示唆している。

そして第四に、グローバル化は情報化と手を携えながら発展してきた。グローバル化は、一九七〇年代から八〇年代にかけて生じた制度的・政策的な転換を背景にしている以上、情報化はグローバル化をもたらした中心的な要因ではないとはいえ、情報化は、グローバル化を促進する一つの重要な要因となってきた。情報化が始まるのは六〇年代であるが、情報化が真の意味で社会的影響を及ぼすようになるのは、コンピュータの利用形態が単体利用からネットワーク利用へ移行する八〇年代以降である。コンピュータ・ネットワークは、新しいコミュニケーション・メディアとして、社会的ネットワークを形成するためのインフラ的基盤となった。M・カステルは、今日の世界的相互依存が過去のそれと比較して同時性をもち、ある時点で生じた出来事が即座に地球全体に波及していくことを指摘しているが（Castells 1999＝1999）、グローバル化に対する情報化のインパクトは世界的同時性を実現した点にあるだけではない。グローバル化と情報化の関連は、それ自身が解明されるべき課題なのである。

二　分割原理

現代のグローバル化が国家間相互依存の単なる深化でないことを理解するためには、国民国家の内部を構成している諸原理について、もう少し掘り下げてみなければならない。一九世紀以後、近代国家の内部では機能分化が起こっただけでなく、機能分化した部分システムは、その内部において官僚制組織を発達させた。近代国家は重層的に構成されているが、そこには共通の原理が働いている。

1　近代国家――領域的分割

まず、近代国家はすでに述べたように、地理的にも社会的にも国内と国外を分かつ厳格な境界線を有しており、国家の領土を確定する地理的境界は、国家を構成する社会的境界の土台をなしている。近代国家は、この「領域的分割」を基礎にして外部の影響を遮断しながら内部を統治している。こうした近代国家の主権は、いかなる歴史的国家にも共通するものではなかった。中世のヨーロッパでは、国家（国王）以外に、神聖ローマ帝国（皇帝）、ローマ教会（教皇）、封建領主、都市国家（ベネチア等々）、ハンザ同盟など、さまざま主体が混在し、主体間の権利関係や帰属関係は重層的で錯綜していた。しかも、封建領主の領土や国王の領土は、相続や結婚によって変化する流動的性格を帯びており、無数の飛び地を含む斑模様を呈していた。そのため、国内政治と国際政治を区別することは困難であった（田中 1996）。

近代に至って、ようやく国家と領域と主権の間に一対一の対応関係が確立され、相互排他的に設定された領土の隅々にまで国家の主権が及ぶようになった。その端緒となったのは、三十年戦争後に締結されたウェストファリア条約であるが、この条約によって近代的秩序が直ちに成立したわけではなかった。近代国家が明確な姿を現わすのは、「国民国家」という形態をとる一八世紀末から一九世紀にかけての時代である。この時期に、国内では物理的暴力の独占（職業的常備軍の設立）が進み、立法と法執行の新しい形態（代表制を基礎にした正統性の調達、財政管理と資源配分の集中化に対応した集権的行政）が誕生した。また、国外でも領域型主権、国家の形式的平等、他国の問題への不介入、国家の同意に基づく国際法協定が国際的秩序の原理に据えられた（Held and McGrew 2002＝2003）。

こうして近代国家は、内部に対しては社会的諸機能を包含し、外部に対しては他の国家に対する相対的な自律性を獲得した。この二つの側面が相まって、国家の内部と外部が厳格に分離された。近代的な世界システムの単位である国家は、明確な地理的境界線によって確定された領土のうえに自己完結的な社会空間を構築しており、国家と国家は、その構造的同型性によって相互に区別されたのである。

2　機能システム――機能的分割

内部と外部を厳格に分離するという社会的編成原理は、地理的分割を伴っているか否かという点を捨象すれば、機能分化にもあてはまる。近代社会は、国民国家を単位にした社会であると同時に、「機能分化」を支配的な分化様式とした社会でもある。第二章で述べたように、機能分化は、国民国家が提供する確定的な空間を共通の土台にして実現された。機能分化は、環節分化や階層分化とちがって、各メディアが作動する領域や各システムに属する構成員がすべて全体社会のそれと重なっている。各部分システムは、この共通の前提のもとで機能的に分化したのである。

近代社会の機能分化は別の面からみると、機能集中でもあった。機能分化が起こる近代以前には、社会の諸機能は融合すると同時に、地理的に分散していた。無数の場所に散在している家や村は、その一つ一つが経済・政治・教育など、多様な機能を担っていた。機能的未分化というのは、同一の社会的単位のなかに複数の機能が混在していることを意味するが、それらの機能を包含した社会的単位は、各所に散在していたのである。

しかし近代になると、他の機能と融合しながら分散していた諸機能は、それぞれの機能に応じて、企業（経済システム）、議会（政治システム）、研究機関としての大学（科学システム）、学校（教育システム）といった専門的組織のもとで遂行されるようになった。同一の社会的単位に溶け込んでいた諸機能が枝分かれしていく過程は、社会のなかで分散していた諸機能がそれぞれ特定の組織に集中していく過程でもあった。近代社会の機能分化は、このような機能集中の結果でもあった。各機能システムのなかで貨幣・権力・真理といったメディアは、第二章で説明したような循環的プロセスを介して専門的組織と他の主体（個人や組織）を結びつける役割を担った。

分散していた機能の集中をつうじて機能分化が達成されたとき、各機能システムは、機能的に内部と外部を分割している。各機能システムの地理的範域は相互に重なっている以上、機能システムは、国民国家のように内部と外部を領土的に分割しているのではないが、機能的に内部と外部を分割しているのである。

ただしその際、機能分化に一定の限界があることに留意しなければならない。かつてデュルケーム（Durkheim 1893＝1971）は、人と人の契約が「神に対する誓約」という非契約的基礎のもとで成立することを明らかにしたが、同様に、機能分化も一定の機能的未分化を前提にしている。というのも、企業、議会、大学、学校といった専門的組織は、それぞれ特定の機能の遂行を目的にしているとはいえ、組織の内部では他の諸機能をも遂行しているからである。生産という経済活動を第一次的活動にしている企業も、組織内では集合的な意思決定（政治）、研究開発（科学）、社員教育（教育）等を行っている。国民国家のような諸々の機能を包含した全体社会に限らず、機能システムを構成する組織も、いわば「小社会」として複数の機能を包含しているのである。この点こそ、ネットワーク化が進んだ今日、機能分化の変容をもたらす重要な要因となるが、この点については後述するとしよう。

3　官僚制組織——構造的分割

企業、議会・官庁、大学・研究機関、学校といった、それぞれ特定の機能システムに属する専門的組織も、その内部で複数の機能を営んでいるとはいえ、内部と外部を分離する原理がここでも働いている。ただし、その分割は領域的分割でも機能的分割でもなく、構造的分割である。

一九世紀末以降、機能システムの違いを超えて、「官僚制」と呼ばれる組織形態が発達したが、M・ウェーバー（Weber 1947＝1967）が明らかにしたように、官僚制組織は、ピラミッド型の集権的意思決定構造によって内部の統一性を保証した。ウェーバーは、正統的支配の一形態である合法的支配の純粋型として官僚制支配を位置づけたが、官僚制支配の特色は、何よりも厳格な規則に従った組織運営を行うこと、そして意思決定構造が集権的性格を有する点にある。

官僚制組織が登場してきた一九世紀末から二〇世紀初頭にかけては、さまざまな領域で組織の大規模化が要請された。国民国家の基礎をなす徴税機構・裁判制度の整備と常備軍の創設、国民総動員体制下での軍隊の肥大化、さらには、金融市場の発達に伴う企業組織の大規模化等々。これらの動きは、いずれも組織の官僚制化を促進した。組織の大規模化は、組織の統一性や一貫性を損なう可能性を増大させるが、官僚制組織は、意思決定の集権的構造を確立することによってこの問題を解決した。そのため、二〇世紀においては、大規模な組織は、機能領域の違いを超えて官僚制組織という形態をとった。

官僚制組織の集権的構造は、組織を取り巻く環境の構造と対照性をなしている。経済システムを例にとれば、企業の環境となっている市場は、独占的・寡占的な市場でない限り、分権的構造をもっている。競争的市場であれば、商品の価格を決定できる主体は存在せず、商品の価格は、市場を構成する多数の主体の需給関係のなかで決定される。これは、官僚制組織内のトップが最高の意思決定権限を握り、上意下達式に命令が下される集権的構造とは対照的である。このような構造的落差が組織の内部と外部の構造的分割をもたらしているのである。

以上のように、近代国家・機能システム・官僚制組織はそれぞれ領域的分割・機能的分割・構造的分割という異なる原理に基づいて編成されているが、いずれも内部と外部を厳格に分離する点で共通している。そして、この分割原理がグローバル化のなかで再編されようとしているのである。

三　入れ子原理――ネットワークのネットワーク化

国家のボーダーレス化をめぐる議論ほど注目されていないが、それに類する議論がミクロのレベルにもある。企業の境界が消滅するという議論である。結論からいえば、国家の境界と同様、企業の境界は消滅しているのではなく、変容しているのだが、二つの境界変容は無関係ではない。マクロな変化を把握する鍵は、ミクロな変化のなかに隠されている。以下では、「国民国家」「機能分化」「官僚制組織」に対応する問題として「世界都市を中核とした都市ネットワーク」「地域クラスター」「ネットワーク組織」を取り上げるが、こんどはミクロなレベルから話を進めよう。

1　ネットワーク組織

二〇世紀前半は、組織が拡大の一途を辿った時代であり、官僚制組織は、一方で、分業化・専門化を推し進めるとともに、他方で、意思決定の権限をトップに集中させることによって、組織内の多様性と統一性を両立させた。ところが、二〇世紀後半になると、組織を取り巻く環境の複雑性と流動性が一層増大したために、官僚制組織の弱点が顕在化してきた。垂直的かつ水平的な分業構造を発達させた官僚制は、諸単位間の調整に多大な時間や労力を要することから、流動的な環境変化に柔軟に対応しきれなくなった。こうして一九八〇年代頃から、組織は官僚制組織からネットワーク組織へ移行するようになった(2)。

官僚制組織と比較すると、ネットワーク組織は、より分権的な意思決定構造をもち、脱分業的ともいえる分業編成を行っている。末端の者でも組織全体や組織環境を把握しながら意思決定を行ったり、組織内の複数の部門が製品設計を統合するデータベースを利用しながら同時に作業を行ったりしている。さらに、近年の生産現場では、各作業員が細分化された特定の作業を画一的に行う従来のベルトコンベア方式にかわって、各作業員が作業の全過程を担当する「セル方式」が導入されている。M・ハマーとJ・チャンピーは、アダム・スミスの分業の原則が「時代遅れ」になったことを指摘しているが（Hammer and Champy 1993＝2002）、正確にいえば、分業の原則が否定されたのではなく、分業構造のなかで組織構成員がそれぞれのポジションを占めながら作業の全体に関与していくような組織原則へと変化しているのである。要素としての組織構成員が組織活動の全体を（一定の局面において、あるいは一定の仕方で）取り込んだとき、全体と要素の間には入れ子の関係が形成されている。

ところで、ネットワーク組織は、組織内関係をネットワーク化しているだけでなく、組織間関係をもネットワーク化している。資源の内部化と組織の拡大に関しても、組織活動に必要な資源をすべて自前で調達するのではなく、組織の中核部分を残し、あとは必要に応じて他の組織から資源を調達する「アウトソーシング」の動きが広がっている。これまで組織が資源の内部保有と規模の拡大を推し進めてきたのは、そのほうが資源の外部調達よりもコストを低く抑えられたからである。ところが、情報化とネットワーク化は、外部調達のための取引コストを低減させることによって組織間のネットワーク化を促進した。

ここで一つの組織間ネットワークに関するモデルを考えてみよう。企業Aと企業Bと企業Cは、これまで生産に必要な資源（または機能）a、b、cをすべて社内で調達し、それらを組み合わせてそれぞれ製品X、製品Y、製品Zを生産していたとする。しかし、企業間ネットワークが形成されたことによって、企業A・B・Cは、自社の中核的な資源（または機能）a、b、cだけを残して、ほかはネットワークを利用して他社から調達するとしよう。このような選択がなされるのは、社内調達を限定し、企業の生産活動を得意分野に集中していくほうが、それだけ優れた製品を効率的に生産できるからである。

こうして企業がネットワーク関係のなかで生産活動を行うようになると、製品X、製品Y、製品Zを生産したのは、それぞれ企業A、企業B、企業Cであるのか、それとも企業A・B・Cが連携した企業ネットワークであるのか判然としなくなる。実際、経済学や経営学では、組織間ネットワークという新しい生産の単位を示すのに「超企業」という言葉が使われ始めている（加藤 2001b）。企業間ネットワークは、生産の新しい主体、生産システムの新しい単位となっている。

企業間ネットワークのなかでは、ネットワークに参加している個々の企業はネットワークの構成要素となるが、その場合、要素というのは、一つ一つがバラバラに存在する原子論的な要素ではない。外部に存在する資源をいつでも必要に応じて調達できるようにするためには、外部に存在する資源が内部に存在するのと実質的に変わらない状態が創り出されていなければならない。つまり、企業の外部に存在する企業間ネットワークは、ある意味で各資源（または機能）が企業の内部に存在していた過去の状態と機能的に等価な関係をもっていなければならない。

このとき、企業間ネットワークを全体、ネットワークに参加している企業を構成要素とするならば、全体と要素の関係は、従来の見方では捉えきれない。というのも、全体は諸要素の総和でもなければ、諸要素に創発的特性が加わったものでもないからである。ネットワークを構成する各要素は、外部にある全体を実質的に自己の内部に包摂している。組織内のネットワーク化が組織とその構成要素（個人や部署）の入れ子関係を創り出したように、組織間のネットワーク化も、組織間ネットワークとその構成要素（組織）の入れ子関係を創り出している。

入れ子の特徴は、全体を構成している各要素の内部に外部としての全体が埋め込まれている点にある。その場合、各要素に取り込まれた全体というのは、文字通りの全体である必要はなく、各要素に固有な観点から切り取られた、その意味で断片的な全体であってよい。いずれにしても、外部としての全体が各要素の内部に現れると、内部と外部を分節する境界は、内部と外部を画然と分割する境界ではなくなる。このような境界は、「地域クラスター」において一層鮮明になってくる。

2　地域クラスター──機能的入れ子

特定の地域に関連企業が集積されていく現象は以前から知られていたが、グローバル化とローカル化は地域の産業集積に拍車をかけている。組織間のネットワーク化が地球的規模に拡大していく反面（グローバル化）、場所の重要性が高まり、特定の地域における産業集積が進んでいる（ローカル化）。例えば、シリコンバレーでは、半導体を中心にしたコンピュータ関連企業の集積が見られる。組織の集積が進んだ地域が「地域クラスター」──企業を中心としていれば「産業クラスター」──である。M・ポーターが指摘しているように、今や「生産性の成長に影響を与えるのは、個々の企業の規模よりもむしろクラスター内部の相互関係やスピルオーバーである場合が多い。……クラスターによる競争優位の多くは、情報の自由な流れ、付加価値もたらす交換や取引の発見、組織間で計画を調整したり協力を進める意志、改善に対する強いモチベーションなどに大きく左右される。こうした事情を支えるのは、関係性であり、ネットワークであり、共通の利害という意識である。したがって、クラスターの社会構造は大切な意味を持っている」(Porter 1998 = 1999（II）, pp. 173-4, 105)。

シリコンバレーのような地域クラスターの形成に大きな役割を果たしたのは、モジュール化とネットワーク化であり、ここでも情報化が深く関与している。「IT革命の下で産業アーキテクチャに起きつつある基本的な変化をとらえるキーワードとして、いまの経済学と経営学で盛んに使われはじめているのが『モジュール化』または『モジュラリティ』という概念である」（青木昌彦 2002, p. 3)。

モジュール化というのは、単なる分割化・規格化とは異なり、全体の有機的性格を損なうことなく、複雑な製品や機能を構成している各部分に一定の独立性を与える戦略を意味している。モジュール化が全体から部分を独立させられるのは、部分の内部と外部を機械的に分割しているからではなく、各部分に対して他の部分とのインターフェイスが保証され、全体と部分の間に「入れ子状の階層」(Baldwin and Clark 2000＝2004, p. 106) が設けられているからである。『ウェブスター』には、「モジュール」の説明として「数の加算的グループの部分集合で、それ自身加算的グループであるもの」という意味が記載されており、入れ子が含意されている。

モジュール化は、第七章で詳述するように、製品設計のアーキテクチャであるが、組織間ネットワーク化と結びつくことによって、生産構造を規定する産業アーキテクチャとなる。「あるクラスターが形成されるとき、そのモジュール型設計がクラスターの構造に『映し出される』」(同訳 2000＝2004, p. 414)。こうして地域内においては、競争的かつ補完的な関係をもった多数の組織からなる社会的ネットワークが構築されたのである。

機能分化には、先に述べたような限界点が存在しており、企業も、その内部では研究開発・社員教育・法的手続き・宣伝等々といった経済以外の社会的機能を営んできた。ところが、資源や機能の外部委託が企業間を超えて他の社会組織にまで進むと、企業と社会組織の間にネットワーク関係が形成されるようになる。地域クラスター内でのネットワークは、企業間ネットワークを超えた組織間ネットワークにまで拡大している。

例えば、シリコンバレーでは、ＩＴ企業だけでなく、大学、法律事務所、行政組織等を巻き込んだネットワークが形成されている。アメリカ合衆国の東部と西部には、それぞれ「ボストン・ルート１２８」と「シリコンバレー」という、二〇世紀のエレクトロニクス産業をリードしたハイテク産業地域が存在したが、一九八〇年代の不況を機に、前者が衰退の一途を辿ったのに対して，後者は復活を遂げた。二つの地域を比較研究したA・サクセニアンによれば，その理由は，ルート128が少数の比較的独立性の高い企業が圧倒的な力をもった「独立企業型システム」を形成していたのに対して，シリコンバレーは，組織間の横の繋がりが緊密な「ネットワーク型システム」を形成していた点にある。

どちらの地域にも，マサチューセッツ工科大学（MIT）やスタンフォード大学という，ハイテク研究の最先端をいく大学が存在したにもかかわらず，二つの地域は対照的であった。ルート128では，企業は官僚制的で，権限は中央に集中し，情報は縦に流れたために，企業内，企業間，企業と地域組織の間には，いずれも厳格な垣根が存在した。DEC（Digital Equipment Corporation）のような大企業は自給自足的な体制をとっていたために，地域の組織とは繋がりをもっていなかった。ところが，シリコンバレーでは，ヒューレット・パッカードのような有力企業が存在したとはいえ，組織間には競争的かつ協力的な関係が築かれた。組織間の人的移動も盛んで，技術者は，自分の所属する企業に対する帰属感よりも，シリコンバレーやその社会的ネットワークに対する帰属感を強く抱いていた。「シリコンバレーの人間の多くが，自分はバレーのために仕事をしているんだという気持ちで会社に行っている」（Saxenian 1994＝1995, p. 75）と語ったのは，LSIロジック社の創立者ウィルフ・コリガンである。

今日のシリコンバレーを築くにあたっては，ベンチャー・キャピタリストはもとより，地域の関連組織が果たした役割が大きかった。起業家にはスタンフォード出身者が多かっただけでなく，スタンフォード大学は，政府や大企業のほうを向いていたMITと違って，小企業との協力関係に対して積極的であった。弁護士，法律事務所，コンサルタント会社，PR会社，エレクトロニクス製品販売会社等の専門的なサービス業者もまた，貴重な仲介役となって，他では得られない専門的な情報やサービスを提供した。その結果，「社会生活と仕事との境界や企業と企業との境界，さらには企業と地域の組織との境界、経営者と労働者との境界までがかすんだ、分散型産業システムの基礎」(同訳p. 107) が築かれた。ネットワーク化された組織間の境界は曖昧になっており、サクセニアンが言うように、「どこまでがサンでどこからがワイテクやサイプレスなのか、はっきり指摘するのはむずかしく、無意味なことでもあった。むしろ、サンのワークステーションは、専門企業のネットワークによって遂行された一連のプロジェクトの産物だというほうが適当な表現だ」(同訳 p. 249)。

このように企業の境界の「消滅」にみえる現象は、組織間のネットワーク化や地域クラスターの形成に起因している。そして、この問題は、国家の境界の問題とも関連している。

3　世界都市を中核とした都市ネットワーク――構造的入れ子

サッセンは、「新たな政治の領域が登場したのは、とりわけグローバル都市とハイテク産業地域といった、国家より下位の構成単位が国際経済を舞台に活躍する主体として優位に立つのと同時であった。デジタル化が進展し電子空間が民間の活動においても公的な活動においても重要性を増すにつれて、政治を構成する多くの要素が国家から奪われた」(Sassen 1998＝2004, p. 39) と述べている。このことを理解するためには、世界都市もハイテク産業地域と同様、地域クラスターであり、しかも特殊な地域クラスターであるということを認識しておく必要がある。

世界都市も「都市内／都市間」という二重の意味でのネットワークを形成している。前者に着目すると、世界都市には、多国籍企業を中核として、経営・金融・会計・法律・広報・プログラミング・情報通信といった、高度に専門化されたサービス企業が集中している。世界都市にみられる産業集積も、複雑化した本社機能が専門のサービス企業に外部委託されたことに起因している (Sassen 1996＝1999)。経済のグローバル化によって、生産拠点が地理的に分散した反面、各地に分散した生産活動を統括する多国籍企業の本社機能を集中強化する必要性が高まった。このような事態に対して多国籍企業は、肥大化した本社機能を多方面にわたるサービス企業に外注することによって対処した。その結果として、世界都市の内部には、高度に専門化されたサービス企業を結びつける組織間ネットワークが発達した。ハイテク産業地域だけでなく、世界都市においても、多国籍企業と、経営・金融・会計・法律・広報・プログラミング・情報通信を受け持つ専門的なサービス企業とのネットワーク化が進み、先に説明したのと同じ入れ子型の構造が形成されたのである。

世界都市には、さらにもう一つの入れ子型の構造が存在している。二〇世紀後半には、情報経済に主導された新たな国際分業が誕生し、グローバルな都市間関係において新たな分極化がもたらされたが、この分極化は世界都市の内部でも再現されている(Castells, 1999＝1999)。情報経済の発展は、工業生産の立地条件を緩和し、発展途上国における輸出向け製造業生産を拡大したことによって、「一次産品産出国(農業)／工業国(工業)」という古典的な国際分業にかわって、「労働集約的な工業(サービス)／知識集約的な工業(サービス)」という新たな国際分業を生み出した。(3)同じ工業といっても、一方は労働集約的、他方は知識集約的であり、この差異をつうじてグローバルなネットワーク内での諸都市の分極化と階層化が起こった。グローバルな都市ネットワークは、官僚制組織のヒエラルヒーとは異なるタイプの階層構造を形成しているが、その階層的に構成された都市間ネットワークの頂点に位置しているのが世界都市である。

世界都市の内部では、本社機能の強化とともに、高度に専門化された知識集約的なサービス部門の集積が進んだが、同時にそれを底辺で支える膨大な労働集約的な労働の蓄積も進んだ。その労働集約的な労働に携わったのが発展途上国からの移民であった。サッセンによれば、貧困を基本的なプッシュ要因とみなす伝統的な考え方では、二〇世紀後半の移民を説明することはできない。というのも、この時期においては、労働集約的な工業化に成功した国が移民の主要な送出国となっており、しかもその時期に高賃金国への移民流入が始まったからである。サッセンは、この時期の移民流入は、移民の送出国と受入国との間に、西欧化効果を促進する実体的・イデオロギー的紐帯が強化されたことに起因しているという（Sassen 1988＝1992）。

こうして、地球的規模における都市内ネットワーク化と都市間ネットワーク化が相関的に進展し、新しい国際分業の構造が都市内部にも再現されるという入れ子型の構造が出現したのである。近代において国家の制度的枠組に組み入れられていた都市は、今やグローバル・システムを構築する重要な主体として、国家に匹敵する存在となってきた。もちろん、この入れ子は、社会的機能の複合化をもたらした入れ子と同じではない。分割原理に「機能的分割」と「構造的分割」が存在したように、入れ子原理にも「機能的入れ子」と「構造的入れ子」が存在する。国際分業の縮図としての入れ子は後者である。しかしどちらにせよ、各要素にとっての外部が縮約的な仕方で内部にも存在することに変わりはない。「政治を構成する多くの要素が国家から奪われた」（サッセン）のは、国家の内部と外部がともにネットワークをなす入れ子型の構造が形成され、それによって分割原理に立脚していた国家主権が揺らいだからである。入れ子原理は、内部と外部を区別する境界を必要とするものの、内部と外部を機械的に分割しているのではない。入れ子原理に従って国内領域と国外領域が編成されたとき、国家の境界は、内部と外部の相互浸透を許す境界へと変容しているのである。

四　全体と部分の転倒

これまで世界的相互依存の今日的変容を四つの点――①グローバル・システムを構築する主体の多元化、②グローバル化とローカル化の相互進展、③機能分化の再編、④情報化に依存したグローバル化――に整理したうえで、その過程を、「分割原理」から「入れ子原理」への移行という、社会的編成原理の転換に伴う変化として説明してきた。事の是非はともかくとして経済のグローバル化がグローバル化の先導的な役割を果たしてきたことは否めない。グローバル化の多様な次元の関係性に関しては、A・アパデュライ（Appadurai 1996＝2004）のように、各次元の自律性を強調する論者もいるが、少なくとも機能的側面に関していえば、近代以降、経済・政治・文化等が自律しているのはむしろ当然である。逆に、それらの機能が自己完結性を失い、とりわけ経済が他の機能に対して支配的な影響を及ぼしつつあることの理由を解明することのほうが重要である。

帝国を、国家主権を前提にした帝国主義以後の段階として位置づけたA・ネグリとM・ハートは、帝国が、固定した境界や障壁に依拠しない、脱中心的で脱領土的な支配装置であり、そこでは脱領土化と再領土化が複合的に絡まり合い、第三世界のなかに第一世界が、また第一世界のなかに第三世界が陥入していること、そして帝国を支えるグローバル経済においては、労働が資本に形式的に包摂されるだけでなく、社会や人間の生が資本のもとに実質的に包摂され、経済的・政治的・文化的なものが重なりあった「生政治的な生産」が営まれることを指摘している（Hardt and Negri 2000＝2003）。「帝国」という概念は、問題含みの概念であるが、社会や人間の生が資本のもとに実質的に包摂されるという現象は、経済システムが社会の一部分システムでありながら社会を実質的に包摂することを可能にしている入れ子原理に基礎を置いているといえよう。

多国籍企業のような巨大企業は、この入れ子型ネットワークを利用しながら自らの影響力を経済以外の領域にまで拡張しようとしている。機能領域を異にする多種多様な組織がネットワーク化されると、組織の内部には外部組織の機能が取り込まれる。D・ヘントンらは、経済のネットワークとコミュニティのネットワークが融合したものを「経済コミュニティ」と呼び、一九八〇年代以降、経済コミュニティを形成する動きが活発化していることを指摘している（Henton, Melville and Walesh 1997＝1997）。経済システムは、コミュニティ（社会）を構成する一部分システムであるにもかかわらず、他の社会的機能を遂行する組織とのネットワーク関係をつうじて社会的諸機能を自らの内に取り込もうとしている。ここに、企業という一専門組織、あるいは経済システムという機能分化した一部分システムが社会全体に対して統制的な影響を及ぼす可能性が胚胎してくる。

機能分化には「機能分化の非分化的基礎」とでも呼ぶべき位相があるが、この非分化的基礎は、組織内部というミクロなレベルだけでなく、国民国家というマクロなレベルにも見出される。国民国家は、各システムが成立する共通の成立基盤をなしており、機能システムの分化を支える結節点となっている。経済システムが機能するためには、それを支えるマクロな制度的条件を整える必要があり、近代においてその制度的条件を提供してきたのが国民国家であった。

経済のグローバル化は、こうした機能分化のマクロ的・ミクロ的な存立条件を変化させることによって、経済に還元できない社会問題を引き起こしている。経済のグローバル化に対する反グローバリズム運動の抵抗も、新自由主義と市場原理主義のもとで社会の再編が進み、社会の一特殊機能である経済が社会全体に対して統制的な影響を及ぼすことに向けられている。

『巨大企業が民主主義を滅ぼす』の著者N・ハーツは、そうした事態を巨大企業による社会の「乗っ取り」と呼んでいる。政府はビジネス色を強める一方で、企業が政府の肩代わりをしている。「福祉提供者、社会工学者、環境保護論者、調停者の役割が企業に与えられている。こうした役割を担うことで、企業は伝統的な国民国家の機能を引き受ける。すなわち、政府の役割を乗っ取っている」(Hertz 2001＝2003, p. 217)。

例えば、一九九九年ナイジェリアでは、多国籍企業シェルが学校、病院、道路、電気、水道といった社会的インフラの整備に携わったが、それはもちろん、慈善目的のためではない。石油で得られたナイジェリア政府の利益はナイジェリア国民に還元されなかったため、シェルは、腐敗政権の協力者として非難を浴びただけでなく、物理的被害(石油設備の侵略、パイプラインの爆破、工場設備の剝奪等)と経済的損失を蒙った。シェルは自らの経済的利益を守るために、ナイジェリア政府にかわって公共事業に乗り出したのである。

このケースは特異なケースであるとはいえ、企業が自らの経済的活動を遂行するために非経済的領域にまで進出している事例は、枚挙に暇がない。WTOは、自由な貿易体制を創り出すために、各国が国民の健康や安全を考えて設けたさまざまな貿易上の規制に対して、それを事実上無効にするような制裁ルールを課しているが、その背後では、企業がWTOに働きかけている。また、大企業は、広報会社や政策シンクタンクをつうじて企業利益を社会の公益として知らしめるためにロビー活動を展開したり、無規制な市場の効率性と公正性を正当化する研究を支援したりしている。さらには、学校をテレビに次ぐ文化伝達の場として捉え、学校に自社製品を置かせたり、会社自由主義の教義と価値観を植え付けたりする企業もある(Korten 1995＝1997)。

経済システムが、政治・法律・教育といった経済以外の機能システムにまで介入してくるのは、生産活動といえども、経済的機能に限定できない面をもっているからである。知的労働が大きな比重を占める今日、最も重要な生産財となったのは人間である。人材を育成するためには、狭い意味での教育機能を充実させるだけでなく、人間を育てる社会的・文化的・物理的な環境を整備しなければならない。人間の生そのものが資本戦略のターゲットとなったとき、経済システムの作動は、社会という全体システムに係わってくる。経済システムが部分システムでありながら、全体システムである社会のほうが経済システムの影響を受けるという事態が起こりうる理由もそこにある。

もちろん、「全体が各要素の内部に包摂される」という入れ子原理はすべての要素にあてはまる以上、入れ子原理が確立されたからといって、経済だけが特権的位置を占めるわけではない。社会の全域的ネットワーク化は、分化した諸機能の外部への拡散と相互浸透を引き起こしている。こうした事態は、機能的未分化な状態への後退とは異なるが、「構造的カップリング」（ルーマン）という、機能分化を遂げた閉鎖的な部分システム間の開放的な関係とも異なっている。(4) ネットワーク化がもたらしているのは、分化した諸機能の複合化である。

最後に、入れ子原理の歴史的意味について一言述べておこう。現代社会においては、国内と国外を明確に分離できないことから、現代を「新しい中世」として捉える見方がある（Bull 1977＝2000；田中 1996）。入れ子の原理も、ある意味ではすでに中世に見出される。西欧の中世社会は、都市や封建領主が大きな勢力を誇っていた分権的社会であるとともに、「ヨーロッパ」という統一的文化圏を築いていた。各地域に分散していた社会的諸単位を統合したのがキリスト教であった。世界に対して超越的かつ内在的なキリスト教の神は、一切の要素を包含した全体であると同時に、各要素に内包される全体でもあった。まさしく「神は細部に宿る」のである。近年、インターネット以後の情報社会を指すのに「ユビキタス社会」という言葉が用いられているが、ラテン語の「ユビキタス」は「神の遍在性」を意味する言葉であった。中世の西欧社会は、神が至る所に遍在する入れ子原理に依拠して、分散的な諸単位の包括的な統合を実現していたのである。現代社会においても、ローカルなレベルからグローバルなレベルに至る社会関係が

「ネットワークのネットワーク」というかたちでネットワーク化されたとき、社会関係を構成する一つ一つの出来事には世界が断片的な仕方で映し出されている。「今－ここ」で起こっているローカルな出来事は、断片的な仕方ではあれ、世界で起こっている無数の他の出来事を潜在的に内包している。現代社会を構成する出来事に世界的性格が刻印されているとすれば、現代社会は、「神は細部に宿る」という世界観に基づいて構築されていた中世社会とある面で類似している。

とはいえ、同じ入れ子といっても、中世と現代の間には決定的な違いがある。神という中心的存在をもつ中世の静態的な入れ子原理に対して、現代の入れ子原理は、脱中心的で動態的な構造によって特徴づけられる。最初から確定した全体が存在し、その全体が各要素の内部に現出するのではない。要素間のネットワーク関係は絶えず変化し、各要素が取り込む全体は時間的な流れのなかで変化する。しかも、各要素は、それぞれ自己にとって有意味な外部（全体）を取り込んでいるので、各要素内に取り込まれた全体は、各要素によって異なる。経済が支配的な力をもっているとはいえ、経済が社会の中心をなすわけではない。

いずれにしても、現代の入れ子原理は、一定の自律性をもった要素間の流動的・可塑的なネットワーク関係を創り出しており、その脱中心性と動態性において中世の入れ子原理から区別されるのである。

グローバル化が本格化した一九八〇年代は、思想的には「ポストモダン」と称される動きが台頭してきた時代であったが、今日では、八〇年代以降の動向を「新しい近代」として捉える見方が優勢である。たしかに、グローバル化を主導してきた経済のグローバル化も「新しい産業主義」として「新しい近代」を告げるものであった（脱産業化が希求された一九七〇年代の後に登場してきたのは、皮肉にも「新しい産業主義」であった）。とはいえ、グローバル化のなかで社会の編成原理が分割原理から入れ子原理に転換しつつあるとすれば、現代は「新しい近代」という概念では語りきれないものを含んでいる。別の言い方をすれば、一九八〇年代を境にした社会的変化は、近代化の延長線上にあるという点では連続的変化であるが、それに回収できない面をもっている点で非連続的変化でもある。

そして、社会の編成原理が以上に述べたような変化を遂げているとすれば、この社会的変化は、分割原理と結びついていた世界観の変容を伴っているはずである。

第五章　情報的世界観からみた人間と社会

一　ネットワーク社会

情報化が進展した現代社会がネットワーク社会であるということは、これまでにも多くの論者が指摘している。M・カステル（Castells 1996）、S・ラッシュ（Lash 2002＝2006）、J・アーリ（Urry 2003）はいずれも、現代社会をネットワーク社会として捉えたうえで、ネットワークの流動的性格を情報化に関連づけて説明している。情報化が時空的距離の克服をつうじて社会的変化のスピードを増大させるなかで、ネットワークはそのような流動的状況に適合した社会関係であるという。たしかに、情報化が時空的距離を圧縮することによって社会関係の流動性を高めていることは間違いない。しかし、現代的なネットワークの特性を「流動的関係」、情報の属性を「時空的圧縮」に求めるだけでは十分ではない。

これまでみてきたように、現代社会におけるネットワークは、「ネットワークのネットワーク」として成立し、無数のネットワークがネットワーク化されている。そこでは、ネットワークが単に重層的に積み上げられているだけでなく、全体がその構成要素に内包されるような入れ子型の構造が形成されている。ネットワークは、「構造／主体」を二項対立的に捉える従来の理解からすれば、構造でも主体でもないが、それらを広い意味に解するならば、構造であると同時に主体でもあるといえる。現代社会のネットワークは、現代社会を構成する一般的な社会関係になっているという意味では構造であるが、ネットワークが他のネットワークとネットワークを形成するという意味では主体としての位置を占めている。いずれにしても、現代のネットワークは、「流動的関係」以上の意味合いを帯びている。

一方、時空的距離の圧縮は伝達作用の飛躍的向上に起因しているので、時空的圧縮を強調する議論は、コミュニケーションに及ぼす情報化のインパクトを情報伝達の次元で捉えている。例えば、ラッシュは、情報化がネットワーク化を促進していると考えているが、その際、「情報の主たる属性とは、フロー、脱埋め込み、空間的圧縮、時間的圧縮、リアルタイムの関係である」（Lash 2002＝2006, p. 15）と述べている。ここでも情報は、伝達作用によって時空的圧縮を行ったり、状況的な不確実性を減少させたりする働きにおいて理解されている。しかし、コミュニケーションを情報伝達のプロセスに還元することはできない。ネットワーク化が現代社会を構成するコミュニケーション様式の根本的変化をつうじて引き起こされているとすれば、（情報伝達を含む）コミュニケーション様式の変化をトータルに把握する必要がある。

このように、情報化やネットワーク化の特質を時空的圧縮や社会関係の流動化に求める議論は、もっぱら出来事と出来事の空間的距離や時間的変化を問題にしているが、重要なのは、そうした時空的秩序の変化がどのようにして社会構造の変化に繋がるのかという点にある。

この点に関して、複雑性の理論に依拠してグローバル化を読み解こうとしているアーリは一つの興味深い指摘をしている。彼は、前近代社会を「動物」「農作業」、近代の産業社会を「時計」「近代的機械」「写真のレンズ」、現代社会を「ホログラム」に喩えた上で、「ホログラムの情報はいかなる部分にも位置づけられず、それどころか、いかなる部分も全体の情報を包含・暗示し、共鳴しあっている」(Urry 2003, p.50) と述べている。ホログラムも、部分のなかに全体が包含される点で入れ子的である。とはいえ、アーリは「ホログラム」を現代社会のメタファーとして語っているにすぎず、ホログラムに喩えられる現代社会の構造に関する原理的な説明を行ってはいない。

「ネットワークのネットワーク」という入れ子型の構造が単なるメタファーではないとすれば、その原理が解明されねばならない。今でも、情報は「出来事に関する知らせ」や「伝達作用の担い手」として理解されているが、情報化やネットワーク化に関連づけてグローバル化(そしてローカル化)した現代社会を把握するためには、伝統的な情報概念そのものの根本的な見直しが必要である。そこで回り道になるが、情報の原理的検討を行った上で改めて、情報化とネットワーク化の問題に立ち返ることにしよう。

二　情報的世界観

「情報」が学術用語として確立されたのは二〇世紀の情報科学であり、そこで確立された概念は、正確にいえば、「情報量」という数量的な概念であった。この概念は一切の意味内容を捨象していることから、情報概念を人文社会科学の分野に持ち込むことに対しては少なからぬ抵抗があった。しかし、この概念は、すべてを量に還元していく近代的思考の産物であるとはいえ、近代合理主義には収まりきらない問題を孕んでいる。

そもそも、「インフォメーション (information)」という言葉は、ラテン語の「インフォルマチオ (informatio)」に淵源している。「インフォルマチオ」は、「形相 (forma)」を「刻印する (in)」こと(もの)を表しており、アリストテレスの「形相」やプラトンの「イデア」に関連している。というのも、「形相」を意味する「フォルマ(forma)」は、ギリシャ語「エイドス(eidos)」のラテン語名であり、「エイドス」は、アリストテレスがプラトンのイデア概念を置き換えたものであるからである。アリストテレス(Aristoteles 1924＝1959)は、事物に対するイデアの超越性を主張したプラトンを批判し、「形相」と「質料」の結合として事物を説明した。「質料」が「可能態」として事物の材料的側面を表現するのに対して、「形相」は、「現実態」として事物の本質を規定する。質料の無限定的な可能性は、事物の類的・種的な本質を規定する形相によって限定されるのである。

このことは、「インフォメーション」と「インフォルマチオ」の意味的連関を示唆している。「情報量」は量的な概念であるとはいえ、複数の選択肢のなかから特定の選択肢が選択されることによって生ずる「不確実性の減少の度合い」を示している。情報の単位である一ビットというのは、二つの選択肢のなかから一つの選択肢が選ばれた場合の情報量を指している。選択肢の数が増えるほど、そのなかから特定の選択肢が選ばれた場合の情報量は増大する。形相を刻印することも、無限定的なものを限定するという選択的な働きをするので、二つの概念は、どちらも可能的状態から現実的状態への移行に伴う選択的な働きを表している。

とはいえ、「インフォルマチオ」と「インフォメーション」の間に意味論的な断絶があることも否定できない。というのも、「インフォルマチオ」は、「イデア」や「形相」を中核に据えた形而上学的世界観を前提にしており、それと運命を共にしたからである。

西欧の形而上学的世界観には、プラトン的系譜とアリストテレス的系譜があるが、どちらも普遍から特殊、全体から部分を導きだす点で全体論的な性格を帯びていた。アリストテレスは、プラトンの「イデア」を「形相」に置き換え、プラトンのイデア説を経験論的方向に向けて修正したが、アリストテレスにおいても、世界の第一原因である

「神（不動の動者）」は純粋形相として把握されていた。神は、あらゆる類や種を包含した普遍的な存在である。類や種の本質を規定する形相は普遍的であるとはいえ、類や種に応じて特殊限定的である。そして、世界を形作る無数の個体は質料と形相の結合体として、類や種よりも一層限定的な存在である。

このような流出論的な発想は、プラトン的系譜において一層際立ってくる。プラトンによれば、現実の世界は、普遍的なイデアを原像とした不完全な似像であるが、この論理は、プロティノスを祖とする新プラトン主義に継承された。すなわち、「一者（神）」が万有の根源であるとされ、「一者（神）・知性（精神）・魂・自然」の間に「原像／似像」としての「存在の階層性」が設定されたのである。「存在の階層性」をとおして一者（神）から自然の多様性が導出されたが、どのレベルをとっても下位の存在は、上位の存在を原像とした似像となる。

「インフォルマチオ」は、このような形而上学的世界観のなかで解釈されていた。J・ラカンが「インフォメーション」の古語的意味を「ある観念（イデー）による有機化」(Lacan 1966＝1972, p. 102) として説明したように、「インフォルマチオ」は、イデアや形相による形成、いいかえれば、普遍的なもの（原像）から個別的なもの（似像）を形成する選択的な働きを表現していた。類や種という限定的な普遍を表す「形相」は、無限定的な普遍者としての神から、特殊限定的な存在としての個体が導かれる際の媒介概念であったが、「インフォルマチオ」は、その「形相」に付随する概念であった。

例えば、アウグスティヌスは、『三位一体論』のなかで「父から子が生まれ、父と子から（父と子を結合する）聖霊が生まれる」という三位一体論（西方教会的な解釈）に依拠して、神の似像である人間の精神が「記憶・知解・意志」という三位一体的な構造をもつことを示した。そのなかで「インフォルマチオ」は、「感覚の形成 (informatione sensus)」(Augustinus 1975, p. 298＝1968, p. 336)、知解に帰せられた「思惟の告知 (cogitationis informationem）（同訳 1975, p. 476 = *Ibid.*, 1968, p. 518）といった意味で使われていた。また、アウグスティヌスによれば、記憶・知解・意志だけでなく、人間の認識を構成する三つの階層——①感覚的な認識、②時間的なものの理性的認識（知識）、③永遠のものの叡智的認識（知恵）——も三位一体をなしている。「インフォルマチオ」は、三つの階層のなかで主に知識の水準で使われるとともに、「聖霊」に相当する意志の結合的・媒介的な働きを介して、「父（原像）」に相当するものから、「子（似像）」に相当するものが形作られることを指していた。

ところが、近代になると、「全体と部分」「普遍と特殊」の関係が逆転した。個体（individual）は、文字通り分割不可能（individual）な存在、すなわち形相と質料の合成ではない実体とみなされ、世界は個体間の因果作用によって説明されるようになった。中世から近代に至る思想的変容は、目的論的世界観から機械論的世界観への移行として説明されることが多いが、それは同時に、全体（普遍）から部分（特殊）を導く全体論的世界観から、部分（特殊）から全体（普遍）を導く個体論的世界観への転換でもあった。

この転換は、中世から近代に至る長い過程を経て実現されたが、(1) その際、注目すべきは、「形相」概念の意味論的な拡張が逆説的にも「形相」概念を基底に据えた形而上学的世界観の崩壊を促す契機になったということである。古代や中世では、個体性は、一般に質料的なものとして理解されていた。形相と質料は不可分であるとはいえ、形相は質料に対して存在論的な優位を占めるので、質料に対する形相の優位は、特殊に対する普遍、部分に対する全体の優位でもあった。ところが、中世後期になると、「形相」概念を個体にまで拡張し、個体の形相原理を認める動きが生じた。その先鞭をつけたのがドゥンス・スコトゥスである。彼は、「このもの性」という、個体を個体たらしめる形相の存在を主張した。またデカルトのあと、ライプニッツが個体を「実体形相」とよび、その考え方を晩年、モナドロジーとして結実させた。

スコトゥスとライプニッツ以後、二人を生み出したイギリスと大陸では別々の思想的展開が繰り広げられた。イギリスでは早くも、個体のみが実在することを主張するオッカムが登場した(2)。世界を個体間の因果作用として説明するオッカムの考え方は、自然のみならず人間の社会をも機械論的に捉えるホッブズや、精神をタブラ・ラサ（白紙状態）に喩えたロックへと引き継がれていく。イギリス経験論は、「形相」やその類似概念をことごとく否定し、形而上学的思考を排斥した。

一方、大陸では様子が異なっていた。イギリス経験論と大陸合理論を統合したカントは、「主観／客観」二元論によって特徴づけられる近代的世界観を基礎づけたが、このとき形而上学を排除したのではなかった。そのことは、「形相（forma)」が主観の「形式（Form)」に置き換えられたことにも現れていた。形而上学はいわば脱構築されたのである。もっとも、排除ではないとはいえ、この転換は「インフォルマチオ」にとっても決定的な帰結をもたらした。「形相」を刻印する選択的な働きは主観の働きに回収されたからである。

こうして、「インフォルマチオ」の根底に流れる形相論的思考は排斥されるか、さもなくば主観の問題に還元されてしまった。このことが「インフォルマチオ」と「インフォメーション」の意味論的な断絶を生み出し、「インフォルマチオ」を忘却の彼方に押しやったのである。

ところが、二〇世紀に入ると、再び新たな動きが台頭してくる。情報論の隣接分野である、記号論の創始者C・パースやメディア論の先駆者M・マクルーハンは、いずれも形而上学の批判的摂取をはかったのである。

記号論をその一部に含むパースのプラグマティズムは、形而上学を脱構築したカントの思想をいわば脱構築する試みであった。彼は、科学と形而上学の接点を見出すことに腐心した。「問題の核心は、われわれが形而上学のなかに、先の一覧表で明瞭に示した他の諸科学の特徴との対立ではなく、むしろ内的な調和をもつような形で科学と一致できる何か、科学の論理に従い、その運命のゆくえに資するような何かを見出すことができるのか、ということにある。……プラトンの名前を何故これほどしばしば引き合いにだすかといえば、それは、プラトンが多くの主題について、他のどの哲学者にもまして大きな誤りを犯しつつ、同時に誰よりもずっと正しい方向を示しているからである」(Peirce 1992＝2001, pp. 36, 38)。パースがプラトンの哲学を「第三性の哲学」として高く評価したのは、彼のプラグマティズムや記号論が三項関係を原理にしていたからである。F・ソシュールの記号論と違って、パースの記号論は、記号の構造を三位一体的な構造として捉え、記号をその第三項（媒介項）に据えていた。

また、マクルーハンが晩年に提唱した「メディアの法則」も、形而上学を念頭に置きながら構想されていた。彼は、シャノン＝ウィーバーのコミュニケーション・モデルが、原因から結果が連鎖的に生み出される線形的・継起的モデルである点を批判した。マクルーハンによれば、メディアは、「強化」「回復」「反転」「衰退」という四組（テトラッド）の作用を同時的・共鳴的に遂行する。「メディアの法則は、テトラッドの形式でロゴスと形相因を時代に合うものに刷新し、人間が手を加えたあらゆる人工物の構造を分析的に明らかにする」(Mcluhan and Mcluhan 1988＝2002, p. 174)。

こうして形而上学を脱構築したカントの試みは、二〇世紀以降、新たな挑戦を受けている。カントが「形相」を主観の「形式」に還元したことによって、「形相」にかわって主観＝主体としての「個体」が世界の根幹に据えられたが、主観＝主体は、これから述べるように、それ自体が社会的・歴史的に加工された身体である。身体には、例えば、人間にとって視覚可能な対象は可視光線に限られるといった生得的な形式が埋め込まれているとはいえ、身体を主観＝主体として成型する身体加工には、多様な可能性が開かれている。情報概念を拡張するならば、身体の機能そのものが遺伝情報や神経情報といった生命情報の働きに依存しているだけでなく、身体の活動もコミュニケーションを構成する社会情報をつうじて様式化されている。主観＝主体は、多様な可能性のなかから選択され、特定の「形」を刻印されたものである。情報とコミュニケーションはそうした主観＝主体の選択的形成にも関与している。それゆえ、情報的世界観は、形而上学の批判的摂取を試みたパースやマクルーハンのさらなる展開として構想されねばならない。

情報的世界観は、もちろん形而上学的世界観と同じではないが、個体主義を基礎にした近代的世界観とも一線を画している。情報と主観、コミュニケーションと主体は相互に依存しているとはいえ、情報的世界観は、カントの思想とは逆に、主観に対して情報を、主体に対してコミュニケーションを根幹に据える世界観として構想されねばならない。主体とは、世界を認識し、世界に参与する存在であり、そうした主体を立ち上げる機能が主観の機能であるとすれば、近代において主観の機能に回収されてしまった情報の働きとはいかなる働きなのであろうか。主観の機能からそれを救い出すためには、まずは主観の機能を情報論的な視点から解明しなければならない。

三　情報と写像

「情報」は、これまで「出来事の知らせ」、「データより組織化されているが、知識ほど体系化されていないもの」といった意味で理解されてきたが、遺伝情報からデジタル情報に至る多様な情報現象が見られる今日、このような定義はあまりに狭隘であるといわざるをえない。情報概念を拡張し、再定義することが求められている。とはいえ、情報概念を拡張すれば、多様な情報形態を貫く共通点はあるのかという問いがただちに浮上してくる。この点に関して本章では、情報を「三つの写像作用を担う、二重の変換の媒介項である」（正村 2000, 2003a）と定義した上で、各形態（遺伝情報、知覚情報、言語情報、デジタル情報）の違いを説明してみたい。

まず、いかなる情報も写像作用を担っていると考えられるが、ここでいう「写像」は、近代思想のなかで繰り返し登場してきた「写像」と同義ではない。写像理論として有名なのは、現実世界の正確な写像を理論の理想とした初期ヴィトゲンシュタイン（Wittgenstein 1922＝1968）の写像理論である。この理論は一時期、論理実証主義のバイブルとされたが、後にヴィトゲンシュタイン自身が否定した。二〇世紀の言語論的転回を経た今日、認識が現実の客観的模写でないことは明白である。

しかし、そのことをもって写像概念を葬り去るわけにはいかない。というのも、初期ヴィトゲンシュタインの写像理論とは対照的な写像理論が存在したからである。それが、現実世界をイデアの不完全な似像とみなしたプラトン（Plato 1905=1979）のイデア説である。現実世界がイデアという原像の似像であるとすれば、イデアと現実世界は写像関係にある。イデアと理論は、いずれも観念的形象であるので、イデアから現実世界への写像を説くイデア説と、現実世界から理論への写像を説く初期ヴィトゲンシュタインの写像理論は、正反対の主張をしていたとはいえ、どちらも現実と観念的形象（イデア、理論）との写像関係を問題にしていたのである。

二つの理論にみられる写像様式の転換は、先に述べた全体論的世界観から個体論的世界観への移行に伴う「全体／部分」の転換と照応していた。全体論的世界観においては部分（特殊）に対して全体（普遍）が、個体論的世界観においては全体（普遍）に対して部分（特殊）が、より実在的な位置を占めている。二つの理論にみられる写像方向の違いは、実在的なものを普遍的なイデアに求めるのか、それとも個体間の相互作用として生ずる現実の出来事に求めるのかという違いに由来している。中世から近代に至る過程で生じた世界観の変容は、思考優位のリアリティから知覚優位のリアリティへの転換という、第三章で論じた社会的リアリティの歴史的転換とも重なっていた。二つのリアリティは対極的であるとはいえ、どちらも実在的なものからの写像を想定していた。このことは、「写像」という概念が二つの可能性に対して開かれていることを含意している。後で説明するように、意味的情報はこの二つの可能性を包摂するような写像作用を果たすのである。

また、従来の写像理論に対する批判は、「認識は世界の客観的模写ではない」「記憶は過去の忠実な再現ではない」という言明に示されるように、模写・再現されるものと模写・再現するものとの同一性、すなわち「原像／似像」の同一性に向けられてきた。認識や記憶がそのような同一性を創出する作用でないことは確かであるが、写像の本質は、そもそも同一性の確立にあるのではない。

数学的な写像概念が変換と同義であるように、情報の写像作用も二つのパタン間に同一的かつ差異的な関係を確立する作用を意味している。幾何学には「ユークリッド幾何学」「射影幾何学」「位相幾何学（トポロジー）」等があるが、いずれの幾何学も、図形間の同一的かつ差異的な関係を扱っている。ユークリッド幾何学では、四辺が同じ長さで、四つの角が直角である図形は、どれも同じ正方形になるし、射影幾何学では、射影関係にある正方形と台形も同一の図形となりうる。さらに位相幾何学では、ドーナッツをコーヒーカップに変換したとき、ドーナッツとコーヒーカップは同一のものとみなされる。

「同一的（一）であると同時に差異的（多）である」という関係は、哲学史上においては、クザーヌスからライプニッツ、ヘーゲルに至る諸思想に見出される。例えば、クザーヌスは、「同一とは差違の含蓄であり、等とは不等の含蓄であり、単純とは分割ないし分別の含蓄である。……神は、万物が神のうちにあるという意味で万物を含蓄し、神が万物のうちにあるという意味で万物の展開なのである」（Cusanus 1932＝1994, p. 123）と述べている。ライプニッツのモナドロジーもこの考え方を基礎にしており、個体としてのモナドは、分割不可能な単位として「一」でありながら、宇宙を映し出す生きた鏡として「多」なのである。

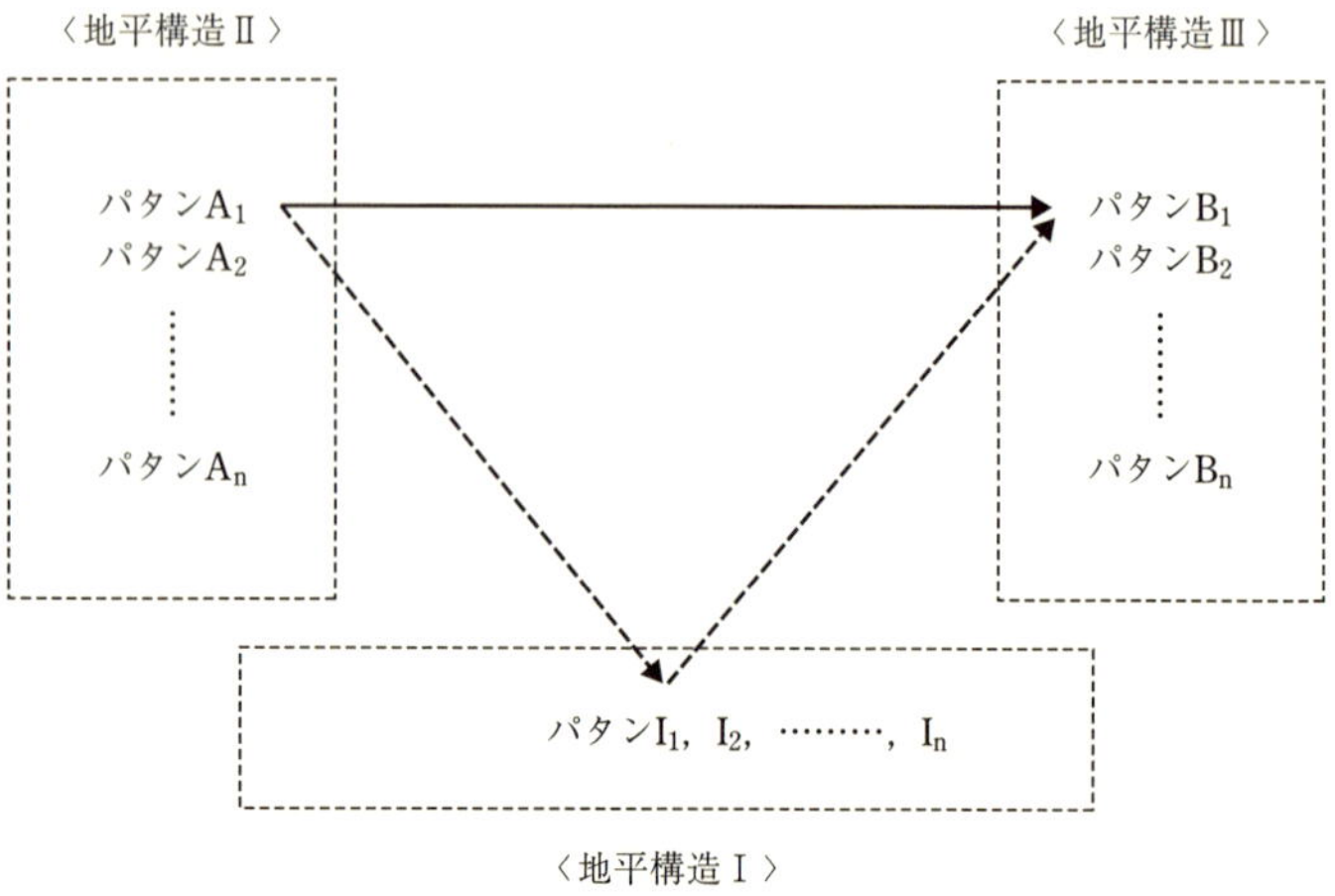

AとB：同一的かつ差異的な関係

図1　情報の基本構造

そして、この関係は、数学理論や哲学思想のなかに存在するだけでなく、現実の生命的世界や社会的世界に内在している。例えば、細胞の遺伝的複製は、複製が正確である限り、二つの細胞は同一であるが、突然変異が起こる度合いに応じて変異が生ずる。生命の進化は、遺伝的な複製過程で生ずる同一的かつ差異的な関係として展開されてきた。一方、認識の場面でいえば、観察者の移動に伴って対象物の知覚像は変化するにもかかわらず、同一の対象物として知覚しうる。また、過去の自己と現在の自己は、その内実が変化しているにもかかわらず、同一の自己として認識されうる。そして、交換がなされるときには、二つの物は異なった使用価値をもつにもかかわらず等価な物として扱われる。

　同一的かつ差異的な関係は多様な現れ方をするとはいえ、いずれも情報的な現象である。情報の写像作用とは、このような同一的かつ差異的な関係を生成する作用を指している。図1に示されるように、情報は、「写像元パタンA_1から媒介パタンI_1への変換」および「媒介パタンI_1から写像先パタンB_1への変換」という二重の変換の媒介項として存在する。この二重の変換をつうじて、写像元パタンと写像先パタンの間に同一的かつ差異的な関係が確立される。

この二重の変換によって、パタンA_1とパタンB_1の間に同一的かつ差異的関係が確立される理由は後で説明するとして、三つのパタンは、いずれも独立自存的に存在する実体ではなく、同列の他のパタン（図1でいえば、同一の地平構造に属する他のパタン）との差異において成り立っている。また、それぞれ「写像元パタン→媒介パタン→写像先パタン」という変換過程のなかで、第三項となる媒介パタンは、予め存在する他の二つのパタンを外在的に結合しているのではない。（図には表記されていないが）パタンを担っている物質は、無数のパタンを可能的に内包しているので、どのパタンも写像過程をつうじて選択的に確定される。

要するに、三つのパタンは三位一体的な関係をなしている。『三位一体論』のなかで「インフォルマチオ」は、「聖霊」に相当し、「父（原像）」に相当するものから「子（似像）」に相当するものを生み出す結合的・媒介的な働きを担っていたが、情報（インフォメーション）も二重の変換の媒介項として存在する。パースは、記号を、狭義には、三項関係のなかの媒介項として位置づけ、広義には、三位一体をなす三項関係の全体として捉えたが、それと同じことが情報にもいえる。情報は、写像＝変換のプロセスの媒介項であると同時に、媒介をつうじて写像＝変換を発生させるプロセスの全体でもある。

「インフォルマチオ」は形相を刻印する作用を表していたが、情報もパタン間の同一的かつ差異的な関係をつうじて世界にパタンを刻印する作用を担っている。情報は、一定の物質——物質の運動状態であるエネルギーを含む——に担われているが、物質そのものではなく、媒介パタンとして存在する。情報は、このヤヌス的な性格によって情報の担い手となる物質の物理的性質を利用しながら、物質を超える働きを及ぼす。情報がどのような仕方で物質を超える働きをするかは情報の形態に依存している。情報には、知覚情報や言語情報のように、意味を内包した「意味的情報」と、遺伝情報やデジタル情報のように、それ自身では意味を表示しない「非意味的情報」があるが(3)、そうした情報形態の違いは、写像形式の違いに由来している。

まず、情報の写像作用は、同一的かつ差異的な関係が二つのパタン内容のレベルで成立するのか、それとも二つのパタンが占める時間的・空間的な位置のレベルで成立するのかに応じて、①内容写像、②時間写像、③空間写像に分けられる。

パタン内容に関して二つのパタン間に同一的かつ差異的な関係を確立するのが内容写像である。意味的情報になると、非意味的情報にはなかった形式が加わるが、すべての情報に共通する基本的な内容写像の形式が、対称性と非対称性を組み合わせた形式である(「対称性の破れ」)。すなわち、最初の変換に対して対称的な変換を行えば、写像元のパタンが再現されるし、最初の変換に対して非対称的な変換を行えば、写像元のパタンとは異なるパタンが生成される。この二つの形式を組み合わせることによって、写像元と写像先の間に同一的かつ差異的な関係が確立される。

一方、パタンが占める二つの時間的位置、二つの空間的位置の間に同一的かつ差異的な関係が確立されるのが時間写像、空間写像である。ただし、時間写像と空間写像は、同一のパタンが二つの異なる時空的位置を占める必要があることから、パタン内容の同一性が成立する限りで実現される。時間的位置(t1)、空間的位置(p1)を占めるパタンAがパタンIに変換され、パタンIがt1からt2へ、p1からp2へ時空的に移動した上で、再びパタンAに変換されると、パタンAは二つの時間的位置(t1とt2)、二つの空間的位置(p1とp2)を占めることになる。このとき、二つの時間的・空間的な位置は異なっているにもかかわらず、同じパタンが占める位置として同一化される。物質は二つの時空的位置を同時に占めることはできないが、情報はパタン間の変換を媒介することによって、同一のパタンが二つの異なる時空的位置を占めることを可能にしている。その際、パタンIの有する時空的な移動能力は、パタンIの担い手となる物質の物理的性質に規定されており、物質の時空的移動と二重のパタン変換が組み合わさることによって情報の時空写像が実現されるのである。(4) 情報社会論のなかで論議された「空間的距離の消滅」とは、二つの異なる空間的位置の間に同一的かつ差異的な関係を確立する空間写像が生み出す事態を表していた。

「情報源→コーディング→通信路→ディコーディング→宛先」というシャノン＝ウィーバーが定式化したコミュニケーション・モデルは情報伝達のモデルであったが、情報伝達は、写像形式の一つである空間写像を意味している。コーディング（「情報源」から「メッセージ」への変換）と、ディコーディング（「メッセージ」から「宛先」への変換）は対称的な変換であり、その中間段階をなす通信路はメッセージの空間移動を表現していた。(5) 情報の空間移動を伴う二重の変換をモデル化したものがシャノン＝ウィーバーのコミュニケーション・モデルであった。このモデルが社会的コミュニケーションのモデルになりえないのは、何よりも、空間写像＝情報伝達という情報作用の一局面しか射程に入れていないからである。しかも、このモデルのなかで定式化された二重の変換は、「記号1→記号2」「記号2→記号1」という「記号／記号」間の変換を表している。機械通信も人間のコミュニケーション過程で利用される以上、記号1は有意味的な記号でありうるが、このコミュニケーション・モデルは意味的な側面を捨象し、情報伝達の仕組みを「記号／記号」間の変換過程として捉えているのである。空間写像と時間写像の形式は、非意味的情報と意味的情報のいずれにも共通しているが、社会的コミュニケーションを理解するためには、意味的情報の内容写像を問題にしなければならない。

いかなる情報も三つの形式の写像作用を果たすとはいえ、意味的情報と非意味的情報の違いが見られるのは内容写像の形式——もう少し正確にいえば、時空写像と内容写像の関係——の違いにおいてである。三つの写像が一体化しているのが非意味的情報であるのに対して、内容写像を時空写像から分離したうえで、三つの写像を遂行するのが意

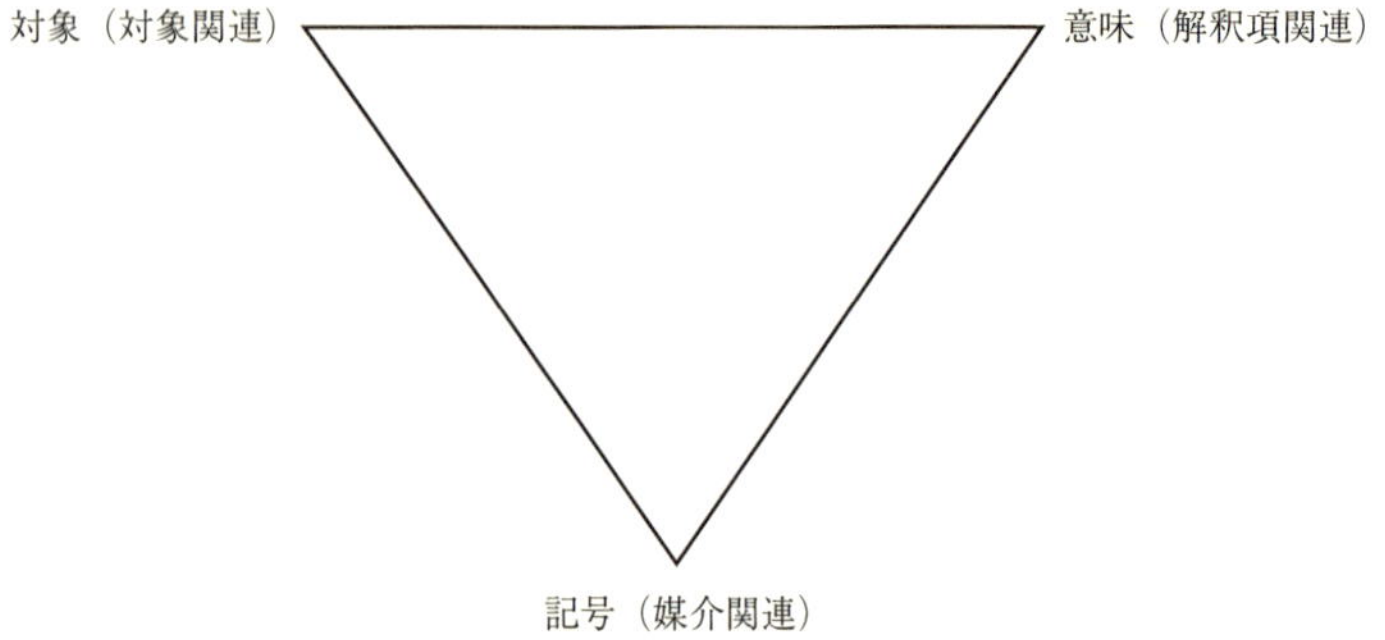

図2　記号の構造

味的情報である。

例えば、パースの影響を受けた英米系の記号学（Ogden and Richards 1923＝1967）が「記号の三角形」と称した記号の構造は、時空写像から分離された内容写像の構造を表している（図2）。記号学によれば、「対象・記号・意味」という記号の三角形のなかで、記号は対象と意味の媒介項となっているが、記号に媒介された対象と意味は、同一的かつ差異的な関係にある。例えば、「ホン」という記号が指し示す対象と意味は、いずれも「本」であるが、前者が物質的存在としての「本」であるのに対して、後者は非物質的存在としての「本」である。

時空写像の場合には、写像を構成する三つのパタンがすべて特定の時空的位置を占めることから、内容写像と時空写像が一体化している。そのため、非意味的情報の内容写像は、二重の変換が対称性と非対称性をもつことによって実現される。また、三つのパタンはいずれも特定の時空的位置を占めるので、脱時空的ないしは時空貫通的なパタンとしての意味は発生しえない。意味は、内容写像が時空写像から分離されたことによって発生する。このとき、意味がどれほど脱時空的ないしは時空貫通的であるかは、意味的情報の種類に応じて変化する。

記号は、パース（Peirce 1931＝1986）が指摘したように、記号と対象が類似的な関係をもつ「イコン」、記号と対象が因果的な関係をもつ「インデックス」、そして記号と対象が規約的な関係をもつ「シンボル」に分類されるが、記号と対象の距離が極大化したシンボルにおいて、記号と意味、対象と意味の距離も極大化している。シンボルの意味は、時空的存在としての対象から最も乖離した脱時空的な性格を帯びる。

これに対して、知覚情報は意味を内包するとはいえ、E・フッサール（Husserl 1928＝1970）が主張したように、記号ではない。意味的情報は、情報が記号として対象から分離した「記号的情報」と、情報が対象から分離しえない「非記号的情報」に大別されるが、後者に相当するのが知覚情報である。知覚情報は対象から実体的に分離しえず、知覚的意味も時空性を帯びた現実世界の内部に見出される。知覚情報においては、シンボルとは対照的に、対象と情報、情報と意味、対象と意味の分離が極小化している。

とはいえ、知覚情報においても、内容写像の時空写像からの分離が認められる。「生態学視覚論」を展開したJ・ギブソン（Gibson 1979＝1985）によれば、知覚レベルにおける情報とは、可変的な知覚的パタンのなかから抽出された不変項であり、情報を基にして、事物の価値や意味としてのアフォーダンスが知覚される。彼は、知覚的認識における情報の非伝達的性格を強調したが、それは、情報を内容写像の次元で捉えていたからである。知覚的認識を構成している「可変項・不変項・アフォーダンス」こそ、知覚情報の内容写像の構造を示している。知覚的意味としてのアフォーダンスは、時々刻々と変化する時空的位置をもつ可変項とちがって、個々の時空的位置に還元できない時空貫通的な性格を帯びている。可変項とアフォーダンスを媒介しているのが、不変項としての知覚情報である。

このように内容写像が時空写像から分離されると、「対象・情報・意味」の三項からなる内容写像が成立する。この三項間の関係は相関的に変化し、情報が対象から時空的に切り離されればされるほど、情報は、それ自身から時空的に切り離された意味を表示しうる。このような「対象と情報」「情報と意味」「対象と意味」が相関的に変化していくことを「意味方程式」と呼ぶならば（正村 2000）、「意味方程式」は、脱時空的な意味がア・プリオリに存在するわけではないことを含意している。物質を超える情報の働きは、すでに時空写像に内在していたが、時空貫通的もしくは脱時空的な意味は、内容写像を時空写像から分離する写像形式の歴史的展開の産物なのである。

しかも、ひとたび内容写像が時空写像から分離されると、意味的情報は時間の不可逆的な流れから解放されるので、「往還的写像」という、正反対の方向をもつ形式、しかも「多対一」写像と「一対一」写像という別種の写像を組み合わせた形式を獲得する。前者は、多数のパタンが情報を介して一つのパタンに変換される形式、後者は、一つのパタンが情報を介して一つのパタンに変換される形式を指している。この形式は、知覚情報と言語情報のいずれにも内在している。先に指摘したように、知覚的レベルであれ、言語的レベルであれ、対象の認識は、時々刻々と変化する可変的現象のうちに対象の不変性（同一性）を読み取るという形式を備えているが、意味の脱時空性と同様、対象の不変性（同一性）も、対象にア・プリオリに備わる客観的属性ではない。

今、話を単純化して、図3・4のように、現象パタンA_1とA_2が情報としてのパタンI_1を介して意味パタンB_1に変換され（「多対一」写像：図3）、そのうえで意味パタンB_1がパタンI_1を介してパタンA'_1へ写像されたとしよう（「一対一」写像：図4）。この二つの、そして正反対のベクトルをもった往還的写像が行われると、現象世界に相当する地平構造IIの内部に同一的かつ差異的な関係が発生する。すなわち、現象パタンA_1とA_2は、別個のパタンであるにもかかわらず（差異性）、どちらも意味パタンB_1との変換可能性をもったパタンとして同一化される（同一性）。意味パタンB_1が現象世界へ投射されたパタンA'_1こそ、対象的な同一性として措定されたものである。

この操作は、もちろん他の操作——情報としてのパタンI_2を媒介にして現象パタンA_3とA_4が意味パタンB_2に写像され、次に意味B_2がパタンA'_2に写像されるという操作——と並行して行われる。各対象の同一性は、ソシュール

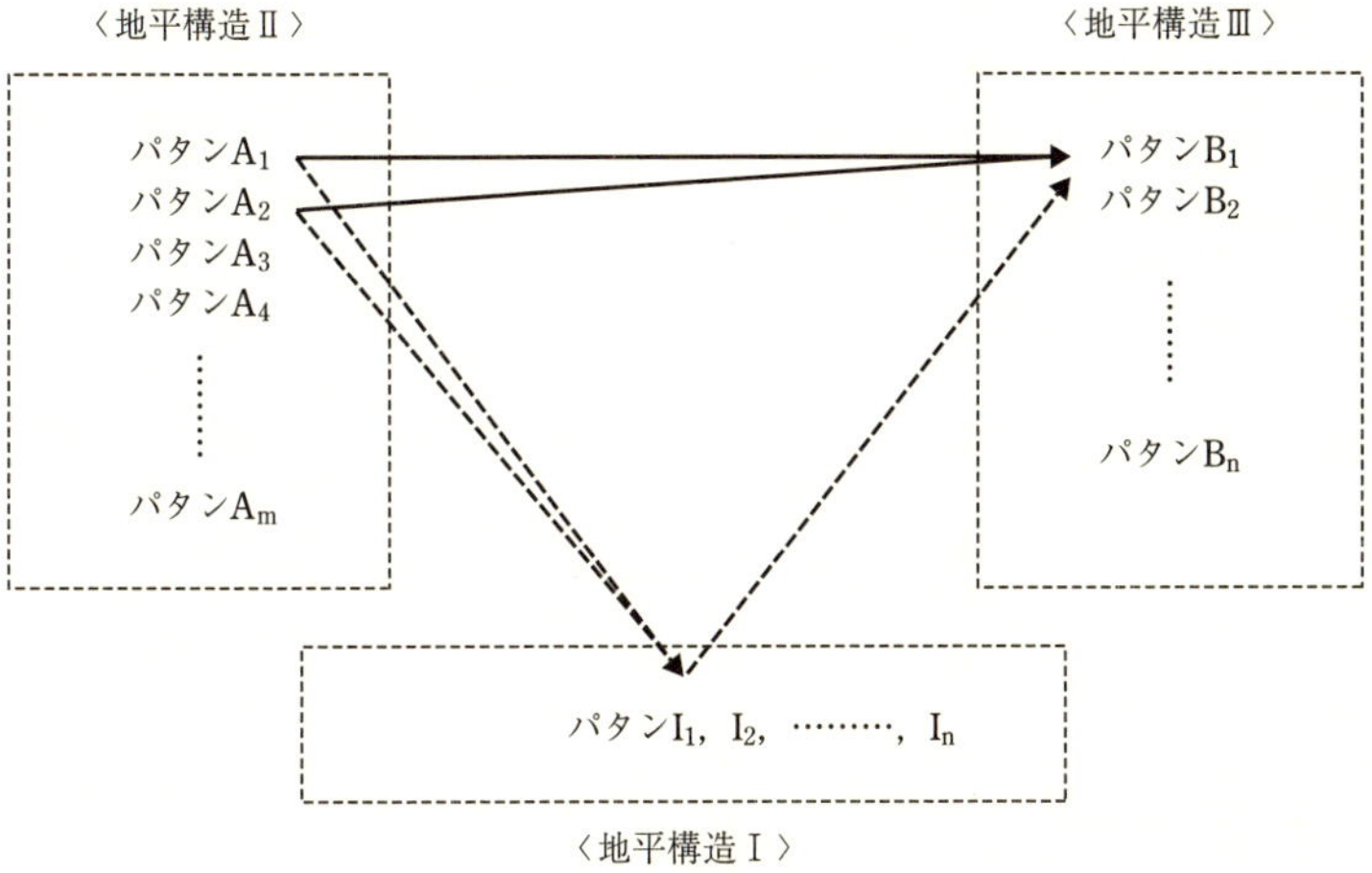

図 3　往還的写像Ⅰ:「多対一」写像

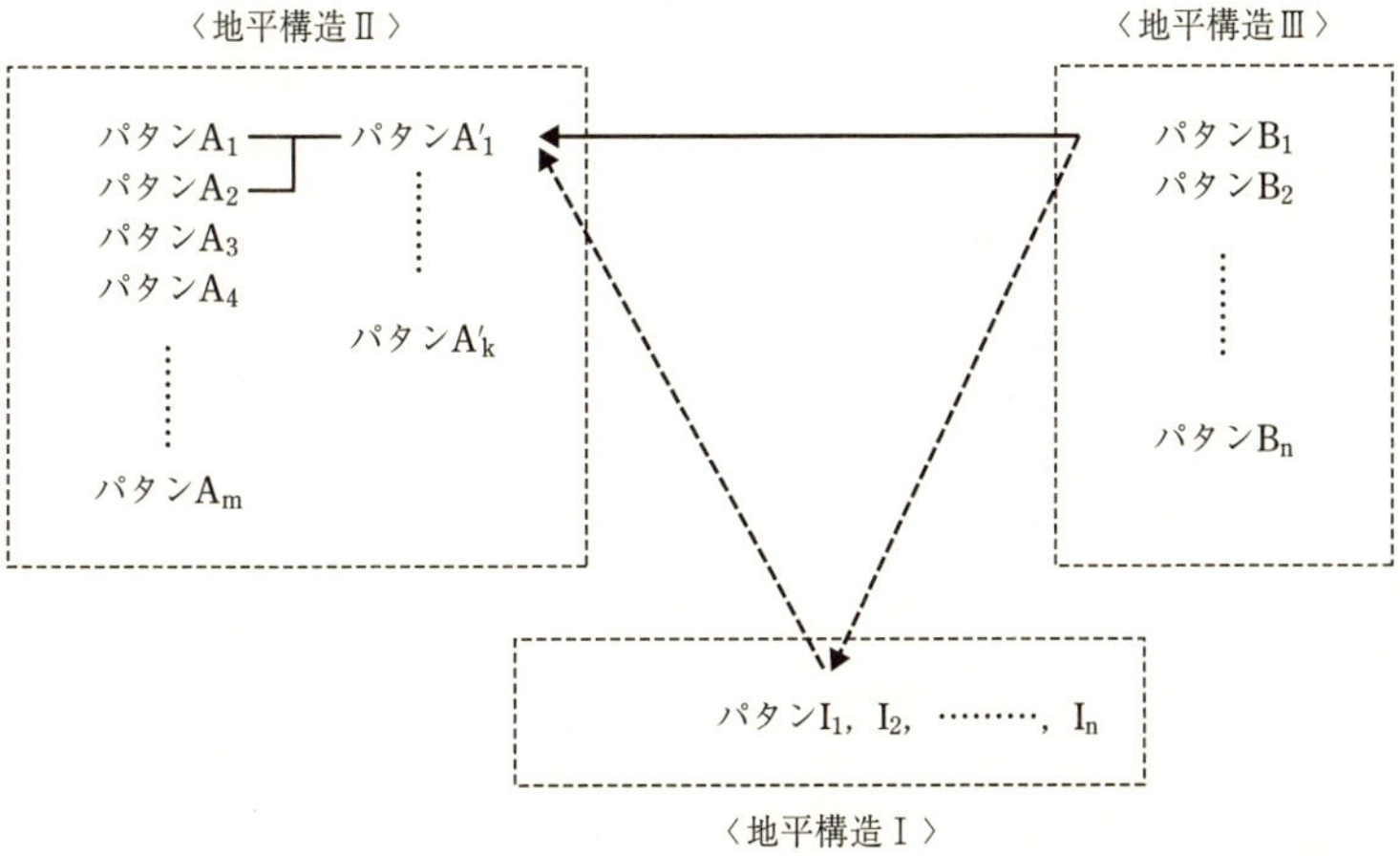

図 4　往還的写像Ⅱ:「一対一」写像

（Saussure 1949＝1972）が明らかにしたように、他の対象との差異に基づいている。対象的同一性としてのパタンA'_1とパタンA'_2は相互の差異を介しつつ、それぞれ現象パタンA_1とA_2の差異、現象パタンA_3とA_4の差異を横断する同一性として措定されるのである。

無数の知覚像が同一の対象の知覚像として認識されたり、過去の自分と現在の自分が同一化されたりすることは、すべてこのような意味的情報の写像効果として起こる。記号学は、記号を対象と意味の媒介項として位置づけた際、対象の同一性（同一的な対象）を前提していたが、対象の同一性そのものが写像作用の所産なのである。世界は、時々刻々と変化する無数のパタンに満ちており、人間を含めいかなる生物にとっても処理しきれないほどの多様性を秘めている。世界の過剰な多様性を縮減して、世界の有意味な分節をもたらしているのが、意味的情報に特有な内容写像の形式である。第三章で問題にした、存在を支える働きとしての「集約機能」は、情報論的にいえば、言語的思考（ロゴス）だけでなく、知覚にも内在している「多対一」の内容写像を意味していた。

生物が世界のなかで生きていくためには、世界を有意味な仕方で解釈しなければならないが、世界の有意味的な解釈とは、「多対一」と「一対一」という往還的な写像形式をつうじて、世界に内在する無限の多様性を縮減することを意味している。そうした選択的な働きのもとで、有意味的な世界が切り開かれる。意味的情報の往還的な内容写像によって、世界を構成する現象パタンは、無数の同一的な対象に帰属されるだけでなく、意味間の差異に対応するかたちで複数の対象へと分節される。世界がどのような分節構造をもった対象世界に編成されるかは、意味の分節構造に、最終的には意味を表示する情報の分節構造に規定されているのである。

したがって、情報の媒介的役割は、「現実の客観的な反映」（初期ヴィトゲンシュタインの「写像理論」）にあるのでも、また「超越的なイデアの現実化」（プラトンのイデア説）にあるのでもない。認識的な営みが介入する以前に現実が構造化されているわけでも、またイデアという観念的形象が自存的に存在しているわけでもない。情報は、「多対一」写像をつうじて現象的世界の多様性を縮減しながら、「一対一」写像をつうじて対象間の分節的構造（同一的かつ差異的な関係）を創出する。このとき写像関係は、伝統的な写像理論が想定していたような、一方が他方を反映・模写する関係にあるのではない。情報は、現象世界と意味世界のなかで存在している二つの確定的なパタン（写像元と写像先）を外的に結合しているのではなく、写像関係をつうじて二つのパタンを同時に確定している。二重の変換を構成する三つのパタンは、あくまで三位一体をなしているのである。

四　個体的情報空間と世界の入れ子構造

これまで情報概念に関する詳細な検討を行ってきたのは、時空写像と内容写像を分離しながら遂行するという意味的情報の複合的な写像形式を把握することによって、送り手や受け手の主観的世界を情報空間として捉え直す可能性が切り開かれるからである。周知のように、近年のコミュニケーション論は、コミュニケーションを情報の伝達過程として捉えたシャノン＝ウィーバー（Shannon and Weaver 1949＝1969）のコミュニケーション・モデルに対する批判というかたちで展開されてきた（正村 2001）。その批判はいずれも情報空間の問題と関連している。

まず第一に、機械通信と違って、人間のコミュニケーションは状況的コンテクストに依存しているが、状況的コンテクストというのは、厳密にいえば、送り手と受け手を取り巻く物理的・社会的な状況そのものではない。送り手や受け手に理解された限りでの状況を指しており、状況を定義する情報によって構成されている。そのため、状況的コンテクストは、状況を定義する情報が事前のコミュニケーションをつうじて送り手と受け手の個体的情報空間の内部に取り込まれたときに設定される。状況的コンテクストを創出するコミュニケーションは、送り手や受け手の情報空間を構成するコミュニケーションでもある。

第二に、受け手の理解は、送り手の意図を正確に再現するような理解ではなく、送り手の情報に対して受け手が意味を付与するような能動的理解であるが、能動的理解も個体的情報空間の内部的な現象である。受け手の能動的理解が行われる場合、送り手と受け手の関係は、誤解や曲解と違って、受け手が送り手の情報を正確に理解している限りで対称的であるが、情報に対して受け手が能動的に意味を付与している点で非対称的である。このようなコミュニケーションの非対称性は、受け手の個体的情報空間がそれぞれ異なることに起因している。個体的情報空間は、状況の定義をつうじて状況的コンテクストを成立させるだけでなく、受け手の解釈枠組としても機能する。情報の意味は、受け手の解釈枠組を使って理解されるので、記号的には同一の情報であっても、各個体的情報空間のなかで多様な解釈が生まれることになる。

したがって、コミュニケーションと情報空間の間には、「送り手や受け手の情報空間を前提にしてコミュニケーションが営まれるとともに、送り手や受け手の情報空間はコミュニケーションをつうじて形成される」という相互構成的な連関が認められる。とはいえ、コミュニケーションと情報空間の相互構成を以上のような意味において理解するだけならば、あえて情報空間に言及するまでもない。実際、コミュニケーション論は、社会学では、行為理論という個体主義的な理論を乗り越えるために導入されたが、そのコミュニケーション論も情報空間について論ずることはほとんどない。けれども、主観=主体にかわってコミュニケーションを主題化すれば、個体主義からの脱却がはかられるわけではない。コミュニケーションは、複数の主観=主体の間で成立する以上、コミュニケーションと主観=主体の関係を厳密に問う必要がある。そのためには、主観=主体そのものを情報論的な視点から捉え直さなければならない。

情報空間には個体的情報空間と社会的情報空間があるが、まずは個人の個体的情報空間を取り上げよう。行為の主体（アクター）が個人（個体的主体）であれ、組織（集合的主体）であれ、一個の主体を立ち上げる主観的世界が個体的情報空間である。個人は、自らに固有な個体的情報空間を獲得することによって一個の主観＝主体として立ち上がる。個人の個体的情報空間は、各個人の視点から構成されているが、この視点は、個体的情報空間に先だって確立されているわけではない。というのも、自己の視点を一人称的視座として確立するためには、自己の視点を他者の視点（二人称的視座）や、第三者の視点（三人称的視座）から区別しなければならないが、この区別自体が個体的情報空間の内部で設定されるからである。

自己にとって、自分の視点は一人称的視座、他者の視点は二人称的視座、第三者――例えば、規範の体現者である裁判官――の視点は三人称的視座に相当するが、いかなる個体にとっても、自己の視点は、最初は前人称的視座としてである。自他分節をとおして自己の前人称的視座は一人称的視座へと移行するが、その移行をもたらしたのが、社会的コミュニケーションをとおして獲得された意味的情報である。特に、シンボルとしての意味的情報は、「対象・記号・意味」の分離を極大化し、象徴作用を獲得することによって、自己の視点をあたかも他者の視点のように対象化したり、逆に、あたかも自分の視点のごとく他者の視点に立脚したりすることを可能にする。

ただし、視点というのは、主観として対象を認識し、主体として行為を選択する際の準拠点であるので、視点が認識の対象となった場合にはもはや「視点」ではなく、「視像」である。しかし、人称的視座というのは、そもそも視点と視像という二つの側面を含む情報的な合成物である。個体的情報空間の内部では、自己の視点が視像化されることによって、同様に視像化された他者や第三者の視点と同一平面上に置かれ、相互の差異化がはかられる。そのうえで、これらの視像が対象認識や行為選択の準拠点として利用されたときに、人称的視座の分化が起こるのである。人が反省的意識をつうじて自他を分節しうるのは、視像としての一人称的視座が視点としての一人称的視座との関係のなかで形成され、しかも視像としての一人称的視座が視像としての二人称的視座や三人称的視座との差異を介して確立されるからである。

ここでも、意味的情報に特有なあの複合的な写像形式が見出される。自己にとって一人称的視座は、二人称的視座、三人称的視座との差異を介しつつ、自己の現象的な多様性を横断する視座として形成される。「多対一」写像と「一対一」写像を組み合わせた往還的な内容写像は、対象自身に内在する現象的な多様性を横断しつつ、他の対象との差異を介して対象の同一性を確立するが、自他分節をつうじて自己を同定する営みもそれと同じ内容写像の論理に従っている。

また、いかなる個体にとっても他者や第三者は、物理的にみれば自己の外部に位置しているが、情報の時空写像は、物理的境界によって隔てられる内部と外部を越境する。自己が常に「今－ここ」に位置しているのに対して、自己以外の存在は、「今－ここ」とは異なる時空的な位置を占めている。情報の時間写像は「今」と先の「今」の時間的差異を、そして空間写像は「ここ」と「あそこ」の空間的差異を維持しながら同一化する。この時空写像と内容写像が結びつくことによって、情報空間の内部的論理を外部化するかたちで、外部世界が内部化されるのである。

個人は、世界を認識し、行為を選択する自己の視点を獲得することによって一個の主観＝主体となるが、一人称的視座としての自己の視点は、このように二人称的視座や三人称的視座を相関的に発生させる個体的情報空間の内部で確立される。個体的情報空間が社会的世界を表現することをつうじて個人が個別化されるとすれば、個体性と全体性が同時に成立したことになる。

個体的情報空間の内部では社会的世界だけでなく、自然的世界も表現されるが、いずれにしても、世界は、社会的コミュニケーションをつうじて得られた情報によって表現されうる。個体的情報空間を構成する情報がコミュニケーションをつうじて獲得されるという意味では、個体的情報空間はコミュニケーションに依存しているが、その逆もいえる。コミュニケーションは、自分と相手が互いに異なる視点（人称的視座）をもっていること、しかも自己と他者の双方が互いに相手の視点に立ちうることを相互に了解したうえで成立する。このような「視点の人称化（差異化）」と「視点の相互性（の想定）」を可能にしているのが個体的情報空間である。その意味で、個体的情報空間とコミュニケーションの間には相互構成的な連関が成り立っているのである。

個体的情報空間は、個体を取り巻く世界――社会的世界に関しては、自分と係わりのある諸々の他者の視点――を取り込んでいるという意味で「全体性」を帯びている。もちろん、この「全体性」は、あくまで各個体に固有な視点から取り込まれた世界の全体性を意味し、神の目からみた全体ではない（しかも後述するように、身体とメディアが複雑な結節関係をもつ現代の状況においては一定の留保を付したうえで理解されねばならない）。

「全体性」と並んで、個体的情報空間を特徴づけている、もう一つの重要な特性は「閉鎖性」である。個体的情報空間は、脳内に局限された主観的世界ではない。先に述べたように、記号的情報の内容写像を構成する「対象・情報（記号）・意味」は三位一体をなしており、対象自体がすでに情報による意味的刻印を受けている。この三位一体性を踏まえるならば、対象の集合である「対象的世界（現実世界）」、情報の集合である「狭義の情報空間」、意味の集合である「意味的世界」も三位一体をなしている。広義の情報空間は、対象的世界、狭義の情報空間、意味的世界の総体をなしている。つまり、我々が外的世界とみなしている現実世界そのものが（広義の）情報空間として存在しているのである。

このことの論理的帰結として、個体的情報空間の「閉鎖性」が導かれる。情報空間の内部と外部を画する境界は、行為主体としての自己の内部と外部を画する境界ではない。情報空間の境界は、認識の限界にかかわっており、個人において知られる対象と知られない対象の範域的な境界を指しているだけでなく、知られている対象に内在する限界をも示している。これまで述べてきたように、物であれ、人であれ、対象の同一性は、「多対一」写像と「一対一」写像の往還的写像という形式に基づいている。対象の同一性は、対象に内在する無数の可能的なパタンのなかから特定のパタンを選び取った結果である。パタン選択から漏れた他の可能性は、同一性には回収できない余剰として残されている。情報空間の限界は、このパタン選択に内在する限界として現れる。

社会的世界に関していえば、自己にとって二人称的視座は、他者の一人称的視座に相当するが、他者の一人称的視座そのものではない。他者を「もう一人の私」には還元することはできない。同様のことは、自己の一人称的視座と他者の二人称的視座、自己の三人称的視座と他者の三人称的視座にもいえる。自己の一人称的視座と他者の二人称的視座、自己の二人称的視座と他者の一人称的視座、自己の三人称的視座と他者の三人称的視座が完全に一致するならば、自己と他者は異なる視座をもつにもかかわらず、視座の交換によって透明な世界が得られる。しかし、自己の視座と他者の視座は、そうした透明な関係にあるのではない。

同一の視座として設定された視座間の差異こそ、自己の個体的情報空間と他者の個体的情報空間の超えがたい溝を表している。この溝が、個体的情報空間に備わる情報的境界であり、皮膚によって象られた物理的境界から区別されねばならない境界である。身体的存在としての他者は外部に位置しているが、二人称的視座、三人称的視座は、自己の個体的情報空間の内部に位置している。物理的には自己の外部にある存在のすべてが（当の個体に認識される限り）個体的情報空間の内部に属する。その個体的情報空間の内部と外部の間に確立されるのが情報的境界である。

個体的情報空間が以上のような意味での「全体性」と「閉鎖性」を帯びているとすれば、個体的情報空間は世界に対して入れ子の関係にある。ただし、個体的情報空間の外部に客観的世界が存在するのではない。世界は、物理的には自己の外部に存在するとはいえ、自己の個体的情報空間の内部において現れる。個体的情報空間のなかで表現される世界は個々人に応じて異なるとはいえ、各個人に現れる世界そのものが（広義の）情報空間として存在する。したがって、近代において主観の働き（意識作用）に還元された情報作用というのは、世界に対して入れ子の関係にある個体的情報空間を形成する働きであったわけである。

五　個体的情報空間と社会的情報空間の入れ子構造

個体的情報空間に関する以上の議論は、これまで相対立するとされてきた間主観性論と独我論の双方に「接近」――「一致」ではない――することになる。ただし、ここでいう独我論は、自己の存在の唯一性を説くデカルト的な独我論ではなく、個体によって認識された世界の完結性を説くライプニッツ的な独我論である。

「我思うゆえに、我有り」というデカルト的コギトは、「意識する自己」と「意識された自己」の同一性を前提にしているが、「意識された自己」は、「意識された他者」と同様に視像化されており、「もう一人の他者」といえる。この「もう一人の他者」を自己として了解するためには、視像としての自己を視点化しなければならないが、そのためには視像としての他者をも視点化しなければならない。この二つの操作を切り離すことはできない。自己の一人称的視座は、二人称的視座や三人称的視座との関係のなかで相関的に発生する。このことは、自己と他者がそれぞれ独立自存的な実体ではなく、関係のなかから析出される項であるという間主観性論の立場に近づく。とはいえ、他者は、間主観的了解から逃れ出てしまう余剰を孕んでいる。自己（他者）の二人称的視座と他者（自己）の一人称的視座の間には情報的境界が存在しているからである。

一方、個体的情報空間が閉鎖的であるという議論は、ライプニッツのモナドロジーと親和性をもっている。情報社会論のなかでライプニッツは、コンピュータ（二進法計算機）の原理的考案者として知られているが、情報学に対する彼の貢献はそれにとどまらない。「モナド」という名称を用いる以前、「実体形相」という言葉を使っていたことからもわかるように、ライプニッツの個体論は形相論的視点に立脚していた。形相論と個体論、スコラ哲学と近代哲学の結節点をなすところにライプニッツの思想的特質がある。

ライプニッツによれば、モナドはそれ以上分解できない単一の実体であるが、「一」としてのモナドは、「多」を表現（表出）する「一」でもある。モナドは、特定のパースペクティブのもとで、「多」としての宇宙を表現する。モナドは「宇宙を映し出す生きた鏡である」が、モナドには「窓」がない。というのも、モナドは、それ自身が表現を本性としているからである。

モナドが宇宙を映し出すとき、宇宙とそれを映し出しているモナドの間には恒常的な規則的関係が存在する。その規則的関係を生み出す作用が表現（表出）である。「一方が他方を表出するとは、前者について言い得ることと後者についていい得ることとの間に、一定の恒常的・規則的な関係があるという意味。ですから遠近法的投影図はその実測図を表出している。表出なるはたらきはあらゆる形相に共通であり、かつ自然的表象、動物的知覚、理知的認識を、種として内に含む類なのです」(Leibniz 1984 = 1990, p. 358)。

モナドと宇宙の間には、恒常的な規則的関係としての表現（表出）の関係が存在するため、モナドは、宇宙という全体に対して「全体的な部分」(Leibniz 1880 = 1990, p. 101) として存在する。「精神は世界全体を表出するばかりでなく世界を認識もするし，神の流儀に倣って世界のうちでみずからを統御しているので，ただ一つの精神だけで世界全体に値するのである」(Leibniz 1880＝1990, p. 208)。

モナドと個体的情報空間を比較すると，どちらも全体的・閉鎖的な空間として存在する。モナドと宇宙，個体的情報空間と世界はそれぞれ「多対一」の関係にあるが，「一」は「多」を包含している。モナドが宇宙としての「多」を孕んだ「一」であるように，情報空間においては「多対一」写像をつうじて世界の多様性が圧縮されている。「表現（表出）」としての「二項間の恒常的な規則的関係」は，「同一的かつ差異的な関係」を表している。遠近法的投影図に見られる幾何学的変換は数学的写像の一種であり，変換前と変換後の図形は同一的かつ差異的な関係にある。この規則的関係のもとで外部が内部化されるとともに，内部が外部化されるのである。ライプニッツは表現と表出をほぼ同義に理解しているが，表現は外部世界の内部化，表出は情報空間の内部論理の外部化に対応している。

G・ドゥルーズは，『襞』という，ライプニッツのモナドロジーについて論じた書物のなかで次のように述べている。「主体が世界にとって存在するためには，世界を主体の中におかなくてはならない。このねじれこそが，まさに世界と魂の襞を構成する。そしてこれが表現に，根本的な特徴を付与する。魂とは世界の表現であるが（現働性），それは世界が魂の（表現されたもの）だからである（潜在性）」(Deleuze 1988＝1998, p. 47)。モナドや個体的情報空間は，それぞれ宇宙や世界の固有の表現であるとともに，宇宙や世界は，モナドや個体的情報空間の表出でもある。モナドと個体的情報空間は，ともに世界に対して入れ子の関係にある。

とはいえ，モナドロジーと個体的情報空間に関する二つの議論は，完全に重なるわけではない。ライプニッツのモナドロジーは，デカルトのように，他者に対して自己の存在の確かさを主張するような独我論ではなかったが，個体的なものに対する社会的なものの意義を十分には解明しえなかった。遺伝情報や神経情報のような身体を形成・作動させる情報を別にすれば、いかなる情報も、社会的に生産・流通・受容される。個体的情報空間を構成している情報の大半は、言語情報に代表されるように、社会的コミュニケーションをつうじて獲得された社会情報である。このことは、社会的情報空間が個体的情報空間の総体として成立すると同時に、個体的情報空間が社会的性格を帯びていることを意味している。

先に、個体的情報空間の内部で自己、他者、第三者を対象化（視像化）することが視座の相関的分化に繫がることを述べたが、自己と他者の関係性は、視像という認識対象のレベルだけではなく、認識作用を担う情報のレベルにおいても妥当する。つまり、自他分節をとおして自己を個体化する自己の認識作用も社会的性格を帯びているのである。ライプニッツは、モナドによって「表現される」世界と、世界を「表現する」モナドの関係を主題化し、世界（全体）に対してモナド（部分）が「全体的な部分」であることを示したが、この全体と部分の入れ子関係は、「表現される」世界と「表現する」個体的情報空間の間だけでなく、ともに「表現する」社会的情報空間と個体的情報空間の間にも成り立っている。事物的世界や社会的世界は、情報空間のなかで表現される限りで有意味的な世界として立ち現れるが、世界全体に対する表現の究極の可能性を与えているのは社会的情報空間である。個体的情報空間は、社会的情報空間の個体的表現でもあり、社会的情報空間のなかで表現された事物的世界や社会的世界がそれぞれの個体的情報空間のなかで特殊な様相のもとに現出するのである。

社会的情報空間が個体的情報空間の総体をなす一方で、個体的情報空間が社会的情報空間の個体的表現であるとすれば、どちらか一方が他方に存在論的に先立つわけではない。近代的世界観は、全体と部分の関係に関して、全体を部分の加算的集合として捉えるか、各部分には還元できない創発的特性を有するものとして捉えてきたが、二つの情報空間の関係はそのいずれでもない。個体性は、社会性を介してのみ実現可能になる。個体的情報空間という部分からなる社会的情報空間は、それを構成する一つ一つの部分のなかに包含されている以上、双方の間には、社会的情報空間を非個人的、個体的情報空間を非社会的とするような対立は存在しない。

入れ子に学問的定式を与えたのは二〇世紀の数学であった。G・カントールが集合論のなかで指摘したように、自然数という全体集合に対して、奇数および偶数はどちらも部分集合にあたるが、いずれの部分集合も無限個の数を含むゆえに、全体集合と匹敵する。また、B・マンデルブロが導入したフラクタルも入れ子的である。フラクタル図形は自己相似性を特徴としており、全体がいくつかの縮小写像からなる（山口 1986）。そこでは、全体を構成する部分のなかに全体のパタンが再現される。物質的世界のなかにも入れ子を観察することができる――例えば、フラクタル図形は、雲や葉のような物質的存在にも見出される――が、入れ子は厳密にいえば、（パタンを担う）物質の次元ではなく、（物質に担われた）パタンの次元で成り立つ。全体と部分をなしているのが物質同士であれば、部分となる物質のなかに全体が組み込まれることはない。物質的世界を情報的視点から眺めたときに、この関係を取り出すことができる。情報が一定の物質に担われつつパタンを生成する媒介的な働きをするからこそ、二つの情報空間は入れ子の関係をもちうるのである。

以上のように、個体的情報空間は、身体の働きに依拠しつつも社会的コミュニケーションをつうじて獲得された情報を構成要素にしているので、世界と社会的情報空間の双方に対して入れ子の関係にある。自己を世界のなかに位置づけつつ主体として立ち上げることが主観の機能であるとすれば、主観の機能は、世界と社会的情報空間に対して入れ子の関係をもった個体的情報空間を形成することにある。その際、個体的情報空間は、世界を客観的に写し取ったものでもないし、純粋に個人的なものでもない。世界の表現は個体的情報空間の内部構造に即して行われるので、外部の内部化は内部の外部化でもある。また、個体的情報空間は、社会的情報空間の個体的表現であり、個人的かつ社会的な性格を帯びている。だからこそ、個体的情報空間は世界と社会的情報空間に対して入れ子的になるが、このような個体的情報空間の形成は、身体の働きと、時空写像と内容写像を分離しつつ統一的に遂行する意味的情報の写像作用に基づいている。物理的にみれば、世界は主体の外部に存在している以上、世界を内部化することはできないが、情報は、パタンの写像作用（選択作用と変換作用）を担うパタン――より正確にいえば、パタン間の差異――として物理的境界を越境する。そうした越境によって内部と外部の入れ子関係を創り出す情報的作用が近代において主観の機能に回収されてしまったのである。

ライプニッツのモナドロジーが近代的主体としての個体を形相論的な視点から把握していたことからもわかるように、近代的主体は入れ子の構造を備えていたが、このような主体と世界の情報的関係は、「主観／客観」「精神／物質」二元論的な世界観が確立された一八世紀以降、見失われてしまった。近代社会のなかでは、いかなる個体的・集合的な主体であれ、主体の内部と外部を厳格に分割する原理が働いていたからである。けれども、情報化とネットワーク化の進展に伴って、社会のさまざまなレベルで内部と外部の境界が揺らぎ、主体の変容が起こっている。そうしたなかで、いったん影を潜めた入れ子の構造が再び姿を現し始めているのである。

六　コミュニケーションの可視性と不可視性

これまで個体的情報空間を個人の情報空間として位置づけたうえで、主体化のメカニズムを探ってきた。世界と社会的情報空間に対して入れ子の関係にある個体的情報空間を構築することが主体化の道を開くとすれば、個体（個人）でなくとも、個体的情報空間を構成する存在は、社会的世界のなかで主体（アクター）になりうる。ただし、個体的情報空間がまずもって個人の情報空間として成立するのは、個人の身体が個体的情報空間を構成するうえで特権的位置を占めているからである。

身体は、二重の意味で原基的メディアとして存在する。第一に、身体は、意味的情報を作動させ、個体的情報空間を開示する点で原基的メディアである。身体と意味的情報は、どちらも自己と世界、精神と物質を媒介している。個体的情報空間や社会的情報空間を構成する意味的情報はすべて身体を介して作用する。そして第二に、身体は、各種の人工的なメディアを作動させるという意味でも原基的メディアである。社会の歴史的発展をつうじて、マス・メディア、電子メディア等、さまざまなメディアが登場したが、いかなるメディアも身体との接続をとおして機能する。そして、ひとたびメディアが身体の働きに依拠して作動すると、メディアの影響は翻って身体（自己）にも及ぶことになる。

現代社会における主体の変容を理解するためには、このような身体とメディアの働きに注目しつつ、自己の個体的情報空間と他者の個体的情報空間、個体的情報空間と社会的情報空間（および世界）の関係を解明しなければならない。そこでまず、個体的情報空間相互の関係から見ていこう。

個体的情報空間が全体性と閉鎖性を備えているとすれば、コミュニケーションを行う送り手の個体的情報空間と受け手の個体的情報空間の間にはどのような関係が成り立っているのであろうか。送り手と受け手はコミュニケーションによって結ばれているので、答えは一見明白にみえる。すなわち、コミュニケーションであると。しかし、我々がコミュニケーションとして認識している現象はすべて意識化されている以上、個体的情報空間の内部に取り込まれている。個体的情報空間の内部で三つの人称的視座が設定されたように、それらの視座を結びつけるコミュニケーションも個体的情報空間の内部的な出来事として現象する。それゆえ、コミュニケーションと答えるだけでは十分ではない。

この問題は、ライプニッツの抱えた問題でもあった。彼は、モナドに「窓」がないことを主張したにもかかわらず、モナド間に相互依存があることを認めた。ライプニッツによれば、モナドは他のモナドに対して影響を与えるが、それは物理的影響ではなく、観念的影響であり、しかも神を介したものである。「単純実体の場合、あるモナドは他のモナドに観念的影響を及ぼすだけであり、これも神の仲介によらなくては、効果をもつことはできない」(Leibniz 1954＝1989, p. 227)。ここから、神による「予定調和」というあの有名な議論が導かれる。

ライプニッツのモナドロジーは、情報的世界観の先駆をなしていたとはいえ、モナドロジーの限界点にこそ、情報的世界観の構築という現代的課題が設定される。その課題の一つが個体的情報空間相互の関係にほかならない。個体的情報空間相互の関係を説明するのに「神による予定調和」という考え方を認めるわけにはいかない。もっとも、ライプニッツが神を持ち出したのは、モナド間の相互関係がいかなるモナドにとっても認識できないからである。それと同様なことは個体的情報空間にもいえる。いかなる個体も自らの個体的情報空間の外部には出られない以上、個体的情報空間相互の関係は不可知の領域をなしている。

この本来「語り得ない」領域をコミュニケーション論的に「語る」には、コミュニケーションの不可視性に目を向けなければならない。コミュニケーション論は、これまでコミュニケーションを情報の表現・伝達・(能動的)理解のプロセスとして捉えてきたが、コミュニケーションには、「表現・伝達」という可視的局面に対して、「隠蔽・非伝達」という不可視的局面がある。情報の隠蔽・非伝達にはいくつかの位相があるが、(6) 各メディアは、それぞれ特有の情報様式を備えており、表現・伝達可能な情報と表現・伝達不能な情報の構造的な篩い分けを行っている。コミュニケーション過程で情報の構造的排除が働くことによって、特定のタイプの情報が隠蔽され、伝達不能になる。この構造的排除が、送り手と受け手の双方に対する不可視性として現れるのである。

送り手と受け手を一対一の関係として捉えるならば、送り手の情報が最も大量に表現・伝達されるのは、受け手の感覚が総動員される対面的コミュニケーションである。受け手のすべての身体感覚が利用されるので、知覚可能な情報は、送り手の意図を超えて過剰に伝達される。そのため、情報の表現・伝達と隠蔽・非伝達の区別は、送り手と受け手の接触の有無、すなわち対面的関係／非対面的関係の違いによって決定される。

それに比べると、他のメディアを介したコミュニケーションは、いずれも伝達過剰性を制限している。印刷物、ラジオ、テレビといったマス・メディアは、多数の受け手に対する伝達という意味では大量伝達を実現するが、一個の受け手に対する伝達においては、対面的メディアほどの伝達過剰性をもちえない。例えば、印刷物において表現・伝達される情報は書き言葉に限定され、しかも一方向的にしか伝達されない。一方、電子メディアでは、文字情報以外の映像情報や音声情報も伝達されるし、情報の流れも双方向的になりうるが、送り手と受け手が非対面的な関係にあるため、送り手の現実的属性（性別、年齢等）が本人の意図を超えて受け手に知られることはない。自己身体に関する情報の表現・伝達を意図的に阻止しうるのであり、この電子メディアの情報排除様式が自己の匿名性・仮名性を可能にしている。

こうしたメディアの情報様式は、自己や他者の個体的情報空間の構成を左右するだけではなく、自己と他者の分離と結合のあり方にも影響を及ぼしている。社会的コミュニケーションは、最初から別個の主体として分離している自己と他者を結合する過程ではなく、(7) 自己と他者を一定の仕方で分離しながら結合する過程としてある。主体のあり方は、分離と結合という両義的性格をもった社会的関係のなかで決定されるが、情報の表現・伝達／隠蔽・非伝達を構造的に篩い分けているメディアの情報様式は、コミュニケーションを介して分離・結合する自他の関係を規定する要因の一つとなっている。

例えば、貨幣は、G・ジンメル（Simmel 1900＝1997）が指摘したように、それまで結びつきようのなかった諸個人を結合して社会圏を拡大する反面、過去の生活において統一をなしていた諸要素を分離することによって個人の自由を与えたが、そのような結合と分離は、いずれも貨幣的交換が互いの人格に関する情報を排除し、もっぱら価格という数量的情報に媒介されていることに起因している。(8) 貨幣的交換の場合には、相手（自分）が所有している商品と自分（相手）が所有している貨幣の間に等価な関係が成立していればよいので、相手がどのような人格を有するかは問題にならない。交換の当事者が価格という数量的情報のみに媒介されて結ばれたとき、お互いの人格的理解は不可視化されている。

貨幣に限らず、メディアはこのような情報の構造的な篩い分けを行うことによって社会的コミュニケーションの可視性と不可視性を生み出している。ただし、コミュニケーションの可視性／不可視性は、自他の結合／分離と一対一に対応しているわけではない。自己と他者が互いの差異を意識するようなコミュニケーションを行えば、可視的コミュニケーションは自他分離的に作用するし、逆に、情報を隠蔽することが自他の結合を促すこともありうる。いずれにしても、コミュニケーションの「可視性／不可視性」はコミュニケーションの「成立／不成立」ではなく、「ポジティブなコミュニケーション／ネガティブなコミュニケーション」に相当する。個体的情報空間の外部が不可知的であるにもかかわらず、不可視的コミュニケーションへの言及を可能にしているのはメディア間の比較である。メディアが多様化すると、各メディアの表現・伝達様式の間にズレが発生する。あるメディアによって伝達された情報が別のメディアによって伝達されない状況が生まれるために、情報の隠蔽・非伝達性が意識化され、不可視的コミュニケーションの存在が浮かび上がってくるのである。

七　身体拡張と身体縮小

メディアが分離と結合という社会的関係のあり方を規定する際、メディアの働きは、原基的メディアとなっている身体の働きと連動している。メディアを身体拡張の原理として捉えたのは、M・マクルーハン（McLuhan 1964＝1967）であるが、メディアはそれぞれ固有の情報様式を備えている以上、あらゆるメディアが身体機能のすべてを一様に拡張しているわけではない。メディアは、表現・伝達可能な情報に関しては身体を拡張する反面、表現・伝達の可能性から排除された情報に関しては身体機能を不活性化している。例えば、書き言葉（しかも黙読）の場合には、話し言葉の使用に不可欠であった聴覚は介在せず、聴覚が働かないままコミュニケーションが遂行される。情報の隠蔽・非伝達的な局面に関していえば、メディアは、身体機能の不活性化という意味で身体機能を縮小している。人間が利用しうる意味的情報は、すべて身体という原基的メディアに媒介されているので、情報の表現・伝達と隠蔽・非伝達を規定するメディアの情報様式は、「身体拡張」と「身体縮小」という二重の効果を及ぼしているのである。

主体＝主観は、すでに述べたように、身体の作動様式に一定の形式が刻印されることによって成立したものであり、近代的主体（主観）はその一形態である。印刷物が近代的主体の生成に寄与してきたことは、マクルーハン、オング、M・ポスターなど、多くのメディア理論家が指摘しているが、マクルーハンやオングがその根拠として挙げたのは、主に聴覚作用（話し言葉）と視覚作用（書き言葉）という可視的コミュニケーションとしての違いであった。聴覚が対象との一体性を保持するのに対して、視覚は対象分離的に作用する。この印刷物の視覚性が個人主義化を促すという（Ong 1982＝1991）。しかし、印刷物の分離作用を、視覚性という可視的コミュニケーションの性質に帰着させることはできない。

印刷物においては、表現可能な情報が書き言葉に限定されるだけでなく、情報は一方向的にしか伝達されないので、書き手にせよ、読み手にせよ、相手の反応を確認するための情報が欠落している。相手の反応を知るには、自分自身が他者の立場に立って他者の判断を推し量るしかない。印刷物は、書き手と読み手の双方に対して、自分が想像的な他者となり、想像的な他者としての自己と対話するような内省的態度を強要する。その結果、印刷物を介したコミュニケーションは、それぞれ（想像的な他者としての）自己との対話を行う書き手と読み手を繋ぐ間接的なコミュニケーションとして成立する。このような内省的態度を強化する情報の排除様式こそ、自己と他者を一層分離し、近代的主体を生成する契機となったのである。(9)

印刷物とは対照的に、電子メディアは、ポスター（Poster 1990＝1991）が指摘しているように、主体の脱中心化を促しているが、(10)この点もコミュニケーションの不可視的側面と関連している。書き言葉以外の多様な情報を双方向的に伝達しうる電子メディアは、印刷物以上に身体拡張的に作用するとはいえ、電子的情報空間内では、現実の身体の属性がすべて括弧に入れられる。身体情報の伝達が阻止されることによって、現実の身体がいわば「極小化」され、それによってコンテクストに応じた多様な仮構的身体が創出されうる。電子メディアは、情報を操作する身体機能を印刷物以上に拡張しているにもかかわらず、このような身体縮小の結果、自己を脱中心化する方向に作用するのである。

これまでメディア論は、印刷物から電子メディアに至る歴史的変遷を主体の中心化から脱中心化への移行として描いてきたが、このような認識は、現代社会のなかで進行している主体の変容の一側面を語っているにすぎない。脱中心化によって、個人の同一性がそれぞれの個人の取り結ぶ諸々の社会関係のなかに拡散していくとき、そこには主体の変容として語るべきもう一つの側面が隠されている。それが、ネットワークの主体化という現象である。

八　ネットワークのネットワーク化

コミュニケーション論と情報空間論の接合によって生まれる第一の課題が個体的情報空間相互の関係に対するメディア論的解明であるとすれば、第二の課題は、個体的情報空間と社会的情報空間の関係に対するメディア論的解明にある。電子メディアと印刷物の違いは、隠蔽・非伝達様式にあるだけでなく、表現・伝達様式にもある。

社会的情報空間と個体的情報空間は入れ子の関係にあるが、ライプニッツは、入れ子という情報的原理を認識していた点でも先駆的であった。「物質のどんな小さい部分にも、被造物の世界、生物や動物、エンテレケイアや魂の世界があることがわかる。物質のどの部分も、草木に充ちた庭とか魚でいっぱいの池のようなものと考えることができる。ただし、その植物のどの小枝、動物のどの肢体も、その体液のどの一滴も、やはりおなじような庭であり池なのである。……どの生物の身体もそれを支配するエンテレケイアをもち、動物ではそれが魂であることがわかる。ただこの生物のどの肢体にも他の生物、植物、動物が充ちていて、そのそれぞれがまた、それを支配するエンテレケイアとか魂をもっている」(Leibniz 1954 = 1989, pp. 233-4)。

まるでフラクタルを説明しているような文章であるが、このなかに登場する「エンテレケイア」というのは、アリストテレスが生命に内在し、質料と結びついて自らを合目的的に実現する形相因として理解したものである。二〇世紀の生気論は、生命の有機的性格を説明するために「エンテレヒー」概念を導入したが、その基になったのが「エンテレケイア」である。分子生物学は、生気論が「エンテレヒー」概念を用いて目的論的に説明した生命の発現過程を遺伝情報に基づく因果的過程として説明した。「エンテレヒー」と「情報」は、二つの理論のなかで近似的な位置を占めていたのである。

話を元に戻すと、ライプニッツは生命的世界の入れ子原理に気づいていたが、個体的情報空間と社会的情報空間の関係に言及することはなかった。印刷物という、個体化を導くメディアの時代においては、世界はそれを各視点から映し出すモナド（個体）の総体として語るだけでよかったのかもしれない。しかし、状況は今や大きく変化している。

前章で述べたように、近代社会は、国民国家、機能システム（経済システム、政治システム等）、官僚制組織のいずれをとっても、その内部と外部を厳格に分離する分割原理に基づいて編成されていたが、今日、組織の内部と外部、機能分化したシステムの内部と外部、国民国家の内部と外部は、いずれもネットワーク化されている。さまざまなレベルの社会関係がネットワーク化されているだけでなく、ネットワークが他のネットワークとネットワーク関係を形成している。ネットワークのネットワーク化は、主体やシステムの境界の変容をもたらしているが、境界の変容は、境界によって内部と外部を分節する主体の変容でもある。

個人以外の存在が主体化するという現象は、すでに一八世紀末以降、国民国家や官僚制組織の誕生というかたちで起こったが、これらの集合的主体は、近代的個人と同様、中心化された主体であった。同一の個人が個人的主体でありつつ別の集合的主体を担いうるのは、個人が個人的主体（自己）の視座としての一人称的視座と、集合的主体の視座としての三人称的視座に立脚しうるからである。この二つの対照的な視座を支えているのは、近代社会のなかで確立された「公（パブリック）と私（プライベート）」「人格性と非人格性」の二項対立である。公的な場面では非人格的に振る舞い、私的な場面では人格として振る舞うという近代的分離を前提にして、それぞれの中心化された主体が成立したのである。

社会関係のネットワーク化は、中心化された主体の内部と外部の分割を支えていた「公と私」「人格性と非人格性」の二項対立を揺るがしながら、中心化された主体の変容を促している。個人は、多様な社会的ネットワークに帰属し、そのなかで自己を表現する一方で、社会的ネットワークは、個人の主体的コミットメントと個性的能力を頼りにしている。ネットワークと個人の間には「公と私」「人格性と非人格性」の対立は存在しない。個人が中心化された主体から離脱していくことと、個人の帰属するネットワークが主体化していくことは表裏一体をなしている。そうした二つの側面が相俟って、社会関係における「ネットワークのネットワーク」化が進行しているのである。

このようなネットワークのネットワーク化を支えているのが電子メディアである。入れ子型の社会的情報空間の形成は、「ユビキタス」時代に本格化するとはいえ、インターネット自体が二重の意味で入れ子原理に従っている。

第一に、コンピュータとコンピュータを通信回線で結んだコンピュータ・ネットワークであるインターネットは、正確にいえば「ネットワークのネットワーク」をなしている。世界中に存在する無数のコンピュータ・ネットワークがネットワーク化されているからである。また、コンピュータ・ネットワークはコミュニケーションの場を提供しているが、インターネットが形成する場は「場の場」という重層的性格を帯びている。例えば、インターネット上に叢生した「ネット・コミュニティ」は、テーマに応じてコミュニケーションの場が複数の場に分節されるような「場の場」を形づくっている。

第二に、インターネット上の情報空間は、テクストが上位のテクストの構成要素となるハイパーテクスト的な情報空間となっている。ハイパーテクストというのは、テクストとテクストを自在に連結しうる間テクスト的なシステムである。G・P・ランドウ（Landow 1992＝1996）によれば、活字テクストでは、①書き手と読み手が明確に分離され、②テクストの配列が固定的で直線的論理に従い、③テクストの内部と外部の境界が明確であるのに対して、ハイパーテクストでは、①書き手と読み手が明確に分離せず、②テクストの配列が非固定的で非直線的な論理に従い、③テクストの内部と外部の境界も曖昧である。

情報が状況的コンテクストに依存しながら理解される対面的コミュニケーションと違って、テクストによるコミュニケーションは、状況的コンテクストの共有という補完的条件を欠いているので、テクストが理解されるためには、テクストが論理的に書かれ、自己完結性を備えていなければならない。テクストというのは、内部と外部を切り離し、状況的コンテクストから自律した脱コンテクスト的な言説である。

これに対して、ハイパーテクストは、テクストに対して解体と再編という二重の効果を及ぼしている。一方では、固定的・直線的な論理に従って配列されていたテクストの構成要素（文章や段落）をその順序づけから解放する。コンピュータ上では、読み手が自分の関心に応じてテクストを断片化し、構成要素の配列を自由に並べ替えることができる。その一方で、コンピュータの情報検索機能を利用して、他のテクスト（の構成要素）を自由に呼び出し、それをテクストと繋ぎ合わせられる。データベース化されたテクストの全体がいわば一個の巨大なテクストとなる。「テクストのテクスト」という入れ子構造が形成されているので、データベースに収納されている全テクストを対象に、その都度の任意な分解と結合をとおして新たなテクストを産出しうる。構成要素間の関係は、読み手＝書き手の関心に応じて流動的に編成される。

このテクストからハイパーテクストへの移行に伴う変化は、近代的個人と国民国家に起こった変化とも符合している。内部と外部を切断し、内部を直線的な論理に基づいて編制するテクストの脱コンテクスト的特徴は、近代的個人や国民国家の特徴でもあった。近代的主体も、体系性と状況的変化に左右されない一貫性、つまり環境的影響を断ち切る脱コンテクスト性を帯びていた。しかし今日、個人と国家は、いずれも内部と外部の厳格な分離、状況的変化に抗する一貫性という特徴を失い始めている。そのことを端的に物語っているのが、人権とシティズンシップ（市民権）の変容である。人権とシティズンシップは、G・デランティ（Delanty 2000＝2004）によれば、一八世紀の時代にはまだ結びついていたが、国民国家が形成され、国内と国外が明確に分離されるのに伴って断絶した。個人は、国際法のなかでは人権を有する人間、国内法のなかではシティズンシップを有する市民として位置づけられた。人権の普遍性を支えていたのは、抽象的・普遍的な人間という脱コンテクスト的な人間観であり、個人も国民国家と同様、脱コンテクスト的な論理に従っていた。

しかし、グローバル化の進展に伴って二つの権利が再び融合し、両者の間に入れ子的な関係が築かれつつある。人権は、「抽象的・普遍的な人間の観念」にかわって、「状況に依存した自己」「偶有的で脱中心化された人格的個性」という観念に依拠するとともに、国内において多様な形態をとり始めたシティズンシップは、これまで国際法に属していた人権に基礎づけられるようになった。ここでも外部が内部に貫入するという現象が起こっている。近代的個人と国民国家が脱コンテクスト的性格を喪失するなかで、人権とシティズンシップも入れ子の構造を形成し始めているのである。

現代社会においてネットワークが主体化されるのは、このような「ネットワークのネットワーク」「テクストのテクスト」という二重の意味での入れ子型の構造を備えた電子メディアが社会関係を形成するインフラ的基盤として作用するからである。

これまで述べてきたように、主体の成立条件は、世界や社会的情報空間に対して入れ子型の個体的情報空間を形成することにある。主体（アクター）の能力というのは、諸々の行為——個人であれば、自己の諸行為、他者の諸行為、そして自己の行為と他者の行為——を認識的ないし実践的に接続する能力を意味するが、それらの行為の接続は、情報の三つの写像作用に依拠しながら個体的情報空間の内部で行われる。いかなる主体であれ、社会的主体を成り立たせている境界（社会的・意味的境界）は、個体的情報空間の内部で設定される。個体的情報空間は、主体（内部）に関する情報と環境（外部）に関する情報からなり、情報は、主体の内部と外部を越境しながら内部と外部の分節をもたらしている。

情報は、一方では、自己と他者、主体の内部と外部の境界を横断し、時間的・空間的な位置を異にする自己の行為や他者の行為をすべて情報として自己の個体的情報空間の内部に包摂するとともに、他方では、自己の諸行為と、他者の諸行為をそれぞれの主体のもとに帰属させることによって自己と他者、主体の内部と外部の境界を設定する。意味的情報の内容写像には、「対象／意味」間の変換を行う記号内レベルの写像と、「対象／対象」間、「意味／意味」間の変換を行う記号間レベルの写像があるが、出来事の有意味的な選択を可能にしているのは、「推理・推測・思考」に相当する、記号間レベルの内容写像である。自他を分節する社会的・意味的境界は、このような内容写像と時空写像が働く情報空間の内部で設定されるのである。

このことは、近代的主体のように内部と外部を厳格に分節する主体にもあてはまるが、社会的主体というのは、物質・行為・情報という三つの異なった境界様式を備えているので、いずれの位相に焦点を当てるのかに応じて、主体観・世界観の有り様も異なってくる。物質こそ内部と外部が厳格に分離される存在であり、個体主義を基礎にした近代的世界観は、個物（物質）や個体（人間）を単位にして世界を解釈していた。しかし今では、物質や行為にかわって情報の位相が顕在化し、情報空間相互（自己の個体的情報空間と他者の個体的情報空間、個体的情報空間と社会的情報空間）の境界が主題化されるようになった。

認知・記憶・思考といった能力を有する個人の身体は、個体的情報空間を形成する上で特権的位置を占めているとはいえ、電子メディアがコミュニケーション過程に介在してくると、社会的情報空間と個体的情報空間の関係は、もはや全体社会の情報空間と個人の情報空間の関係として限定できなくなる。いかなるネットワークも社会的コミュニケーションを介して成り立っているが、コミュニケーション過程そのものに入れ子型の構造が組み込まれることによって、社会的情報空間と個体的情報空間の入れ子関係がネットワーク世界のなかで成立する。

九　ネットワーク的主体と身体代補

ネットワークが主体化されることを理解するためには、個体的情報空間を開示する原基的メディアとしての身体と電子メディアの関係を考慮に入れる必要がある。いかなる情報空間も、それを作動させるメディアを必要としているが、コミュニケーション過程で及ぼすメディアの作用は、「身体拡張」と「身体縮小」だけではない。

マクルーハンは、晩年に至って「メディアの法則」を提唱したが、それによれば、メディアは何かを「強化」したり、何かを「衰退」させたり、何かに「反転」したり、何かを「回復」させたりする。マクルーハンがメディアの法則として挙げた「強化・衰退・反転・回復」は、複数の作用を同時並行的に及ぼすメディアの多元的な作動様式を理解する上で示唆的である。ここでは、四つの作用に対して、マクルーハンとは別の解釈を加えてみよう。これまで述べてきた「身体拡張」と「身体縮小」は、「強化」と「衰退」にほぼ対応しているが、「身体拡張」には、「強化」のほかに「補完」という作用が含まれる。「補完」は、身体が失っていた機能を補完するという意味では「回復」に繋がるが、補完の方向が逆転すると「反転」となりうる。つまり、「反転」を拡張解釈するならば、メディアによる身体機能の補完は、身体機能によるメディアの補完へと反転しうるのである。

このことを踏まえると、これまで述べてきた「身体拡張」「身体縮小」にもう一つの作用を付け加えることができる。それは「身体代補」である。原基的メディアである身体は、世界を認識し、世界に働きかけていく主観＝主体の基盤でもあるが、その身体機能を補完するメディアの作用が反転すると、メディアのほうが身体機能を補完されることによって身体化される。

電子メディアの補完作用は、まず身体に対する電子メディアの補完として現れる。コンピュータが処理するデジタル情報は、意味を内包しない非意味的情報であるが、「文字・数字・音声・映像→デジタル情報→文字・数字・音声・映像」という二重の変換を媒介している。ここでも、あの対称的かつ非対称的な変換が行われ、写像元と写像先となる二つのパタンの間には同一的かつ差異的な関係が確立される。二つのパタンは、それぞれ文字・数字・音声・映像のパタンとして同種でありつつ、その具体的な内容は変化する。その差異は、ノイズの混入以外に、パタンの編集・加工によって発生する。いずれにしても、デジタル情報は、この二重の変換の媒介項として、人間の意味的な情報処理の可能性を拡大している。そして、①地球的に広がりをもったインターネットのネットワーク構造、②ネットワーク上に構築されたデータベース、③情報検索能力をはじめとしたコンピュータの情報処理能力は、それぞれ①情報の空間写像、②時間写像能力、③記号間レベルの内容写像能力を高めることによって、主観＝主体を構成する三つの能力（認知・記憶・思考）を補完している。

そして、この補完が逆向きに作用すると、電子メディアによる身体代補が起こる。こうした現象は、電子メディアに固有な現象ではないが、電子メディアにおいて最も顕在化する。というのも、電子メディアは、従来のメディア以上に身体に近いからである。人工知能を内蔵した電子メディアは、それ以前のメディアと違って時間写像や空間写像だけでなく、内容写像を担いうるために、ひとたび身体に支えられると、メディア自身が身体のように機能する。身体は、個人の個体的情報空間を構成する特別なメディアであったが、ネットワークのネットワークという関係性のなかで身体代補が働くと、ネットワークがその個体的情報空間を形成する主体と化す。

ネットワーク的主体というのは、身体と電子メディアの間にこのような相互補完的な作用が働くことによって誕生する。いかなる集合的主体も個人（身体）に担われているとはいえ、官僚制組織のような集合的主体は、「人格性と非人格性」「公的領域と私的領域」を切り離し、個人の人格的・私的な側面を排除したが、ネットワーク的主体は、第二章で説明した個体的アイデンティティと集合的アイデンティティの融合のうえに成り立っている。現代の個人は、異なる複数のネットワークに帰属することによって個別化されるが、その自己同一性は、いかなる状況にも左右されない近代的な自己同一性ではない。変化する状況のなかで、それぞれのネットワークに対する帰属をつうじて自己同一性を流動的な仕方で保持している。ネットワーク的主体は、このような個人の脱中心化を前提にしつつ、身体と電子メディアの結合のもとで成立する。

したがって、中心化された主体からの離脱とネットワークの主体化は、ネットワークのネットワーク化に内在する二つの側面として表裏一体をなしている。個人とネットワーク的主体の間にこのような相互補完が形成されると、個人に内在する主観＝主体としての能力は、ネットワーク的主体を支える反面、ネットワーク的主体の一部に組み込まれる。世界全体を独自の観点から自己の内部に包摂することによって主観＝主体が成立するという個体的情報空間の原理は今でも生きているとはいえ、個人がネットワーク的主体の構成要素になったとき、個人の個体的情報空間は断片化され、従来の意味での全体性を確保することは難しい。個人の意識はグローバルな世界へ向けられるようになる反面、いかなる個人にとっても、世界は見通しのきかない世界へと変貌する。このような個人の世界意識のあり方は、主体の構造の重層性に起因しているのである。

W・J・ミッチェルは、身体と人工知能の接続について次のように述べている。「今日この身体／都市の比喩的表現は、文字通り現実のものになっている。私の筋肉と骨格のシステム、生理的システム、神経のシステムは、入れ子になった境界と分岐したネットワークの巨大な構造の中に組み込まれ、人工的に増強、拡張されている。私の到達範囲は無限に広がり、似たように拡張された他人の到達範囲と相互作用して、移動、作動、知覚、制御の世界システムを作り出している。私の生物学的身体は都市と噛み合う。都市それ自体が私のネットワーク化した認識システムの一領域になっているだけでなく、それにもまして、そのシステムの空間的・物質的な具体的表現になっている」(Mitchell 2003＝2006, pp. 35–6)。ミッチェルによれば、場所に電子的知能が埋め込まれた二一世紀の都市は、身体から世界に至る入れ子型の階層構造をもった都市であるという (Mitchell 1999＝2003)。

「ユビキタス・コンピューティング」は、コンピュータを至る所に埋め込むことを目指しているが、「ユビキタス」という、神の遍在性を意味するラテン語は元来、世界の入れ子構造を表していた。西欧中世において、神は世界全体を意味するだけでなく、世界を構成する諸部分に遍在すると考えられていた。いつの時代にも物理的世界は、意味づけられた情報空間として存在してきたが、人工知能を埋め込んだ物理的世界は、身体と人工知能の接続をとおして入れ子型の情報空間として立ち現れようとしている。

現代社会のコミュニケーション回路は、ローカルなレベルからグローバルなレベルに至る「ネットワークのネットワーク」として重層化されている。地域クラスターのような包括的な組織間ネットワークは「場」であって、従来の「主体」の観念から懸け離れているが、グローバルな場のなかで局所的な場同士がネットワーク関係を取り結ぶとき、場も非中心的な主体となりうる。このような特定の場を主体化する情報空間は、場の内部で行われるコミュニケーションをつうじて構成される点で社会的情報空間であるが、グローバルな場の非対称化をもたらしている点で個体的情報空間といえる。主観＝主体を立ち上げる個体的情報空間は、いまや身体と電子メディアの結合によって、「個人の個体的情報空間／ネットワーク的主体の個体的情報空間」というかたちで重層的に構成されるのである。

一〇　主観＝主体・場所・情報

主観＝主体を問い直す作業は、西欧哲学では、現象学のように身体論の展開というかたちをとったが、それと並ぶもう一つの試みが、自覚を「場所の自己限定」として捉えた西田幾多郎の場所論であった。西田が自覚を「自己写像」と規定した際、自覚は「自己が」「自己に於いて」「自己を見る」という三つの契機を内包していた。自己は、見る自己、見られる自己であるだけでなく、場所としての自己でもある。自覚に関する西田の議論は、のちに「場所の論理」として展開され、場所が自らを限定することによって、個人の自覚と世界の自覚が相即的に成り立つという議論へと発展していった。

西田によれば、自覚の根本形式は「直観」であるが、「直観」は主客合一といった作用ではなく、「形が形自身を形成する」実在的な過程、いいかえれば「場所が自己の内に自己を映す無限の過程」としてある。自覚をとおして、多としての自己は個物的に世界を表現するが、このことは、一としての世界が世界自身を表現することでもある。「先ず一方に多が何処までも一を表現すると考えなければならぬと共に、一方に一が何処までも多を表現すると考えなければならない」（西田 1989, p. 182）。つまり、場所が自らを限定するとは、全体的な一と個物的な多が対立しつつ、同時に多が一を、そして一が多を表現するという「矛盾的自己同一」を意味する。

西田自身が語っているように、「場所の論理」にはライプニッツの考え方が継承されているが[11]、ライプニッツ以上に「表現」に対して実在的な性格が付与されている。そして、「表現するもの」と「表現されるもの」の同一性のもとに、「表現された世界」は「表現する世界」として捉え直されている。世界を主観的自己の自覚の形式によって考えるのではなく、逆に自己が世界の個物として自覚されるという「世界実在の形式」「場所的有の形式」が主張されている。こうして場所の自己限定による、自己の自覚と世界の自覚の相即的な成立という論理が導き出されたのである。

「場所の論理」は、情報空間に関するこれまでの議論と重なる点が少なくない。写像の媒介項である情報は、パタン間の変換をつうじてパタンを生成する作用、いいかえれば「形が形自身を形成する」実践的作用の一環をなしている。「矛盾的自己同一」というのは、AとBが対立的（多）でありつつ、同じ場所にあることによって同一（一）であることを意味するが、同一的（一）かつ差異的（多）な関係を創出する情報の写像作用によって構築された場（世界）が情報空間にほかならない。

自己と他者は、西田によれば「矛盾的自己同一」の関係にあるが、個体的情報空間も、自己を他者（および事物）から区別し、自己を個別的主体として立ち上げる場として機能している。世界に対する総体的な表現＝表出の可能性を与えているのは社会的情報空間であるが、個体的情報空間はその社会的情報空間の個体的表現としてある。どちらの情報空間も場としての性格をもち、個体的情報空間は、社会的情報空間という全体的な場を特定の視点から取り込んだ局所的な場といえる。したがって、「自己写像」としての自覚が「見る自己」「見られる自己」「場所としての自己」という三つの契機を内包するように、意味的情報の写像作用に依拠した自己認識も、自己の「視点」「視像」「個体的情報空間」という三つの契機からなる。

そして、「世界が成立することは自己が成立することであり、自己が成立することは世界が成立することである」

（西田 1989, p. 218）のと同様に，個体的情報空間と社会的情報空間も相即的な関係にある。社会的情報空間は，世界を各私的な視点から表現する無数の個体的情報空間を介して世界全体を表現しうると同時に，個体的情報空間は，社会的情報空間という全体的な場に対する局所的な場として存在する。主観＝主体というのは，社会的情報空間に対してそのような入れ子の関係をもった個体的情報空間の形成をつうじて確立される。存在は，それ自身が自らを位置づけている場を情報的に内包することによって主体化しうるのである。

とはいえ，西田の場所論と情報空間論の接点もそこまでである。ライプニッツはもとより，西田にとっても世界の自覚を担っているのは，自己を自覚する個人である。個体的情報空間も，身体という原基的メディアを基にして構成されているが，電子メディアが登場した現代では，社会的情報空間は，電子メディアが付加された複合的なコミュニケーション過程をつうじて構成されている。電子メディアと身体の接合をとおして，これまで「個人と世界」という構図のなかで考えられてきた場所の自己限定のあり方が変容をきたしつつある。

ライプニッツにせよ，西田にせよ，「世界と個人」という構図のなかで議論を展開してきたが，近代的な主観＝主体の問い直しは，最終的には「世界と個人」という構図からの脱却を迫られる。その結果，浮上してきた問題がコミュニケーションである。実際，社会理論としてのコミュニケーション論は，近代の個体主義を前提にした行為理論を乗り越えるために導入された。しかし，ハバーマスやルーマンの議論もコミュニケーション論として十分な成功をみているとは言い難い。ハバーマス（Habermas 1981＝1985）のコミュニケーション理論は規範論の域を出ていないし，ルーマン（Luhmann 1984＝1993）のコミュニケーション理論も「開放性と閉鎖性」に関してここでの議論と親和性をもつものの，社会システムと心理システムの関係をそれぞれコミュニケーションと思考を構成要素とする二つのオートポイエティック・システムの構造的カップリングとして捉える点で，社会と個人の二項対立を新たなかたちで再生産している。

また近代的な行為理論は、個体主義に立脚していただけでなく、因果論と意味論の対立を前提にしていたが、この対立はコミュニケーション論のなかでも繰り返されている。例えば、コミュニケーションを情報伝達として捉えたシャノン＝ウィーバーのコミュニケーション・モデルは因果的なモデルであり、このモデルに対する批判は意味論的視点からなされていた。そこでは、送り手と受け手における意味理解のズレが問題にされた。機械通信を定式化したシャノン＝ウィーバーのモデルが社会的コミュニケーションのモデルになりえないことはいうまでもないが、送り手と受け手の意味理解のズレを指摘すれば事足りるというわけではない。送り手と受け手の意味理解が一致するのか、それとも相克性を帯びるのかを問わず、社会的コミュニケーションをもっぱら送り手と受け手の意味的了解として把握するコミュニケーション観そのものが改めて検討に付されねばならない。諸々の社会的出来事を時間的・空間的に結節して社会的世界を構成するプロセスを社会的コミュニケーションとして捉えるならば、送り手と受け手の間に成立する意味的了解は、社会的コミュニケーションの中心的プロセスであるとはいえ、その全プロセスを覆うものではない。コミュニケーション論の現代的課題は、個体主義から脱却するとともに、因果論と意味論の対立を乗り越えることにある。

プラトンの「イデア」、アリストテレスの「形相」概念に基礎を置いた形而上学的世界観が近代的世界観に取って代わったとき、世界を説明する論理も大きく転換した。すなわち、形から形への変転を説明する「形の論理」にかわって、原因と結果の客観的プロセスを力学的に説明する「因果の論理」と、人間の主観的作用を解明する「意味の論理」が支配的な論理となった。形而上学的世界観においては、存在の根元に置かれるのは、神という「形なき形（形を超えた形）」であり、「形なき形」としての無限者から、有限な存在者を規定する多様な形が導出される。そうした形の派生的な展開を導いているのが「原像／似像」の論理であるが、「形なき形」から「形」が導出されるためには、原像と似像の関係は、近代の写像説が想定するような平板な同一的・類似的な関係ではなく、同一性と差異性を包含した関係でなければならない。「情報（インフォメーション）」の古語であり、「形を刻印する」という意味の「インフォルマチオ」は、こうした形の自己変容的な展開を定式化した「形の論理」に依拠して世界を説明するための要素的概念であった。

情報的世界観は、形而上学的世界観の現代版ではないが、情報概念を根幹に据えることによって、「形の論理」を再建し、「因果の論理」と「意味の論理」を架橋することを企図している。いかなる情報も物質性を孕んでおり、因果的過程に服しているが、情報の情報たる所以は、それが自らの物質性を利用しながら物質を超える作用を及ぼす点にある。情報が精神と物質、存在者と存在者を媒介しうるのは、情報が二重のパタン間の変換の媒介項として写像作用を果たすからである。このとき、情報の写像作用というのは、二つのパタンの間に、近代の写像説や写像説批判が前提していたような同一的な関係ではなく、同一的かつ差異的な関係を創出する働きを指している。情報に内在する「形の論理」は「因果の論理」と「意味の論理」に通底している以上、情報的世界観は「因果の論理」や「意味の論理」を否定するわけではない。けれども、「形の論理」を「因果の論理」や「意味の論理」に還元することはできない。

情報的世界観に立脚してみると、シャノン＝ウィーバーのコミュニケーション図式の問題点は、情報を扱いながら、情報の本質をなす「形の論理」が欠落している点にある。送り手や受け手の個体的情報空間は、それを部分とする全体としての「世界と社会的情報空間」の双方に対して入れ子の関係にある。入れ子においては、全体がそれを構成する各部分に包含されるので、部分からみれば、外部が内部にも、そして内部が外部にも存在する。全体と部分、外部と内部は、原因と結果の関係で結ばれているのではない。入れ子の構造は「因果の論理」ではなく、「形の論理」に従っている。その一方で、現代社会に見られる入れ子構造を人間の主観的な意味作用によって説明することはできない。これまで述べてきたように、現代社会では、「今‐ここ」で生起している出来事のなかに世界が潜在的かつ断片的な仕方で内包されている(第三章)。このような現象が起こるのは、情報の時空写像によって出来事と出来事がグローバルなレベルで結節しているだけでなく(第一章)、ローカルなレベルからグローバルなレベルに至るまで社会関係が「ネットワークのネットワーク」という入れ子構造を形成しているからである(第四章)。しかも、この入れ子構造の形成に関与する情報的作用は、今や主観の領域を超えている。出来事が世界を潜在的に内包するという、出来事と世界の関係は、「因果の論理」と「意味の論理」に通底する「形の論理」に依拠したときに説明可能になる。

情報的世界観の樹立が要請されるのは、人間や社会のあり方が情報技術という近代テクノロジーの影響を受けるようになったからではなく、「因果の論理」と「意味の論理」のもとで抑圧・隠蔽されてきた「形の論理」が顕在化してきたからである。身体・メディアと並んで情報空間は、コミュニケーションを理解するための根本的な概念であり、新たなコミュニケーション論は、身体論を基礎にしたメディア論と情報空間論の接合の上に築かれねばならない。コミュニケーション論も、情報的世界観という、二つの論理を両立させる新しい世界観のもとに構想されねばならないように思われる。

III

第六章　身体と情報の私的所有

一　情報社会における所有問題

二一世紀の重要なテーマである「生命・環境・情報」は、いずれも所有の問題と関連している。所有は、私的所有を前提にした近代社会が形成される過程でロック、ヘーゲル、マルクス等によって論議され、また二〇世紀に入ってからは「資本主義（私的所有）」対「社会主義（共同所有）」という文脈のなかで論じられたが、その後、社会の中心問題として取り上げられることはなくなってしまった。しかし近年、所有というテーマが生命や環境という新しい分野で脚光を浴びるようになった。

従来であれば、「臓器は誰のものか」「環境は誰のものか」といった問いを検討することは無意味に等しかった。自分の臓器が他人のものにはなりえない以上、自分のものであることは自明であった。しかし、医療技術が発達した今日、臓器移植が実現され、臓器が売買されている。臓器が売買されれば、臓器は、文字通り一個の商品となり、「臓器は誰のものか」という問いが現実味を帯びてくる。

環境もまた、身体とはある意味で正反対の理由から所有をめぐる議論の対象から外されてきた。空気のような環境的資源は、誰もが享受しうる資源であり、経済学でいう「公共財」に相当していた。私的所有物においては「自分のモノであれば、他人のモノではないし、他人のモノであれば、自分のモノではない」という排他性が成り立つが、公共財に関してはそのような排他性が成り立たない。人間の社会的活動が環境に及ぼす影響が僅かであった段階では、環境的資源を公共財として扱うことが可能であった。ところが、産業活動が肥大化した現代社会では、人間の営みが環境的条件に大きな影響を及ぼし、人びとが環境的資源を享受するうえで競合的な関係が発生するようになった。例えば、現在世代の人びとの営みによって未来世代の人びとが環境的資源を自由に利用することができなくなるという状況が生まれつつある。そうなると、環境的資源はもはや誰にでも享受しうる公共財とはいえなくなる。

こうして、身体や環境に対する所有関係が生命倫理学や環境倫理学のなかで問われるようになった。そして、生命や環境とならんで所有関係に変化が起こっている分野がほかならぬ情報である。言語をはじめ、社会的コミュニケーションのなかで流通している情報は公共財的な性格を有している。一般の財は、「ここ」から「あそこ」に移動すれば、「ここ」には存在しない。この性質によって「自分のモノであれば、他人のモノではないし、他人のモノであれば、自分のモノではない」という所有の排他性が保障される。

ところが、情報の場合には、情報を送り手から受け手に伝達したあとも、情報が送り手の手元に残るので、情報の排他性を確立することが難しい。モノであれば、相手に譲ったモノを取り返すことができるが、相手に伝達した情報を取り返すことはできない。情報を独り占めしたければ、最初から情報を秘匿するしかない。さらに、情報においては、複製の容易さという性質がある。情報が複製されると、同一の情報が「ここ」にも「あそこ」にも存在することになるので、伝達の場合と同じ問題が起こる。

それにもかかわらず、現代社会では、情報を私的所有の対象にするための制度が確立されている。そもそも現代社会が「情報社会」と呼ばれるのは、単に情報が社会的に生産されるからではない。情報が社会的に生産されている社会が情報社会であるならば、過去の社会も、社会的コミュニケーションをつうじて情報を生産している。すべての社会が情報社会であるといっても過言ではない。現代社会が「情報社会」とよばれる所以は、産業活動の一環として情報が生産され、情報の生産が社会的再生産の不可欠なモメントをなしている点にある。資本主義社会は商品経済の原理に依拠しているので、情報生産を産業活動に組み込むためには、情報の私的所有が保障されなければならない。そのための制度が、著作権や特許権といった知的財産権である。近代において知的財産権が確立されて以来、さまざまな情報が知的財産権の対象に加えられるようになった。

情報を私的所有の対象にする動きは、正確にいえば、現代社会のなかで進行しているプロセスの一局面をなしており、情報の私的所有とは対照的に、情報の社会的共有を目指す動きもある。例えば、ヘルシンキ大学の学生であったリーヌス・トーヴァルズが開発し、フリーソフトとしてインターネット上で公開された基本ソフト「リナックス（LINUX）」は、今では一〇〇〇万人以上ものユーザーの共有財産となっており、ソフトウェア市場で圧倒的な優位を誇ってきたマイクロソフト社の商品に対抗しうるほどの存在になっている。リナックスの普及は、共同所有に基づく情報の社会的生産が私企業による情報の社会的生産に匹敵する原理になりうることを示唆している。情報生産をめぐっては、私的所有を目指す運動と共同所有を目指す運動が目下せめぎ合っている状態にある。(1) 後者については次章で述べるとして、ここでは情報の私的所有に焦点をあてよう。

二　所有・情報・身体

1　所有の三次元構造

私的所有論の基礎を築いたのはJ・ロックであり、今でも私的所有について論ずる場合には、ロックに言及することが多い。

ロックによれば、大地とそこにあるものはすべて、人びとの共有物である。果実や動物をはじめ、自然の営みが作り出したものは、共有物として人間に属している。しかし、本質的に個人の所有物であるものがある。それが身体にほかならない。「すべての人間は、自分自身の身体に対する所有権をもっている。これ〔身体〕に対しては、本人以外のだれもどんな権利をもっていない」(Locke 1963＝1980, p. 208.〔　〕内は引用者)。そして、万物の共通の母である自然に対して、労働という身体的活動を加えることによって産出したものも本人の所有物になる。

要するに、身体が自分の所有物であるゆえに、身体を使って獲得されたものも自分の所有物になるというわけである。身体を肉体に還元することはできないが、身体は、物と同様に、(自分からみて)「今－ここ」という時間的・空間的な位置を占めている。「今－ここ」に位置する身体を介することによって、「今－そこ」に位置する現前の対象に働きかけることができる。身体は、各人の身体が異なるという意味では「個別的」であるが、自己と対象の接点に位置するという意味では「媒介的」である。ロックの私的所有論は、このような身体の媒介的性格に着目することによって「何が私的所有の対象になるのか」を明らかにしたのであった。

とはいえ、このことは、私的所有に関するロックの説明が十全であることを意味しない。そもそも所有というのは、保有や占有と同じではない。たとえ、事物を占有できても、自分の所有物になるとはかぎらないし、逆に、自分の所有物が自分の手元から離れても、他人の所有物になるとはかぎらない。私的所有が成り立つためには、身体的な保有・占有を超える何かが付与されねばならない。私的所有・共同所有を問わず、所有には三つの次元があり、私的所有は三つの次元にまたがる帰属関係として確立される。

まず第一に、所有の「事物的次元」として、いかなる対象がいかなる個人（集団）に帰属するのかが確定されねばならない。その際、対象の帰属関係は、単なる事実的な関係を表しているのではなく、権利上の関係を表している。例えば、部屋を借家人に貸している大家は、部屋を使用していないにもかかわらず、部屋の所有者になっている。

所有に関する事実的な関係と権利上の関係の違いは、「存在（Sein）／当為（Sollen）」の違いに対応している。「存在（あること）」は事実的に成立している事柄を指しており、「当為（あるべきこと）」は規範的に「成立すべき」事柄を指している。今では自明になっているこの区別は、社会の歴史的発展をつうじて確立されたものである[2]。例えば、日本人の伝統的観念のなかでは占有が所有に転化していく傾向があり、対象を長いあいだ占有すると、対象に対する所有権が発生するという現象がみられた（川島 1967）。しかしそのような場合でも、所有を単なる事実的な帰属関係に還元することはできない。ロックは、ある対象の獲得が身体的活動の所産であるという事実から私的所有を導き出したが、所有は、事実的な帰属関係を基礎にしつつも、規範的な帰属関係として確立される。そのとき、たとえ対象を占有していなくとも、対象の所有が保障されるのである。

第二に、所有の「社会的次元」として、人間に対する対象の帰属関係をとおして自己（自集団）と他者（他集団）の社会的関係が確定されねばならない。対象Xが主体Aに帰属することを確定するためには、対象Xが他の対象Yから区別されるだけでなく、主体Aが他の主体Bから区別されなければならない。「主体Aが所有しているのは対象X

である」ということは、「主体Aは対象Yを所有しているのではない」、「対象Xは主体Bの所有物ではない」ということを含意している。

したがって、特定の対象を特定の人間に帰属させることは、対象的世界と人間的世界のなかにそれぞれ境界を設けることを意味している。それによって、一方では、人間に帰属する対象間の関係が確定されるとともに、その反照規定として、対象の帰属先となる人間間の関係も確定される。私的所有であれ、共同所有であれ、所有は、個人的な現象ではなく、他者との関係のなかで成立する社会現象なのである。

しかも、所有の社会的性格は、所有が主体間の差異のなかで確立されるという点にあるだけではない。その差異に関する了解が主体間において共有されねばならない。私的所有を実現するためには、自己と対象の所有関係を自分だけが了解しているのではなく、他者も了解していなければならない。「自己のモノは他者のモノではないし、他者のモノは自己のモノではない」という所有の排他性は、自己と他者が互いにそれぞれの帰属関係を共通に了解しあうなかで確立される。私的所有も社会的了解に基づいているのである。

第三に、所有の「時間的次元」として、規範的に確定された帰属関係は未来にまで及ぶ。先に述べたように、事実的な帰属関係と規範的な帰属関係は、それぞれ「存在」と「当為」のレベルで確立されるが、「存在」と「当為」の違いは、出来事を現実的レベルで選択するのか、可能的レベルで選択するのかという違いでもある。存在は、すでに「あるもの」として選択されているのに対して、当為は、可能性のレベルで「あるべき」ものを選択している。

そして、現実的なものと可能的なものは、時間構造のなかで捉えるならば、現在と未来にそれぞれ対応している。現実的なものは現在において存在し、可能的なものは未来のなかに存在している。存在と当為は、それぞれ現実的なものと可能的なものに対応しているので、当為は、現在の状態を示している存在と違って未来のあり方を規定している。

もし、所有が事実的な帰属関係にすぎないならば、所有関係はその都度の現在の状態に左右される不安定なものにならざるをえない。自分の所有物を常に使用・占有しておくことはできないので、その所有物から得られる将来の成果を他人に横取りされるかもしれない。多大なコストをかけて生産活動を行っても、その成果を他人に横取りされるならば、生産活動に積極的に取り組んだ人間が損をする。そうなると、誰もが「ただ乗り（フリーライド）」を望むようになる。ところが、人と物の帰属関係が当為性（規範性）を帯びると、人と物の帰属関係の妥当性が未来にわたって保証される。それによって、「フリーライド」の可能性が抑えられ、生産活動に対するインセンティブが与えられる。つまり、私的所有は、当為性を孕むことによって「フリーライド」を防止することができるのである。

もちろん、所有物のなかには、身体のように当為性を帯びることなく事実的に帰属しているものもあるが、身体の所有は、身体を他人に譲渡することができないことによって保障されている。本来、所有権には使用権・収益権・処分（譲渡）権が含まれており、処分権のない身体の所有は、十全な意味での所有とはいえないが、この所有の「不完全さ」が、逆説的にも身体の所有を保障している。身体を処分（譲渡）しえないからこそ、身体はつねに自分に帰属しているわけである。別の言い方をするならば、所有が事実上の帰属関係にすぎず、しかも対象を譲渡する可能性がある場合には、事実的な所有関係は不安定にならざるをえないが、権利上の帰属関係が確立されることによって、未来にまで及ぶ時間構造のなかで複雑かつ安定的な帰属関係が創り出されることになる。

私的所有は、このように「事物的次元」「社会的次元」「時間的次元」から成り立っている。私的所有は、自己と対象の事実的な帰属関係を超えた、①規範的な帰属関係として確立され、しかも②社会的了解のなかで、③未来をも射程に入れた時間構造のなかで確立されるのである。

このことは、若干の修正を加えれば、共同所有にもあてはまる。(3) 私的所有であれ、共同所有であれ、所有というのは、時間的広がりのなかで、対象と対象、人間と人間の関係を規定しながら、人間に対する対象の帰属関係を定めている。人間の社会は、絶え間なく流れていく時間のなかで（時間的次元）、人間と人間の関係を規定しながら（社会的次元）、自然的対象に働きかけているので（事物的次元）、所有を構成する三つの次元は、まさに社会を構成する基底的な関係様式といえる。そして、このような所有の三次元的構成を可能にしているのが情報にほかならない。

2　身体を構成する情報／身体によって構成される情報

情報を広義に解釈するならば、情報は生命の誕生とともに出現した。生命の歴史は情報の歴史であるといっても過言ではない（正村 2000）。生命の再生産は、環境との相互作用のなかで行われるとともに（空間的次元）、遺伝というかたちで世代的継承がなされてきた（時間的次元）。人間社会もまた、環境との相互作用を営みながら（空間的次元）、文化的継承をつうじて自己の再生産をはかってきた（時間的次元）。こうした時空的な広がりのなかで行われる生命的活動や社会的活動を支えてきたのが情報である。

情報には多種多様な形態が存在するが、情報は、大別すると、意味を内包する「意味的情報」と、意味を内包しない「非意味的情報」に分けられる。ＤＮＡやＲＮＡとしての遺伝情報や、運動過程で脳からの指令を身体器官に伝える神経インパルスとしての運動情報や、コンピュータが処理しているデジタル信号としてのデジタル情報は「非意味的情報」であるが、感覚器官をとおして認知された知覚情報、シンボルとしての言語情報は「意味的情報」である。デジタル情報は「非意味的情報」であるとはいえ、意味的情報と変換可能性をもっている点で遺伝情報や運動情報から区別される。そこで、遺伝情報や運動情報を「非意味的情報Ｉ」、デジタル情報を「非意味的情報II」と呼ぼう。

情報は、歴史的にみれば、①非意味的情報I、②意味的情報、③非意味的情報IIの順に登場したことになる。

情報をこのように広義に解釈すると、(4) 身体と情報が密接な関係をもっていることがわかる。身体は遺伝情報の発現をとおして形成されたものであり、また環境に働きかける身体的活動も知覚情報や運動情報に基づいている。一方、言語情報の表現・伝達・理解は、送り手や受け手の身体的活動のもとで行われる。思考をめぐらすことも、言葉を発したり聞いたりすることも身体的活動に担われている。それゆえ、身体は、情報によって構成されているとともに、情報を構成してもいるのである。

こうした身体と情報の関係は、身体が物質的存在でありながら物質的存在を超えているという身体の二重性と関連している。身体は、遺伝情報を基にして作られた生態的組織であるだけでなく人間が世界を認識し、世界に参与していくための主観＝主体的基体でもある。世界を認識し、世界に働きかけるための精神的活動は情報処理の過程をなしており、その情報処理は、脳の活動を含む身体的活動として営まれる。身体が情報を処理する基体であるからこそ、身体を使って他の物質的存在を自らの所有物にすることが可能になる。

これまで情報は、ときに非物質的存在であるかのように語られてきたが、そうではない。非意味的情報、意味的情報を含め、いかなる情報も、特定の物質的存在を「乗り物」としている。例えば、言語は、話し言葉や書き言葉のように、社会的コミュニケーションに使われる「外言」と、思考に使われる「内言」に分けられるが（吉田 1990）、外言としての言語は音声（話し言葉）や「インクのしみ」（書き言葉）を、また内言としての言語は、神経回路を流れる微粒の電流を「乗り物」としている。そして、光ファイバーのなかを走るデジタル情報は、光という最速の物質を「乗り物」としている。情報がどれほどの時間的・空間的な隔たりを埋められるかは、その「乗り物」の時間的・空間的な移動能力に依存している。

とはいえ、これらの物質的存在は、あくまでも情報の「乗り物」であって、情報そのものではない。いかなる種類の情報であれ、情報は、特定の物質的定在をもったパタン（間の差異）であり、しかもこのパタンは、あるパタンをもう一つのパタンへ写像する媒介的機能を担っている。ここで写像というのは、前章で説明したように、二つのパタン間に同一的かつ差異的な関係を確立する働きを指している。情報は、一定の物質に担われつつ、写像というパタンの選択的変換をつうじて物質を超える働きをするのである。

写像には、時間写像・空間写像・内容写像という三つの次元がある。同一的かつ差異的な関係が二つのパタンの占める時間的位置・空間的位置において現れるのが時間写像・空間写像である。同一のパタンが二つの時間的位置・二つの空間的な位置を占めることによって、時間的距離・空間的距離が克服される。これに対して、内容写像は、二つのパタン内容において同一的かつ差異的な関係を確立する写像であり、内容的な変換を伴っている。意味的情報と非意味的情報の違いは、三つの写像を遂行する様式の違いにある。すなわち、非意味的情報が三つの写像を一体化させたかたちで遂行するのに対して、意味的情報は、時空写像と内容写像を分離したうえで三つの写像を遂行する。こうした時空写像と内容写像の分離によって、特定の時空的位置に還元できない意味を内包した情報、すなわち意味的情報が発生する。物質に内在する時空的制約を乗り越える働きは、時空写像を遂行する非意味的情報に胚胎しているが、そのことは、さらに時空写像から分離された内容写像を遂行する意味的情報において一層顕著に見られる。

このように身体が肉体を基盤にして精神的活動を営むように、情報も、物質的世界に属しながら物質的世界を超える作用を果たす。身体と情報は、物質的でありつつ非物質的であるという共通の二重性を孕むことによって、「身体が情報によって構成されつつ、情報を構成する」という相互構成的な関係が成立するのである。

三　私的所有の情報的構造

私的所有は、先に述べたように、自己の身体に対する物の現実的な帰属を超えた働きが三つの次元で加わることによって確立されるが、そうした働きは、言語情報をはじめとする意味的情報に担われている。意味的情報は、意味を表示しつつ、社会的に伝達・保存される。この三つの役割は、意味的情報が内容写像・空間写像・時間写像を遂行することに対応している。

言語のような意味的情報は、まず内容写像をつうじて脱時空的な意味を表現し、それによって現実的帰属を超えた関係を樹立する。自己に対する物の現実的な帰属的関係は、時間性と空間性を孕んだ現実的世界のなかで築かれるが、意味情報が所有関係に介入すると、自己に対する物の帰属関係は、意味情報の内容写像をつうじて脱時空的なレベルで表現される。所有の「事象的次元」と「時間的次元」で要請された当為性や未来性は、いずれも可能的なものである。「可能的なもの」は、「今－ここ」には存在していない点で時空性を超越している。言葉の意味は脱時空的であるゆえに、「現実的なもの」を越えた「可能的なもの」を表現する。それによって、私的所有は、未来にまで効力を及ぼす当為性を帯びた帰属関係として確立される。

一方、所有の「社会的次元」では、自己と物の帰属関係は自己に了解されているだけでなく、他者にも了解されなければならない。「今－ここ」において成り立っている自己と物の現実的な帰属関係が別の「今－ここ」に位置する他者に対しても妥当するためには、自己と物の帰属関係を表現する情報が社会的コミュニケーションをつうじて伝達・保存されなければならない。私的所有は、自己と物の帰属関係を理念的に表現する情報の時空写像をつうじて、である。

「今－ここ」に存在する自己と、別の「今－ここ」に存在する他者の間で共有されたときに社会的性格を獲得するのである。

冒頭で触れたように、情報は、同一のパタンを複数の「今－ここ」に存在させる働きを有している。ベンヤミンが指摘したように、どのようなオリジナルも特定の「今－ここ」に存在し、「今－ここ」の唯一性がオリジナルの唯一性を保証している。「どんなに完璧な複製においても、欠けているものがひとつある。芸術作品のもつ〈今－ここ〉的性質──それが存在する場所に、一回的に在るという性質である」(Benjamin 1936＝1995, p. 588)。そして、情報が伝達・保存される過程でも、複製に類することが起こっている。伝達・保存としての情報の空間写像・時間写像をつうじて、複数の「今－ここ」に存在する送り手と受け手の間で情報が分有されるからである。

時空写像は、脱時空的な意味を表現する内容写像から区別されねばならないとはいえ、言語情報の時空写像と内容写像は、物質的存在の個体性を保証していた「今－ここ」を乗り越えているという点では共通している。言語のように社会的に流通する意味的情報は、その公共的性格ゆえに私的所有の対象になりにくかったが、私的所有を社会的次元で支えていたのは、私的所有の対象にはなりにくい意味的情報の公共的性格であったのである。

こうして、言語のような意味的情報は、自己と物の帰属関係を可能的・理念的な次元で表現することによって(内容写像)、当為性を確保するとともに(事象次元)、自己と他者の間で情報が共有される(時空写像)。それによって自己と物の帰属関係に対する社会的了解が生まれ(社会的次元)、その効力は未来にまで及ぶことになる(時間的次元)(5)。情報が開示する世界を「情報空間」と呼ぶならば、社会的情報空間は、社会的世界を構成している諸要素──自己・他者・対象等々──の現実的かつ可能的な関係を表現している。

社会的世界のなかで、現実的なものは可能的なもののなかから選択されるが、このような選択は、脱時空的な意味を表示する意味情報の内容写像のもとで可能になる。そして、社会的情報空間を構成する意味は、情報の時空写像をつうじて社会的に共有される。つまり、「事象的次元」「社会的次元」「時間的次元」という三つの次元からなる私的所有も、情報の三つの写像を基にして構成された社会的情報空間のなかで制度化されるのである。(6)

四　情報的身体

1　著作権制度への反作用

ところで、私的所有を前提にした現代社会では、情報に依拠して私的所有が成り立っているだけでなく、情報そのものが私的所有の対象になっている。情報の私的所有を法的に保証しているのは、特許法・著作権法・不正競争防止法等々からなる「知的財産法」である。情報保護法としての性格をもつこの法は、情報に関するフリーライドを禁止することをとおして、情報生産に対してインセンティブを提供している（中山 1997）。

情報の私的所有を制度化することは、情報化を加速させる役目を果たしているが、情報化が加速されると、情報化は、情報の私的所有や私的所有一般に対していかなる帰結をもたらすのであろうか。まずは、情報の私的所有を保証している知的財産権、とくに著作権に及ぼす影響からみていこう。

著作権は、「著作者人格権」と「財産権」からなり、どちらも複数の権利の束としてある。著作者人格権のなかで重要なのは「同一性保持権」であり、これは、著作物の改変によって著作者の名誉や声望を貶める行為に対して異議を申し立てる権利である。一方、財産権は、著作者が自分の著作物に対して排他的に所有しうることを定めた権利である。

歴史的にみると、著作権は近代に誕生した。写本が行われていた中世の時代には、写本の過程で文章が改竄されたり、新たな文章が挿入されたりすることが珍しくなかった。「著者」という観念は、まだ成立していなかったのである。このような状況に大きな変化をもたらしたのは、グーテンベルクによる印刷術の発明であった。機械的複製による同一文書の大量複製が行われるようになったことが「著者」の観念を生み出す契機となった。もっとも、一七世紀までは不法な海賊版を取り締まるための出版特許が認められたにすぎなかった（名和 1996）。最初の近代的な著作権法となったイギリスのアン法が制定されたのは一八世紀初頭である。この法の正式名称は、「印刷書籍の著作者またはその取得者に、法定期間、その書籍の稿本上の権利を与えて、文学学術を奨励する法律」であった。そこでは、著作権を与えることによって「文学学術を奨励する」ことが謳われており、文学学術面における情報生産を促進する意図が込められていた。

アン法においては、著作者の経済的制益を守ることが著作権の根拠に置かれていたが、その後、この考え方の不備を補うために、ロックの所有論を踏まえて著作権を自然権とする考え方が登場した。著作権は自然権であるゆえに、精神的労働をつうじて生産された著作物は著作者に属するとされたのである。著作者に創作のインセンティブを与えることを著作権の根拠に置く考え方は「インセンティブ理論」、それに対して著作権の根拠を自然権に求める考え方は「パーソナリティ理論」とよばれている。この二つの考え方は、著作権全体にかかわっているとはいえ、同一性保持権はパーソナリティ理論によって、財産権はインセンティブ理論によってそれぞれ根拠づけられている。

同一性保持権は、著作者の人格的同一性（パーソナリティ）が損なわれないように著作物の不当な改変を規制している。これに対して、財産権は、情報生産に対するインセンティブを与えることで著作者の経済的利益を保証している。著作者の経済的利益を守るには、他人が情報を利用する段階で一定額の使用料を払う方法が理想的であるが、誰がいついかなる情報を利用しているのかを把捉することは事実上不可能である。そこで、複製権が設定され、情報の複製が行われる段階で一定額が徴収されるとともに、私的目的以外の複製が禁じられた。このような方法は、出版社や放送局のように特定の組織のみが情報の複製を行える状況のもとで可能であった。

ところが、二〇世紀後半に電子メディアが登場すると、文字、数字、音声、映像などの情報がデジタル情報に変換されることによって、あらゆる情報の複製が可能になったばかりか、情報の自由自在な編集・加工も可能になった。しかも、今日では情報を複製・編集するチャンスが一般の人びとにも与えられている。中世の段階では、写本の過程で読み手が書き手に転ずるという事態が生じたが、テクストの自由自在な編集が可能な電子的情報空間内では書き手と読み手の区別が再び曖昧になっている。電子テクストの読み手は、テクストを画面上で編集・加工することによって新たなテクストの送り手となりうる。

その結果、現代における複製技術の発展は、著作権の成立を促した状況とは異なる状況を生み出した。複製技術としてのデジタル技術は、オリジナルに対して高度な再現性を有し、編集技術としてのデジタル技術は、オリジナルを改変する操作性を発揮するが、この二つの技術が組み合わさると、例えばパロディーを自由に作り出すことができる。パロディーは、オリジナルを模倣しつつ、それに変形を加えたものであり、オリジナルに対して同一的かつ差異的な関係にある。また、あらゆるコミュニケーションの場が同列に置かれているために、私的目的の複製と公的目的の複製を区別することが難しくなる。こうして同一性保持権や財産権は、情報の私的所有を保証する法的制度であるにもかかわらず、情報テクノロジーの発展は、これらの制度の存立を脅かす可能性を秘めている。ここから、技術的に複製を禁ずる手だてが講じられる反面、それに対する抵抗も起こってくる。

2 身体の変容

情報化の影響は、さらに情報の私的所有を超えて、自己と身体の関係という、私的所有の根幹にまで及びつつある。ロックの私的所有論は、「今－ここ」に存在する身体の個別性を基礎にしていたが、情報化のなかで身体のあり様が変容しつつある。今日、いくつかのレベルで物質的なものと非物質的なものの関係が変容しつつあるが、その一つが身体と自己の関係の変容である。自己と身体は相互に重なり合っているが、両者をあえて区別するならば、身体が物質性を帯びているのに対して、自己というのは意味的な構成物である。

情報化が進展するなかで身体と自己の関係が変容しつつあるのは、現代の情報テクノロジーが生み出したデジタル情報と、身体に関連した情報の間に変換可能性が生まれてきたからである。情報間に変換可能性が与えられると、情報の「乗り物」が変化しうる。例えば、情報Xの「乗り物」は物質A、情報Yの「乗り物」は物質Bであるとき、情報Xと情報Yの間に変換可能性が設定されると、情報Yは、情報Xとの変換をつうじて物質Aを「乗り物」にすることが可能になる。このことが、これまで物質Bを唯一の「乗り物」としてきた情報Yと物質Bの関係を変化させることになる。

現代の情報テクノロジーが生みだしたデジタル情報は、単に情報ネットワークのなかを高速度で流通し（空間写像）、データベースのなかで長期にわたって保存されるだけではない（時間写像）。デジタル情報は、「0／1」という二進法によって表現されたパタンとして存在するが、このパタンは他のパタンと変換可能である。デジタル情報以外の情報をいったんデジタル情報に変換し、加工・編集した上で、再び元の形態に戻すことができる。このような情報変換としてのパタン変換がデジタル情報の内容写像に相当する。

デジタル情報と変換可能な情報は、情報化が進んだ現在、数値情報だけでなく、文字情報や知覚情報という意味的情報、さらには身体的動作のパタンとしての非意味的情報にまで拡大しつつある。(7) これらの情報との間に変換可能性が設けられると、デジタル情報の情報処理は、知覚情報や動作情報の処理を媒介するようになる。コンピュータを中核としたデジタル技術によって、現実の身体とは異なる身体が構成されるが、この身体が「バーチャル身体」にほかならない。

「バーチャル身体」は、技術のあり様に応じて二つのタイプに分けられる。一つは、知覚機能や運動機能という人間の身体機能を拡充することによって構成されたバーチャル身体Ⅰであり、もう一つは、インターネット上の情報空間において人為的に構成されたバーチャル身体Ⅱである。

バーチャル身体Ⅰ

バーチャル身体Ⅰは、さらに工学者が「サイバースペース（架空世界）」と「テレイグジステンス（遠隔世界）」と呼ぶ二つのバーチャル・リアリティに対応して二つのタイプに分けられる。リアリティをもった世界は身体をとおして開示される以上、「バーチャル・リアリティ」を有する二つの世界は、二つのバーチャル身体に対応している。

テレイグジステンス（遠隔世界）を例にとると、ロボットはコンピュータによって制御されているだけでなく、ロボットには、人間の感覚器官にあたる「視覚的・聴覚的・触圧覚的なセンサ」と、人間の手足に相当する「アクチュエータ」が取り付けられている。体験者のほうも、世界を三次元的に提示する「ヘッドマウンティング・ディスプレイ」や、手足の動きを読みとる「データグローブ」を装着する。人間とロボットがこれらの装置と通信回線を使って結びつけられると、ロボットが見た三次元的な世界がそのまま体験者に認識されるとともに、体験者の身体的運動がそのままロボットの運動へと移し替えられる。こうして、人間は「ここ」にいながら、ロボットが位置する別の「ここ」にいるかのように世界を体験することができる。

テレイグジステンスを構成するうえで重要な役割を果たしているのが複製技術と通信技術である。これらの技術によって、ロボットが知覚した内容が人間に伝わり、人間の手足の動きがロボットに伝わる。文字情報・数値情報・映像情報・動作情報の一元的処理を可能にしているデジタル情報が通信回線を使って伝達されることによって、知覚・運動という身体機能が複製されるのである。

人間は、身体をつうじて世界を認識し、世界に実践的に働きかける以上、身体は、人間が世界のなかで生きていくための土台をなしている。自分の個体性は、常に「今-ここ」にあり、別の「今-ここ」にはない身体の個別性を基礎にしている。ところが、世界を構成する身体機能が複製されると、自分の身体は、あたかも別の場所にも存在するようになる。ベンヤミンが指摘したように、複製が行われると「今-ここ」の唯一性が破壊されるが、このことは身体機能の複製に関してもあてはまる。肉体としての身体は、依然として「今-ここ」にあるが、世界を構成する身体機能が複製されると、自分はこの場所にいると同時に、別の場所にいることにもなる。このように別の場所において世界を開示している身体がバーチャル身体Ⅰにほかならない。

バーチャル身体Ⅱ

もう一つのバーチャル身体は電子メディアの特性と関連している。いかなるコミュニケーションを行うにも身体は不可欠であるが、通常のパーソナル・メディアと電子メディアでは、それぞれのコミュニケーション過程で成立する身体の有り様が異なっている。

電子メディアは、話し言葉にかかわる新しい情報の「乗り物」を利用して情報の到達範囲を飛躍的に拡大させたとはいえ、単に対面的な関係のなかで営まれるパーソナル・コミュニケーションを非対面的な関係にまで拡張したものではない（正村 2001）。送り手と受け手が対面的な関係にあるパーソナル・コミュニケーションにおいては、相手の身体が相互に観察可能であることから、相手と出会った瞬間に相手の性別・年齢・性格等々を知ることができる。送り手のさまざまな身体的動作（声の大きさ・抑揚・表情・身振り等々）が受け手にとっては情報として読みとられる。ところが、電子的コミュニケーションにおいては、相手の身体が相互に観察不能であり、このことがバーチャル身体の構成を可能にしている。

もちろん、電子的コミュニケーションを行う際にも、キーボードに文字を入力したり、画面上の文字を読んだりするといった現実的動作は必要である。しかし、そのような動作を行う身体は相互に不可視化されている。送り手と受け手のいずれにとっても、相手の性別・年齢・人柄を示す身体的情報が欠落している。しかも、現実の身体が不可視化されているだけに、身体を構成する自由度が高まっている。送り手は、自分の現実的な属性を表現することもできるが、架空の属性を表現することもできる。

このようなインターネット上の匿名的な関係を利用して、身体がコミュニケーションをつうじて人為的に定立される。そのようにして生み出された身体がバーチャル身体IIである。バーチャル身体IIはバーチャル身体Iと同じではない。前者は、知覚機能や運動機能の複製をつうじて定立された身体である。それに対して、後者は、他者とのコミュニケーションをつうじて伝達された情報によって構成された身体である。

二つのバーチャル身体は、二つのバーチャル・リアリティと相関しているが、バーチャル身体やバーチャル世界は、どちらも単なる虚構ではない。そもそも現実の身体も情報的に構成されている。現実的な属性から乖離するかたちで身体的アイデンティティが形成されることもあり、親から女性（男性）であることを期待して育てられた男性（女性）は、自分を女性（男性）と見なす場合もある。バーチャル・リアリティだけでなく、現実のリアリティも情報的に構成されている。テレイグジステンスにおいてロボットが提示した世界は、体験者にとって直接体験しえないが、実在的な世界である。また、インターネット上の情報空間は、他者との現実的なコミュニケーションが行われる場でもある。バーチャル身体Ⅰとちがって、バーチャル身体Ⅱは、身体の現実的な属性からの乖離の度合いを高めているとはいえ、一定のリアリティを孕んでいる。

クローン身体

情報テクノロジーが生み出した二つのバーチャル身体は、いずれも決して肉体と等価な意味での身体ではないが、現代の情報テクノロジーがもたらしつつある変化は、情報機能の面での自己と身体の関係の変化にとどまらない。というのも、身体の生体的組織も遺伝情報を基にして形成されているからである。

「情報テクノロジー」というと、一般にコンピュータ関連の技術が想起されるが、「情報に関する技術一般」という広い意味に解するならば、遺伝子操作を伴う生殖技術も情報テクノロジーの一翼を担っている。しかも、コンピュータと生命に関連する二つの情報テクノロジーは密接な関係をもっている。例えば、人の全ての遺伝子（ヒトゲノム）を解読する作業は、スーパー・コンピュータを使って進められた。ヒトゲノムの解読による医薬品の開発や治療方法の変革において期待されているのが「バイオインフォマティックス（生物情報科学）」である。中村祐輔が指摘するように、「バイオインフォマティックスはＩＴのひとつでもある」（中村・中村 2001, pp. 85–6）。

身体との関連で注目されるのはクローン技術である。一九九七年、クローン羊ドリーが誕生したことによって、クローン人間の誕生も技術的には可能であることが明らかになった。クローンとは無性生殖の子孫のことであり、クローン技術を使えば、同じ遺伝子をもった個体を誕生させることができる。人間のように有性生殖が行われる動物の場合には、いくら親に似た子供が生まれても、両親の遺伝子を受け継いでいる以上、子供は親のクローンではない。

これまでは個体を作るうえで受精卵が不可欠であり、クローン人間を作ることは不可能であると考えられてきた。

受精卵は一個の個体を作り上げる「万能性」を備えているが、細胞分裂が進んだ段階の細胞は「体細胞」として各器官を形作るだけである。それぞれの体細胞には、個体を生成するのに必要な全ての遺伝情報が含まれているが、各器官に応じて特定の遺伝情報のみが読み込まれるために、通常では体細胞から個体を生成することは不可能であると考えられていた。ところが、一九九七年に、遺伝情報を読み込むメカニズムを解除する方法が発見され、それによって哺乳類のクローンを作り出す道が開かれたのである。

クローン技術は個体の複製技術であり、一種の情報テクノロジーである。現在、多くの国がクローン人間の生成を禁じているが、クローン人間のもつ意味を検討しておくことは一考に値する。クローン人間の誕生が人間の有り様に及ぼす影響に関しては、さまざまな意見があり、人格の尊厳が損なわれることを主張する立場がある一方で、遺伝的な同一性と人格的な同一の違いを強調する立場もある。たしかに、遺伝的に同一の人間が誕生したからといって、二人の人間が同一の人格をもつわけではないが、かといって人格的な同一性に何の影響ももたらさないわけではない。例えば、血縁関係は、他者との関係をとおして自己を確定する基本的な要素であるが、クローン技術は、血縁関係のなかで自己確認を行うことを困難にする。

この点について、L・E・シルヴァーは、次のような架空の事例を挙げながら説明している。今、未婚の女性ジェニファーがシングルマザーになることを決意し、クローン技術を使ってレイチェルという子供を作ったとする。レイチェルはジェニファーの体内から生まれたので、ジェニファーがレイチェルの産みの親であることは間違いない。しかし、二人は同一の遺伝子をもっているので、「ジェニファーはレイチェルの遺伝学上の親ではない。遺伝学上、ジェニファーとレイチェルは双子の姉妹である」(Silver 1997＝1998, p. 144)。レイチェルにとっては、ジェニファーの母すなわち祖母が遺伝学上の母である。

親子の二人が遺伝学的には双子の姉妹であるとすれば、「家系のなかで一つの世代が二回繰り返されることになる」(同訳 p. 206)。姉妹という一つの世代が親子として二回繰り返されるわけである。そして、レイチェルが成人して子供を産んだ時には、その子供は、遺伝学的にはジェニファーの子供でもあることになる。また、自然妊娠ですでに子供を産んでいる女性が自分のクローンを作ると、クローンとして生まれた子供は、すでに生まれている子供の弟(妹)になるだけでなく、遺伝的な母親になる(同訳 p. 207)。したがって、一人のクローン人間が誕生すると、それによってもたらされる遺伝的混乱は、親子関係のなかで再生産されるだけでなく、兄弟姉妹関係にも波及する。

これまで自己の血縁的アイデンティティは、自分がその両親となる一組の男女の子供として生まれ、自己の身体は一つしかないという自然的事実のうえに成り立っていた。身体は一つしかない以上、血縁関係のなかで自分の身体的位置を確認することは、自己の血縁的アイデンティティを確立することでもあった。ところが、クローン人間が誕生すると、親や兄弟の概念を一義的に確定することができなくなり、ひいては自分を一義的に確定することもできなくなる。自己は、他者との関係のなかで規定される以上、血縁関係を構成する「親・兄弟(姉妹)・子」といった他者概念の多重化は、そのまま自己概念の多重化へと繋がるのである。

このような混乱は、同一の遺伝子をもった個性を生成するクローン技術が、「今－ここ」にしか存在しない身体を別の「今－ここ」においても存在させる複製技術であることに由来している。自己の同一性を脅かすものは、自己に対して差異的なものではなく、逆に同一的なものである。「今－ここ」にいる自己の同一性は、別の「今－ここ」にいる自己ならざるものとの差異のもとで成り立っている。自己は、自己ならざるものに対する否定(差異化)をとおして同一性を獲得するが、別の「今－ここ」に自己と同一的なものが存在すると、この自己同一的なものに対する否定(差異化)は、自己自身の否定に繋がってしまうのである。

五　情報化の逆説的帰結

以上のことから、現代の情報テクノロジーは、自己と身体の関係に対して別々の面からではあるが、共通の効果を及ぼしていることがわかる。私的所有の基礎をなしていたのは、自分の身体は、常に「今－ここ」に存在し、唯一つしかないということであった。このことが、自分の身体は永続的に自分の所有物であり、身体を介してさまざまな対象が自分の所有物になるというロックの考え方を保証していた。

ところが、デジタル技術は、情報機能の面でバーチャル身体という新しい身体を生み出し、また生殖技術は、生体組織の面でクローン身体という新しい身体を生み出す可能性を秘めている。現実の身体は、二つの面を総合したものであるが、情報化の進展は、身体機能や生体組織の面での複製化をつうじて、「今－ここ」にある身体の唯一性を脅かすことになる。

もちろん、それによって私的所有が直ちに崩れるわけではない。これまでの私的所有論は、自己と身体を一対一に対応づけている自然的事実を私的所有の根拠に据えてきたが、その自然的事実が与件ではなくなるということである。知覚機能や運動機能を有する生体組織としての身体は自然の営みのなかで形成されてきたが、身体に対する複製機能が発達すると、身体の人為的構成が可能になる。自己のみならず、身体も社会的情報空間のなかで構成されるという、その社会的性格が際立ってくる。共同所有と対立する私的所有も社会的所有の一形態をなしているが、情報テクノロジーの発達によって、身体の所有も自然的なものから社会的なものに変化しつつある。情報の私的所有は、そうした意味で逆説的な帰結をもたらすのである。

第七章　所有・主体・ネットワーク

一　社会知としての情報

かつてT・パーソンズ（Parsons 1937＝1976–89）は、「社会秩序はいかにして可能か」という社会の根本問題を「ホッブズ的秩序問題」として定式化したが、この問いは、社会秩序の成立が当然の事実としてではなく、「ありそうもない（unwahrscheinlich）」事実として了解されたときに主題化されうる。[(1)] 実際、ホッブズがリバイアサンとしての絶対主権を主張したのはイギリスの市民革命を誘発した宗教的・政治的な動乱期であったし、またパーソンズが規範の共有という別の解を提示したのもアメリカに端を発した世界恐慌後の混乱期であった。

ホッブズとパーソンズは、「ホッブズ的秩序問題」に対してそれぞれ「権力」と「規範」という異なる解を提示したが、現代社会の秩序は、権力の支配や規範の共有のみによって説明できるほど単純ではない。絶大な権力が不在な領域においても、また規範が共有されていない場面においても一定の秩序が見出される。この秩序は、権力や規範によって創出される秩序と比較すれば、緩やかな秩序、言い換えれば、無秩序に近い秩序である。秩序が生まれること自体が「ありそうもない」ことだが、無秩序に接近した秩序が形成されるということは一層「ありそうもない」ことである。現代社会の複雑さは、このような「ありそうもない」事態が生起しているという点にある。

現代社会の形成には、貨幣や各種のメディアなど、権力や規範以外のさまざまな要因が関与しているが、いずれであれ、それらは知の働きに依拠している。社会的世界は、社会的性格を帯びた人々の認識と行動から成り立っており、そうした人々の認識と行動を規定している情報の集合は知として位置づけられる。知は、各個人の認識と行動を媒介するだけでなく、人と人を媒介することによって社会的関係を生み出している。

そこで、社会的関係の生成に係わる情報すなわち社会知の創出形式に焦点をあて、社会知の創出形式が現代社会のなかでいかなる変容を蒙りつつあるのかを検討しよう。ただし、その意図は、ホッブズ的秩序問題に対して「権力」や「規範」にかわる第三の解を提示することにあるのではない。社会知は、権力や規範から独立に機能するような要因ではない。社会秩序を生成するいかなる要因も知と結びついており、逆に、知は何らかの社会的メカニズムと結びつくことによって社会秩序の生成に係わっている。しかも、知は、ホッブズ的秩序問題のなかで主題化されたマクロな秩序だけでなく、ミクロな社会関係の生成にも関与している。社会的秩序というよりは、社会現象を発生させる知の形式を現代的局面において考察することがここでの狙いである。(2)

二　社会知の創出条件

現代社会の秩序は、単に複雑であるだけでなく、絶えざる変化を通じて自らを再生産している。そのような動態的秩序の再生産を支えているのが知のイノベーティブな創出である。そもそも、社会知の創出はイノベーションとしての性格を帯びている。

イノベーションは、とかく技術革新の意味で理解されるが、知の創造なしには技術革新もありえない。イノベーションの革新性は、多様な技術や資源を創造的な仕方で組み合わせることをとおして新しい創造物を作り出すこと、いいかえれば、これまで「ありそうもない」と思われていた諸技術や諸資源の結びつき方を創出することにある。そのような結合も知の働きに裏打ちされている。イノベーションを広義に解するならば、社会知の創出そのものがイノベーションであるといっても過言ではない。

ただし、社会知を創出するための「新たな結びつき」は、技術や資源の間にではなく、社会的主体（アクター）の間に確立されなければならない。技術的イノベーションと社会知の創出では、結びつける要素が異なるだけでなく、イノベーションの成果も異なる。とはいえ、多様な要素間の新たな結びつきをとおして新しい創造物を生み出すことにおいて変わりはない。社会知の創出も、一方では、要素の多様性を産出・維持しながら、他方では、多様な要素を何らかの仕方で結合しなければならない。どちらの場合にも、「多様性」と「結合性（集約性）」という二つの相反的条件を両立させることが必要なのである。

J・スロウィッキー（Surowiecki 2004＝2006）は、これまで非合理的とみなされてきた「集合知」が一定の条件のもとで有効に機能することを示したが、その条件とは以下の四つであった。①「多様性」（各人が独自の私的情報を多少なりとも持っていること）、②「独立性」（他者の考えに左右されないこと）、③分散性（身近な情報を利用できること）、④集約性（個々人の判断を集計して集団として一つの判断に集約するメカニズムが存在すること）。これらの条件のなかで特に重要なのは「多様性」と「集約性」であるが、この二つの条件こそイノベーションの条件でもある。

「社会的」という意味を広義に解するならば、E・ヒッペル（Hippel 2005＝2006）がイノベーションのモデルとして挙げた二つのモデルは、いずれも社会的モデルである。その一つは、特許権、著作権、営業秘密等に関する法令をつうじてイノベーションの成果に対して一定の権利を保証し、イノベーションへの私的投資を促進する「私的投資家モデル（プライベート・インベストメント・モデル）」であり、もう一つは、イノベーションの成果を広く社会的に共有することによってイノベーションの活性化をはかる「集団行動モデル（コレクティブ・アクション・モデル）」である。

私的投資家モデルは、私的な性格が強いとはいえ、イノベーションに対する誘因を与えることを社会的に制度化している。これに対して、知的所有権の自発的放棄のもとにイノベーションの成果を無料で公開するのが集団行動モデルである。集団行動モデルは、私的利益を追求する企業のイノベーションには適合的でないようにみえるが、実際には、このモデルに基づく企業イノベーションが数多く報告されている。企業がそのような行動をとるのは、単にイノベーターとしての名声が得られるだけでなく、当該イノベーションの別のバージョンを開発したり、商業化の先鞭をつけたりする際のインフォーマル・スタンダードとなりうるからである。二つのモデルは対照的であるが、どちらもイノベーションを実現するための社会的形式なのである。

三　二つの水準の社会知

二つのモデルは、情報化が進展した現代社会の生産現場でも見られるが、この点については後述するとして、その前に、社会知の創出には「社会的主体の生成」と「社会秩序の形成」という二つの水準があることを指摘しておこう。

ここで「社会知の創出」というとき、社会知は、多様な主体の間に社会関係を形成するだけでなく、社会的主体を生成する媒介的な役割をも担っている。社会的主体そのものが社会関係のなかで生成される以上、社会的主体の存在は、社会関係に対して論理的に先行するわけではない。

まず、主体の生成には、第五章で論じた個体的情報空間の形成など、さまざまな要因が関与しているが、情報の帰属も、情報の生産者・所有者としての主体を構成する一要因として作用する。各メディアを介して情報が生産・流通するようになると、それらの情報がいかなる主体によって生産・所有されるのかという情報の帰属問題が発生する。主体・生産・所有の関係に関しては、一般に「主体→生産→所有」という因果関係が想定されており、最初に、主体が存在し、その主体が情報を生産し所有すると考えられている。しかし、情報の帰属が示すのは、「所有→生産→主体」という逆のプロセスである。例えば、印刷物が誕生する以前には、「著者」という観念は存在していなかった。予め主体が存在し、その主体によって情報が生産され、所有されるのではなく、情報の私的所有を確立するために、情報を私的に生産する私的な主体が要請された。このような要請のもとに「著者」という主体の観念が形作られたのである。

印刷物に限らず、メディアによって情報の社会的な流通様式が変化すると、この変化は、誰が情報の所有者であり、誰が情報の生産者であるのか、つまり情報を生産・所有する主体とは何者なのかという問題を誘発する。主体は知や権力の働きを介して構成されるが、情報の帰属に関しても「所有→生産→主体」という順序を辿ることによって、情報の生産者・所有者としての主体が遡行的に構成される。「主体→生産→所有」という因果図式そのものが社会的・歴史的な産物であり、主体・生産・所有の関係を再生産する解釈図式＝知的装置として機能しているのである。

そして、ひとたび社会知を基にして情報の生産主体・所有主体が確立されると、各主体に特有な社会知の創出形式が発生する。社会的主体が異なれば、それらの主体によって産出される社会知に関しても変化が起こる。こうして、印刷物やインターネットといった伝達メディアは、社会的主体を規定しながら社会知の創出に係わってくる。

ところで、それぞれの社会のなかで形成された社会組織や社会システムには固有な社会知の創出形式が組み込まれている。この知の創出形式は、社会秩序に応じて多様な形態をとりうる。国民国家を単位にした近代社会の内部では、経済・政治・文化等の機能分化が進展し、さらに一九世紀末以降になると、大規模な組織は官僚制組織という形態をとった。機能分化した部分システムや官僚制組織には、それぞれ固有の社会知の創出形式が備わっているが、情報化とグローバル化が進行している今日、機能システムや官僚組織に内在する社会知の創出形式に関しても変容が起こっている。

以下では、「社会的主体（メディア）」、「社会秩序」にそれぞれ関連する社会知の創出形式を「創出形式Ｉ」、「創出形式II」と呼ぼう。ただし、ＩとIIは存在論的な序列を示しているのではない。メディアや社会的主体のあり方は社会関係のなかで確定される以上、Ｉは、IIに先行するわけではない。メディアの作動様式は社会秩序のなかで決定され、メディアや社会的主体そのものが秩序問題の一環をなしている。

四　共振性・著作権・オープン・ソース

まず、社会知の創出形式Ｉのほうから見ていこう。情報の社会的流通を規定するコミュニケーション・メディアは、歴史的にみると、①人類の歴史とともに古いパーソナル・メディア、②印刷物を嚆矢とするマス・メディア、③二〇世紀後半に登場してきた電子メディアに大別されるが、パーソナル・メディアしか存在しなかった段階では、次の二つの理由から情報の私的所有は確立されていなかった。

第一に、情報は、物財とちがって私的所有の対象になりにくい性質を有している。情報の意味的側面に着目するならば、送り手から受け手に情報が伝達されたからといって、情報の意味は物財のように送り手の手元から消え去るわけではない。送り手と受け手が意味を完全に共有することはありえないが、このことは、意味の共有が成立しないことを意味しない。コミュニケーションにおいて意味の共有／非共有を二項対立的に扱うことは適切ではない。意味の共有と非共有は同時に起こりうるのであり、例えば、相互に理解不能であるということが互いに理解されるということも意味の共有に含まれる。そして、意味の共有が一定の範囲で成り立つとき、意味は、「今－ここ」だけでなく、別の「『今－ここ』にも存在している。意味レベルで捉えるならば、情報は、「『今－ここ』に存在するものは別の『今－ここ』には存在しない」という物理原則を超越している。

第二に、パーソナル・コミュニケーションの過程で流通する情報は、記号的側面においても、私的所有を確定するのに必要な永続性を欠いている。例えば、話し言葉は物理的音声に担われているので、現れては消えてしまう。私的所有を確立しようにも、所有対象を持続的に保持しえない。パーソナル・メディアの場合には、情報が意味の共有性・遍在性によって排他的性質を欠いているだけでなく、そもそも記号的な永続性を欠いているのである。このことも、情報の排他的性質を困難にするもう一つの条件となっている。

以上のような理由で、印刷物が登場する近代以前には、情報の私的所有は確立されていなかった。ところが、印刷物が誕生すると、第二の条件に関して根本的な変化が生じた。印刷物は、テクストの大量複製によって、「今－ここ」に存在すると同時に、別の「今－ここ」にも存在するという情報の意味的特性を記号のレベルにまで拡大した。話し言葉の担い手である物理的音声は、わずかな時間的・空間的な広がりのなかでのみ存続可能であるが、印刷物は大量の複製・頒布をつうじて、同一の情報が存在する時間的・空間的な範域を劇的に拡大した。印刷物が大量に複製・頒布されることによって、同一の意味内容をもつ印刷物が送り手と受け手の間で半永続的に共有されるようになったのである。

このことが情報の非排他的性質に関しても重要な変化をもたらした。印刷物は、話し言葉以上に意味の空間的な共有可能性を広げたとはいえ、物財としてみれば、排他的性質を帯びている。同じ内容の本であっても、一冊一冊の本はそれぞれ異なった時空的位置を占めている。「今－ここ」にあった本を別の「今－ここ」に移せば、先ほどの「今－ここ」にはもう存在しない。絶えず現れては消えてしまう話し言葉と違って、印刷物は記号的永続性を備えているために、排他的所有を可能にした。印刷物に限らず、マス・メディアの場合には、記号の物財的性質――印刷物であれば紙、レコードであればプラスチック円盤等々――が情報の所有者を個別に確定し、情報を私有財として扱うことを可能にした。

印刷術の発明以前には、書き言葉の複製は手書きに基づいていたので、読み手が当のテクストに対する書き手にもなりえたが、印刷物が登場し、活字による複製が行われるようになると、読み手が書き手になる可能性が排除され、書き手と読み手の区別が明瞭になった。意味を共有する範域を時空的に拡張した印刷物は、送り手と受け手、受け手と受け手を相互に区別する必要性を高めただけでなく、記号としての排他的性質を帯びることによってそうした区別を可能にした。こうして情報の私的所有が確立されたのである。

しかし、電子メディアが登場するにおよんで、情報をめぐる状況は再び流動化してきた。コンピュータが処理するデジタル情報も、コンピュータ内では電気的信号、光ファイバー内では光信号といった物質的存在に担われるとはいえ、電気信号や光信号は、もはや紙やプラスチック円盤のような物財とは異なり、私的所有を担保するだけの定在性をもちえない。しかも、文字・数字・音声・映像をすべてデジタル情報に変換して処理する電子メディアの場合には、複製された情報がネットワーク内で自由に流通しうるだけでなく、情報の複製は一般の受け手にも可能な行為となっている。現在、電子メディアに関しては、著作権を掘り崩そうとする動きと、デジタル情報を著作権のなかに取り込もうとする動きがせめぎ合っている。

そうしたなかで生まれた、情報の新しい所有形態が、リチャード・ストールマンの提唱した「GNU　GPL（GNU General Public License: GNU 一般公衆利用許諾書）」である。「GNU　GPL」は、コンピュータ・ソフトの所有に関するライセンスであり、コンピュータ・ソフトの利用・修正・再配布・修正版配布の自由を認めたものである（井田・進藤 2006）。その意図は、ソフトを多数の人々の間で社会的に共有し、ソフトの開発を社会的に推し進めようとする点にある。ここで注目すべきは、「GNU　GPL」がソフトの複製や修正や再配布の自由を認めた著作権であるということである。本来、情報の私的所有を確立するために設定された著作権が、このようなかたちで設定されたのは、無料公開では不十分であるからである。無料公開を行っただけでは、成果物のバリエーションに関して著作権が設定されたとき、その複製・改変・配布の自由が奪われる危険性がある。そうした危険性を排除するために設定された私的所有権が「GNU　GPL」である。ストールマンが「コピーライト」ならぬ「コピーレフト」と呼んだ「GNU　GPL」は、著作権（コピーライト）に抵抗する著作権（コピーレフト）といえる。

今日、コンピュータ・ソフトの開発は、マイクロソフトのような営利組織に担われているだけでなく、オープン・ソースというかたちをとって進められている。ソウトフェアの設計図にあたるソースコードが無償で公開され、コンピュータ・ネットワーク上で無数の人々が協力しあいながら行われている。その有名な事例が「リナックス」であるが、リナックスも「GNU　GPL」の適用を受けている。つまり、情報の私的所有を保証する制度が著作権であるのに対して、オープン・ソースの拠り所となる所有制度が「GNU　GPL」なのである。

メディアと情報の所有形態の間には一対一の対応関係があるわけではないが、以上のように、①パーソナル・メディア、②マス・メディア、③電子メディアの段階に応じて、①情報の無所有＝事実上の共同所有、②情報の私的所有、③情報の社会的所有＝権利上の共同所有という三つの所有形態が確立されている。ヒッペルは、「無料公開」と「オープン・ソース」の違いを認めつつ、両者を集団行動モデルとして位置づけたが、メディアの形態、情報の所有形態の違いに留意するならば、社会知の創出形式Ⅰは、この三つの形態に分類されるのである。(3)

そして、メディアが社会知の創出形式を規定するのは、情報の所有形態が上述したような意味で社会的主体の構成に影響を及ぼすからである。

まず第一に、パーソナル・メディアによる対面的コミュニケーションの過程では、情報の無所有＝事実上の共同所有が成り立っているだけでなく、人々の間で心理的・行動的な共振性が起こりうる。ここで共振性とは、自己と他者を分離する個別的意識が融解し、他者の振る舞いを自己の振る舞いとして受け入れるような関係性を指している。共振性は、もともと人間が自他一体的な関係から出発していることに起因している。個人が自他分節を遂げた段階においても、自他一体的な関係は消滅したわけではない。共振性は、個人の意識のなかに伏在しており、時に顕在化してくる。例えば、デュルケーム（Durkheim 1912＝1975）のいう「集合的沸騰」はその典型的なケースである。共振性を誘発する可能性が最も高いのは対面的コミュニケーションの過程であり、対面的コミュニケーションは、自他分節をはかるだけでなく、自他分節を取り払うチャネルにもなる。

共振性が働くと、人々はもはや個々人の寄せ集めではなく、一個の集合的主体として機能する。もちろん、この集合的主体は、群集のように不定型で、しかも一時的に成立する集団にすぎない。しかし、そこに共通の価値意識や集合的アイデンティティが加わると、コミュニティ的性格を帯びてくる。共振性は、人々の間に一体的な関係を生み出すことをつうじて、多様な知の集約機能を担いうる。共振性が多様な人々を一体化させるとき、その人間関係の形式が多様性と集約性の両立という集合知の形式として作用するのである。

第二に、印刷物の誕生を契機にして創設された著作権は、共振性とは対照的な形式をなしている。というのも、著作権は、イノベーションに対する経済的な誘因を提供することをつうじて個人の知性を活性化させるからである。印刷物は、書き手と読み手の分離を強化することによって個人主義化を促進したが、情報の所有形態に関しても同様な効果を及ぼした。社会知を創出するうえで、人々の個別性を融解させる心理的・行動的な共振性が多様な知の結合において力を発揮するのに対して、情報所有の個人主義化をもたらした著作権は、書き手と読み手、書き手と他の書き手との差異化をとおして知の多様化を促進した。

とはいえ、その際、社会知と個人知を二項対立的に理解してはならない。個人は、自己を取り巻く社会的世界を自らの内部に取り入れることによって一個の主体となるが、そのことを可能にしているのも知の働きである。(4)「社会と個人」の二項対立は、国家と個人を基本単位にして構成された近代社会の内部で形作られたものである。個人が社会の基本単位として自律的な存在性を獲得しえたのは、個人がみずからにとって係わりのある社会的世界を内部に取り込んだからである。個人の知性は、個人を取り巻く社会的世界をそれぞれ固有な仕方で取り込んでいる点で「内部化する知性」として特徴づけられる。

内部化する知性は、社会的世界を構成する多様な存在（人や事物）を自己という一個の存在者に包摂する点で、多様性と集約性という、社会知の創出に必要な作用を内包している。個人知は、社会知によって結びつけられる単なる客体的な要素ではなく、社会知の基盤でもある。知的財産権としての著作権は、社会的世界を内部化した個人の知性を活性化することによって社会知の創出に寄与しており、その意味で社会知の創出形式をなしている。

そして第三に、電子メディアがもたらした情報の新しい所有形態に対応して、新しい集合的主体が誕生しつつある。インターネット上に叢生した社会的ネットワークのすべてが集合的主体としての性格を備えているわけではないが、コミュニケーションに参加する諸個人に還元できない主体としての社会的ネットワークが立ち現れている。この社会的ネットワークは、官僚制組織のように制度化された存在ではないが、また群集のような一時的な存在でもない。

電子メディアを基盤にした社会的ネットワークが新しい集合的主体として特有な社会知の創出形式を内包しうるのは、電子メディアが単なる伝達メディアではないからである。パーソナル・メディアにせよ、マス・メディアにせよ、それらは、情報の伝達・流通を規定するメディアであるが、コンピュータ・ネットワークとしての電子メディアは、コンピュータという人工知能を内蔵している。人間の知性が「内部化する知性」として外的世界の多様性を自らの内部に包摂するのに対して、現代の情報技術の特色は、そうした人間の知性の働き（のある部分）を外部化している点にある。例えば、コンピュータの情報検索機能は、人間の知能でいえば、思考の一端を担っている。

現代の情報技術が生み出す知性は、人間の知性を外部化している点で「外部化された知性」といえる。「外部化された知性」は、「内部化する知性」の代替物ではなく、人間の知能との結合を必要としているが、二つの知性が結びつくと、第五章で論じたように、人間の知能が人工知能によって補完されるだけでなく、人工知能が人間の知能によって補完される。新しい集合的主体としてのネットワーク的主体が立ち上がるのは、人工知能が人間の知能に補完されるからである。

電子メディアに特有な社会知の創出形式は、このようなネットワーク的主体に内在している。ネットワーク的主体の内部では、情報が社会的に共有されうるだけでなく、人間の知能と人工知能の結合をつうじて多様な情報を選択的に結合する形式が組み込まれている。オープン・ソースや「GNU　GPL」は、コンピュータ・ソフトの領域で実現された形式であるが、以上に述べたような社会知の創出は、コンピュータ・ソフト以外の領域にも拡大している。(5)

五　機能システム・官僚制組織・非制度的領域

社会知の創出形式IIに関して起こっている変容を理解するためには、予め近代社会の秩序に内在する知の創出形式を説明しておかねばならない。これまで、国民国家を単位にした近代社会の内部的な仕組みを機能分化と官僚制という二つの側面から捉えてきたが、それらには特有の社会知の創出形式IIが組み込まれていた。

1　機能システム

経済システムと政治システムを例にとるならば、社会知の創出形式IIは、各システムを成り立たせているメディア(貨幣と権力)の作動過程に内在している。

第二章で詳述したように、経済システムは、貨幣が循環するシステムである。経済システムを構成する基本的な主体は「生産者＝企業家」と「消費者＝労働者」であるが、消費者は、貨幣を使って生産者の生産した商品を購入し、生産者は、貨幣を使って労働者の労働力を獲得する。このような貨幣的循環によって、経済システムは、他のシステムから相対的に自律し、機能的に分化した機能システムとなっている。

資本主義的生産様式として特徴づけられる経済システムは、絶えざる再生産をとおして自らの存続をはかっているが、経済システムのイノベーティブな性格も、多様性と集約性(結合性)という二つの条件に支えられている。一方では、需要サイドと供給サイドに存在する各々の多様性を維持しつつ、他方では、両サイドの間に適切なマッチングを行うことが必要となる。しかも、そのマッチングは状況的な変化に即して更新されねばならない。

貨幣は、需要と供給に関する多様な情報——需要サイドでは「誰が」「何を」「どれだけ」欲しているのか、供給サイドでは、「誰が」「何を」「どれだけ」生産しているのかに関する情報——をすべて「価格」という数量的情報に集約することによって、この問題の解決をはかっている。商品に内在する質的な多様性が「価格」という数量的情報に還元され、その数値的変動をとおして需要と供給の関係が調整される。供給に対して需要が上回れば、商品の価格が上昇し、需要が供給を下回れば、商品の価格が下落するというかたちで、貨幣は、各商品に対する需要と供給の結びつきをそのつど調整し、買い手と売り手の結合の可能性を高めている。

貨幣は、こうして商品交換の可能性を高めながら商品生産の絶えざる更新を促している。社会知の形式という側面から捉えるならば、貨幣の本質をなしているのは、価格情報への還元としての数量化・抽象化である。数量化・抽象化は多様性と結合性を両立させ、商品生産の更新というイノベーションを実現するための社会知の形式として作用しているのである。

そして、この形式は、経済システムほど顕著ではないが、政治システムの内部にも見出される。経済システムが貨幣の循環するシステムであったように、近代の議会制民主主義としての政治システムも、権力の循環するシステムである。近代の政治システムにおいては、民衆——より正確にいえば、選挙権を有する選挙民——は、自らの代表者として政治家を選出するが、政治家の意思決定は、行政（官僚）の力を借りて実行に移される。民衆の権力は、最終的には民衆自身に及ぶことになる。

そして政治システムも政治的意思決定を状況的変化に応じて更新していく際、多様な国民の意思をどのように集約するのかという問題に直面する。ここでも、権力過程に内在する多様性と結合性（集約性）の両立は、投票数という数量的情報への還元に依拠している。国民が有する権力は、一票を投ずるという権力行使に縮減され、国民の代表となる政治家はそれぞれの獲得した投票数によって決定される。代議制民主主義のもとでは、政治家を選び直すというかたちで基本的な政治的意思決定が更新されていくのである。

このように貨幣や権力は、自らの内部に数量的情報への還元という形式を内包することによって、経済や政治に係わる社会知の創出を担ってきた。数量化・抽象化は、「多対一」写像としての情報圧縮の一形態であり、それを最も発達させてきたのが近代科学である。数量化は、質的な多様性をすべて量に還元するが、こうした知的な集約可能性が社会的場面に適用されることによって社会的結合がもたらされる。数量化は、例えば、世論調査を見てもわかるように、近代社会のなかで広く活用されてきた形式であり、社会知を創出する近代的な形式であった。

2　官僚制組織

官僚制組織は、明確な規則や地位・役割の位階的配置によって特徴づけられ、組織の大規模化が要請された時代状況のなかで台頭してきた。組織が大規模化すると、いかにして組織の統一性を確保するかという問題が発生してくるが、それを解決する仕組みが意思決定の位階的配置であった。

貨幣や権力と違って、官僚制組織の場合には、組織内で発生した多様な情報は、必ずしも数量的情報に還元されるわけではない。そのかわり、地位・役割が位階的に配置されることによって、意思決定の整合性と体系性が確保される。どれほど規模を拡大しても、組織の意思決定権限はトップに集中しているので、原理的には組織が分裂することはない。官僚制組織においては、多様な情報が底辺から吸い上げられるとともに、命令が上意下達式に流れるが、このような位階的な意思決定構造が多様性と集約性を両立させている。個人（特にトップ）の知性によって補完される必要があるとはいえ、意思決定の位階的配置が多様性と集約性を両立させる社会知の創出形式として作用しているのである。

3 非制度的領域

数量的還元や意思決定の位階的配置は、機能システムや官僚制組織という制度的秩序に内在する社会知の創出形式であったが、社会知を創出する形式IIは、社会の制度的機構のなかに存在するだけではなく、社会の非制度的領域あるいは制度的機構の周辺領域で発生する現象にも内在している。そうした形式を流行や流言のなかに見ることができる。

流言や流行は、どちらも制度的秩序によって吸収できない不確実性が増大した状況において発生する。流言は、戦争・災害等といった危機的状況のもとで制度的チャネルが利用できなくなったときに発生する。また、かつては制度的規範による拘束力が弱い周辺領域のなかで発生した流行は、今では企業経営や学問研究などさまざまな制度的領域にも広がっているが、それは、制度的領域そのものが絶えざる変化の要請のもとに大きな不確実性を抱えるようになったからである。

これまで流行や流言は非合理的な現象であり、流行や流言を生み出す集合的主体は、非理性的存在であると考えられてきた。例えば、流言を生み出す群集は、G・ル・ボン（Le Bon 1910＝1993）によれば、一人の個人より知的に劣る存在である。けれども、流言が発生・伝達される過程では、虚偽の情報が流れるだけでなく、最初に生じた誤りが訂正されていくこともある。流言というのは、戦争・災害など、制度的チャネルを利用できない状況において、

人々が手持ちの情報で状況を有意味的に解釈しようとする集合的コミュニケーションの産物であり、そのプロセスでもある。(6)

俗に「流言」といわれるものは、虚偽の情報が伝達される場合を指しているが、流言の本質はそこにあるのではなく、集合的行為をつうじて不確実な状況に対する有意味的な解釈を行うことにある。したがって、情報の真偽性はともかくとして、流言を生み出す集合知も、知のイノベーションとしての性格を帯びている。制度的秩序の動揺に伴って状況の不確実性が増大したとき、そうした状況的な不確実性のもとで顕在化した知の多様性を、コミュニケーションをつうじて集約する知が流言なのである。

これに類似したことは流行にもいえる。流行も非制度的な仕方で不確実性を減少させる一つの選択的な形式である。ここでも、規範的統制が及ばないために発生する不確実性が多様な選択の可能性を拡大し、その選択的多様性は、不特定多数の人々が参与する集合的コミュニケーションをつうじて縮減される。このプロセスもまた、知の多様化と集約化という二つの知的契機を内包している。

流言や流行は、非制度的領域もしくは制度的秩序の非制度的局面において発生するので、社会知の創出形式は、流言や流行を発生させるコミュニケーションの特質と結びついている。近年では、インターネット上でも流言や流行が発生しうるが、その発生に深く係わってきたのは、何といってもパーソナル・コミュニケーションである。先に述べた心理的・行動的な共振性は、流行や流言を生み出す社会知の創出形式でもある。流言や流行は、人々の同調的・模倣的な振る舞いをつうじて発生・伝播するが、そうした人々の同調的・模倣的な振る舞いを動機づけているのが共振性である。流言や流行の過程では、質的多様性を一元化する数量的還元も働かないし、意思決定の権限をトップに集中させる位階的な意思決定構造も存在しないが、そのかわりに人々の個別的意識を融解させ、群集という一個の集合的主体を立ち上げる心理的・行動的な共振性が作用するのである。

以上、近代社会の制度的・非制度的領域に内在する社会知の創出形式IIのいくつかを取りあげたが、現代社会の再編が進むなかでこれらの形式にもある変化が起こっている。その変化は、①数量的処理の拡張と非数量的処理の実現、②モジュール化と入れ子型ネットワークの形成、③制度的領域と非制度的領域の融合に要約することができる。以下、順にみていこう。

六　数量的処理の拡張と非数量的処理の実現

分化した機能システムに内在していた数量的還元という形式は、科学技術と情報化が進展するなかで一層の拡大を見せている反面、非数量的処理に基づいて知の多様化と集約化をはかる形式も開発されつつある。

まず、数量的還元という社会知の形式は、これまで数量化しえなかった対象領域にまで拡大してきている。その一例として、第二章で指摘した、債権の格付けを行う金融権力が挙げられる。現代社会はリスク社会であり、リスクをコントロールする必要性が今までになく増大している。リスクに対処するためには、多様な要因に基づいて発生するリスクを総合的に把握しなければならず、そのために数値化に基づく統計的手法が採用されている。例えば、国債であれば、当該国の成長率、経済の変動性、為替や通貨の動向、金利水準やインフレ、税制や労働市場環境等が分析されたうえで、国債を発行する国家の信用度が分析される（松田 2002）。信用度の高さは低リスクを、そして信用度の低さは高リスクを意味するので、信用度がリスクの逆相関的な指標として利用されるのである。

このようなリスク評価は一定の算式に基づいて産出され、客観的情報として与えられるが、人々の行動を一定の方向に向けて誘導するゆえに一種の権力作用を内包しうる。この権力は、もはや機能分化した政治システムの内部で循環する権力ではない。今日、情報技術が生み出した権力として監視的権力が注目を集めているが、情報的権力は、より不可視的で非強制的な権力として、監視的権力以上に古典的な権力（権力者の命令というウェーバー的な権力）から乖離している。

数量的還元という形式の広がりを示すもう一つの事例として、インターネット上に登場する人物やホームページの信頼度の数値化をはかる試みが挙げられる。送り手や受け手の個人的情報が対面的関係のようには伝わらない電子的情報空間はハイリスクな空間となっているが、「Web2.0」と呼ばれる今日の電子的情報空間では、信頼度を数値化する技術が導入されている。信頼は、社会的な不確実性やリスクを減少させる働きをする。

例えば、「グーグルニュース」では、「トラスト・サーチ」とよばれる技術を使って記事の信頼性に対する格付けを行っている。その計算式は企業秘密となっているが、「記事の内容の充実度や、その記事を提供しているマスコミがどの程度の陣容で取材をしているか、またその記事が掲載されているホームページにどの程度の人気があるのかといったことを数値化し、信頼度の計測に使っているらしい」（佐々木 2006, p. 22）。この信頼度の測定法は、金融リスクの測定法と根本的な点で一致している。

また、グーグルの「ページランク・テクノロジー」も、信頼度の高いホームページを優先的に表示する技術である。インターネット上に膨大な情報が蓄積されると、情報検索にかけても必要な情報に辿りつかない可能性が増大する。この問題に関しては、グーグル以前にもリンク数を考慮に入れてホームページを表示する検索方法が採用されていたが、問題の解決には至らなかった。というのも、形だけのホームページを多数作り、それらとリンクを張れば、ホームページを上位に表示することができたからである。これに対して、「ページランク・テクノロジー」は、人気のあるサイトや有名なサイトから数多くリンクされたサイトに高い点数を付け、その点数に従って表示するという方法を採用している（佐々木 2006）。

電子的情報空間を社会的世界として立ち上げるためには、信頼関係を構築しうる場を形成しなければならないが、グーグルの例からもわかるように、この種の問題解決の技法として数量的還元という形式が活用されている。その際、ここでも知と権力の新たな結びつきが垣間見られる。債権の格付けが金融権力という新しい権力をもたらしたように、信頼度の数値化によって信頼形成の枠組みを構築することは、人々がリスクの低い選択肢や信頼度の高い選択肢を選び出すように仕向ける点で権力作用を内包している。社会関係の形成に知と権力が介在することは今に始まったことではないが、質的な情報を数量化しつつ社会的に流通させる技術は、情報的権力という、人々の自発的意志を介して人々を誘導するソフトな権力を増長させているのである。

その一方で、現代の情報技術は、非数量的な情報処理に基づいて社会関係を形成する可能性をも拡張している。先に述べたように、貨幣の本質は、需要と供給の関係を調整しながら買い手と売り手のマッチングを行う点にあるが、貨幣（法定通貨）が存在しなくとも、そのようなマッチングを実現することは可能である。地域通貨は、二〇世紀前半に誕生したとはいえ、それが急速な普及をみたのは、情報化が進展した二〇世紀末である。高度な検索能力を備えた電子メディア（コンピュータ・ネットワーク）は、非数量的な仕方で需要と供給を選択的に結合する能力を高めている。

グーグルの「トラスト・サーチ」や「ページランク・テクノロジー」は、表示の順位づけの際に数量的還元の形式を導入しているが、情報検索という機能自体は、非数量的な仕方で情報の選択的な結合を実現する。コンピュータの情報検索能力は地域通貨の普及をもたらしただけでなく、需要と供給のマッチングの可能性を高めている点で貨幣に対する補完的機能を果たしている。例えば、「ロングテール（長い尻尾）」と呼ばれる近年の現象はそのことを物語っている。これまでは、商品全体のなかで売れ筋商品（ヘッド）となるのは二割、残りの八割は売れない商品（ロングテール）であったが、アマゾンのようなバーチャル書店が誕生し、検索エンジンを利用するようになったことでロングテールに相当する商品の売り上げが増大した（梅田 2006）。

商品検索は情報検索の一つにすぎず、コンピュータによる情報検索は、今では無数の領域を覆っている。貨幣は、経済的取引の場面で、価格という数量的情報への還元をとおして商品交換を成立させたが、高度な情報検索能力を備えた電子メディアは、後述するように、非数量的な情報処理に基づく多様性の選択的結合を実現することによって、非経済的場面においても社会関係に対する媒介的役割を果たしつつある。

このように電子メディアは、多様性と結合性を両立させる社会知の創出形式として、一方では、数量的還元という形式を発展させつつ、他方では、非数量的処理という形式を生み出した。電子メディアは、それによって貨幣や権力の作動様式を変化させ、自らが貨幣的・権力的な作用を担うまでになっている。これまで電子メディアと貨幣・権力は異質なメディアとして位置づけられてきたが、電子メディアは、「外部化された知性」としての人工知能を内蔵している。貨幣や権力が受け手による情報の受容可能性を高められるのも、それ自身が社会的な多様性と結合性を処理する知の形式を備えているからである。電子メディアは、貨幣や権力にとってその本質的な部分をなす知の形式に影響を及ぼすことによって、貨幣や権力の作動様式を変化させているのである。

七　モジュール化と入れ子型ネットワークの形成

官僚制組織と比較すると、ネットワーク組織の特徴は、①分権的な意思決定構造を有していること、②流動的ないし脱分業的な分業編成を行っていること、③組織の内部と外部がともにネットワーク的関係によって構成されていることにある。組織が環境的変化に対処するためには、組織行動に必要な知を創出しなければならないが、ネットワーク組織は上記の特徴を有することによって、官僚制組織以上に知のイノベーティブな創出を実現しようとしている。同時に、そうしたネットワーク組織自体が一定の知の形式に支えられている。知の形式と組織の形態は相互規定的である。知の形式という点に着目しながら、ネットワーク組織の特徴をもう少し詳しく見てみよう。

まず第一に、ネットワーク組織の分権的な意思決定構造は、環境適応の迅速さと関連している。官僚制組織の場合、環境変化に関する情報は、末端からトップに吸い上げられ、トップが情報を分析したうえで組織行動に必要な命令が末端に行き渡るので、組織内の階層が多段階的であるほど、環境的変化に対処するのに時間がかかる。しかし、組織を取り巻く現代の環境は、このような時間的猶予を与えないほど変化に満ちている。

ネットワーク組織は、官僚制組織と比較すると、意思決定構造をより分権化し、環境変化に対する迅速な対応をはかろうとしているが、そのような構成要素の自律性を認めれば、組織全体の統一性をどのように確保するのかという問題が生ずる。それに対するネットワーク組織の解決法は、一言でいえば、全体に関する情報、あるいは他の構成要素とのインターフェイスに関する情報を共有する点にある。

官僚制組織の場合、組織や環境をトータルに把握できたのは組織の上層部に限られており、だからこそ、組織の各構成員は上層部の判断に従わざるをえなかった。しかし、組織の各構成員が自らを取り巻く状況の全体を把握できれば、各構成員は、他の構成員との関係を考慮に入れて判断を下せるようになる。つまり、これまで組織の位階的・集権的な意思決定構造を前提にして行われてきた構成員間の外部的な調整が各要素に内部化されれば、外部的調整を行う必要がそのぶん軽減されるのである。

意思決定の迅速さは、企業組織、行政組織、軍事組織を問わず、すべての組織が直面している問題である。例えば、アメリカ陸軍がネットワーク組織への転換に踏み切ったのも、官僚制型の指揮命令系統の限界が露呈したからであった。アメリカ陸軍は、一九九二年一二月、国連多国籍軍の一員としてソマリアで軍事行動を展開した際、迷路のような街で、市民にまぎれた民兵の攻撃を受けて痛手を被ったが、その原因となったのが指示の遅れであった。その反省に立ってアメリカ陸軍は、各部署を戦術インターネットで結びつけ、「情報が全体で共有され、従来トップに集中していた権限が組織全体に散らばる」（水越ほか編 2002, p. 109）ネットワーク組織の構築を目指すようになった。戦術インターネットが導入されると、兵士は、自分の現在位置だけでなく、味方や敵の位置をモニター上で瞬時に確認しうる。各兵士は司令部からの命令を待たずとも自分で判断できるというわけである。

同じことは企業組織にもいえる。ハマーとチャンピー（Hammer and Champy 1993＝2002）は、従来の企業組織の問題点として、組織内の構造やプロセスが細分化され、全体的な問題が把握できなくなっていることを挙げ、情報技術が状況の全体的把握を行う上で一定の役割を果たしていることを指摘している。例えば、ある銀行では、各部門が顧客企業に対する信用貸出の上限を二〇〇〇万ドルと定めたルールを遵守したにもかかわらず、特定の顧客企業に対する貸出の総額は規定の何倍にも達してしまった。この問題は、顧客に関する情報をデータベース化して情報の共有をはかることによって解決されたという。

第二に、ネットワーク組織は、官僚制組織以上にプロセスを重視しており、状況的変化のプロセスに即して組織内の分業関係を流動的に組み替えている。例えば、プロジェクト・チーム制においては、問題状況に応じてチームが編成されるとともに、課題が達成されれば解散する。ハマーとチャンピーは、プロジェクト・チーム制――彼らの言葉でいえば、「プロセス・チーム」――を従来の部門別組織構造に取って代わるものとして位置づけたうえで、次のように述べている、「個々のチーム・メンバーはプロセスにおけるすべての段階に関して基本知識をもっており、その中の複数の段階の仕事ができる必要がある。さらに彼らの仕事の成果は、プロセス全体に対してどれだけ貢献したかで評価される」（同訳 p. 116）。

プロセス全体に係わっているという点では、ネットワーク組織の脱分業的な分業形態もそのような性質を備えている。画一的な大量生産が行われていた時代には、生産工程――需要予測、販売計画、生産計画、部材調達、部品の製造と組み立て――は継起的な順序をもち、細分化されていたが、市場環境が多様で、かつ流動化した今日では、生産工程を可能なかぎり同期化して環境的変化に柔軟に対処できる生産システムを構築することが求められている。近年、導入が進んでいる「セル生産方式」は、「需要変動や計画変更にスピーディーかつフレキシブルに対応するために、計画サイドからではなく製造現場サイドから考え出された生産方法」（野口 2003, p. 72）であり、画一的な大量生産の象徴ともなったベルトコンベア式生産方式とは対照的に、一人もしくはチームを構成する少数の人間が生産工程の全プロセスを担当する。(7)

セル生産方式の究極のあり方は、一人の人間がそれぞれ異なる一つの製品を作り出すことにある。各セルに対して生産全体の責任を負わせるセル生産方式は、自律性を許容する自律分散型の生産システムといえる。セル生産方式の「セル」は細胞を意味するが、生物の細胞は、その一つ一つが生体を形作る遺伝情報のすべてを含んでいる。各細胞の遺伝情報は、生物の体を形作る全遺伝情報のなかから必要な部分を読みとることによって、分化した各細胞の再生産を担っている。各細胞は全体のなかに自らを位置づけ、他の細胞との有機的な関係を維持しつつ高度な分化を遂げているが、セル生産方式の各構成要素もそこに全体性が刻印されている点で入れ子的である。生産工程の各要素が全体を内包するというこの脱分業的な分業形態は、知の問題として捉えるならば、要素間の調整を各要素内の調整に置き換えることによって、要素間の有機的連携と各要素の自律性を両立させているのである。

そして第三に、多くの論者（Miles and Snow 1995; 寺本 1990）が指摘するように、ネットワーク組織というのは、組織内関係がネットワーク化されているだけでなく、組織間関係もネットワーク化された組織である。組織内の関係と組織間の関係がともにネットワーク化されている点で全体と要素の入れ子的な関係が認められる。組織内のネットワーク化は、組織間のネットワーク化と呼応しながら進展してきたが、組織間のネットワーク化は、組織間関係の変化にとどまらず、産業構造の変化を伴っている。それは、企業がそれぞれ一個の完成された製品の研究開発から製造・販売に至る全過程を受け持つ「垂直統合型構造」から、各企業がそれぞれの特異分野に経営資源を集中し、企業間の連携をとおして一個の完成された製品を生産する「水平統合型構造」への転換である。

この組織間関係の変化は、一見すると、組織内関係の変化に逆行しているようにみえるが、そうではない。二つの変化は、根底においてある共通点をもっている。それが全体と要素の入れ子的な関係であり、自律分散的システムの形成である。

組織間ネットワーク化が最も進んだ産業はコンピュータ産業であるが、コンピュータ産業も一九六〇年代には垂直統合型の構造を形成していた。コンピュータ産業のなかで独占的な地位を占めていたＩＢＭは、ＣＰＵ、ＯＳから半導体に至るまで、コンピュータ部品のすべてを自前で調達していた。そうした垂直統合型構造が水平統合型構造へ転換する契機となったのは、「モジュール化」と呼ばれる新しい設計思想の導入であった。モジュール化以前のコンピュータは、互換性がないばかりでなく、コンピュータを構成するOS、プロセッサ、周辺機器、アプリケーションは各モデルに固有であったため、メーカーは、新しいコンピュータ・システムを導入するたびに、ソフトや部品も更新しなければならなかった。システムの構成要素のすべてが緊密に結びついている場合には、構成要素のどれかひとつを変えても、その変化がシステム全体に波及してしまう。このような問題点を解決するために開発されたのが「モジュール化」である。

C・Y・ボールドウィンとK・B・クラークによれば、最初のモジュール型コンピュータとなったのは、IBMが一九六四年に発表した「システム／360」であった。モジュール化とは、「デザイン・ルール」によってモジュール間の連結性を保証しつつ、システム全体を複数の自律的なモジュールに分割する設計思想のことである。「構造が入れ子状の階層型で、ユニット自身の内部が高度な相互連関型で構成され、他のユニットとほぼ独立し、システム全体が調整のとれた方法で機能し、各ユニットがシステム内でよく定義された役割をもつならば、我々の定義では、これは『モジュール型』である」(Baldwin and Clark 2000 = 2004, p. 145)。

モジュール化は、モジュール内での相互依存性とモジュール間の相互独立性の両立をはかることによって、次の三つの利点をもちうる。すなわち、第一に、設計・製造プロセスの過程で生ずる相互依存の範囲を限定することによって、コントロール可能な複雑性の範囲を増大させられるということ。モジュール間の連結性が保証されているので、モジュールは他のモジュールを考慮に入れることなくモジュール内の複雑性を増大させることができる。

第二に、大規模設計において異なる部分の作業を同時並行的に行えるということ。モジュールは相互に独立し、モジュールごとに開発・生産が進められるので、モジュール化も、直線的・継起的な生産方式を同期的（コンカレント）な生産方式へ転換させる一因となる。

第三に、不確実性に適応する可能性を高められるということ。モジュール化には、「デザイン・ルール」のようにすべての設計者に認識される「可視的な情報」と、各モジュールの内部情報のように、相互に隠される「不可視的な情報」がある。モジュール化は、不可視的な部分を許容することによって外部変化の不確実性に対する適応力を高められる。というのも、他のモジュールにどのような変化が生じようとも、デザイン・ルールに則っている限り、その影響を受けずに済むからである。

こうした特徴をもつことによって、設計思想としてのモジュール化は、垂直統合型から水平統合型の産業構造への転換と組織間のネットワーク化を促進した。ＩＢＭは、モジュール化の導入によって内製主義を転換し、ＯＳやＣＰＵをマイクロソフトやインテルから社外調達したが、それが皮肉にもＩＢＭ帝国を崩壊させ、垂直統合型構造から水平統合型構造への転換を促したのである。コンピュータ産業はそれまでの寡占的構造から、無数の企業がネットワークで結ばれたクラスター構造へと変化していった。「あるクラスターが形成されるとき、そのモジュール型設計がクラスター自身の構造に『映し出される』」（同訳　p. 414）というボールドウィンとクラークの指摘は、モジュール型の設計思想と水平統合型の産業構造――彼らの言葉でいえば、「モジュール・クラスター」――との照応関係を示している。

組織内の水平統合型分業を実現したベルトコンベア方式も、全体を独立の諸要素に分割しているという点では一種のモジュール化であるが、現代のモジュール化とは質的に異なっている。現代のモジュール化は、「複雑なシステムを分解してできる（あるいは、複雑なシステムを構成する）モジュール自身が複雑なシステムである」（青木 2002, p. 7)。ベルトコンベア方式が「全体は複雑、要素は単純」であったのに対して、現代のモジュール化は「全体が複雑、性を高めることを可能にしているのである。

要素も複雑」である。モジュール化は、一見逆説的だが、デザイン・ルールに基づいてモジュール間のインターフェイスを定め、モジュール間の過剰な複雑性を取り除くことによって、各モジュール内の複雑性とシステム全体の複雑性を高めることを可能にしているのである。

「全体が複雑、要素も複雑」という特質は、モジュール化の入れ子的な性質を物語っている。モジュール化によってもたらされた水平統合型の産業構造も同様に入れ子的である。入れ子の場合、全体と要素の間に階層関係があるとはいえ、フラクタルのように、全体が各要素に反映されているので、機械システムのようには全体と要素を機械的に分離することはできない。

水平統合型構造が形成されると、生産システムの単位が個々の企業組織なのか、それとも組織間ネットワークなのか判然としなくなる。一つ一つの完成品が組織間ネットワークによって生産されるという意味では、生産システムの単位は、「超企業」とも呼ばれる組織間ネットワークであるともいえる。このとき、個々の企業組織は、組織間ネットワークという全体の構成要素となる。とはいえ、組織間ネットワークには、個々の企業に対して指示を出すような中心が存在するわけではなく、完成品メーカーも部品メーカーも自分の判断で生産活動を行っている。このような生産の単位をめぐる曖昧さは、ネットワーク組織が組織間ネットワークに対して「要素であると同時に全体でもある」あるいは「全体としての部分である」という入れ子的構造に起因している。

組織間ネットワークという全体の複雑さは、組織内ネットワークという要素の複雑さに反映されるとともに、要素の複雑さに支えられている。ネットワークの流動性と柔軟性は、その「弱い連結性」にあるだけでなく、要素としてのネットワークの流動性や柔軟性の複合的な効果として生まれる。流動性と柔軟性を備えた一つ一つのネットワークが自律性を保ちつつ、他のネットワークと協調することによって流動性や柔軟性を倍加させているのである。

ＩＢＭという一企業の内部で誕生したモジュール化は、やがて組織間ネットワークを発達させながら、シリコンバレーのような地域クラスターを出現させるに至った。ここに知の形式と社会関係が相互に規定しあいながら変化していく過程を看て取ることができる。知の一形式（設計思想）としてのモジュール化は、組織間ネットワークの発達を促したが、組織間ネットワークは、それ自体が知の絶えざる産出を支える一形式として作用する。ネットワークのネットワークにおいては、全体の自律性が要素に反映されつつ、自律的な要素の協調的な関係として全体が立ち上がる。このような社会関係の形式が、状況的変化に即して多様性と結合性を両立させる知の創出形式として機能するのである。

その際、組織間ネットワークがいかなる形態をとり、どの程度オープンになるかは、モジュール化以外の要因にも条件づけられている。その要因の一つが情報の所有形態である。末松千尋（2002）は、製品仕様のオープン性を、①自社仕様を公開せず、開発企業の所有物とする場合、②仕様を公開し、他社が再生産することを可能にしている場合、③仕様を公開するだけでなく、所有権もオープンにしている場合に分類している。①と③は、先に取り上げた私的所有と社会的所有に相当し、②は、①と③の中間に位置する。

末松によれば、企業間関係の「オープン／クローズ」と、製品仕様の「オープン／クローズ」の間にはさまざまな組み合わせがあるが、コンピュータ産業は、企業間関係と製品仕様のいずれにおいてもオープンな指向性を強めてきている。例えば、マイクロソフトは、系列企業以外の企業と取引関係をもっている点でオープンであるが、製品仕様に関してはクローズドであった（ケース①）。ＩＢＭ帝国の崩壊後、マイクロソフトは、「ウィンドウズ」をプラットホーム財にして「ワード」「エクスプローラ」「エクセル」「パワーポイント」といった関連商品を供給することによってコンピュータ業界のなかで君臨してきた。

しかし昨今では、マイクロソフトのクローズドな戦略に対抗する勢力も台頭してきている。サン・マイクロシステムズは、あらゆるOS上で動作し、ネットワーク機能を提供する新しいコンピュータ言語「JAVA」を開発することによって「ウィンドウズ」の地位を相対化しようとしている。「JAVA」の仕様を公開するだけでなく、仕様の決定に競合他社の参加も認めている（ケース②）。

一方、リーヌス・トーバルズを生みの親としたOS「リナックス」は、オープンソースの代表的な事例であり、「GNU GPL」によって「公開の義務」「改変の自由」「再配布の自由」が認められている（ケース③）。ケース①のように私的所有を前提にしていても、社会的ネットワークは形成されうるが、ケース③のように社会的所有が確立されると、社会的ネットワークは、よりオープンで流動的な性格を帯びてくる。末松の指摘にもあるように、企業間関係の「オープン／クローズ」と製品仕様の「オープン／クローズ」は一対一の関係にあるわけではないが、「GNU GPL」のような情報の社会的所有形態が普及していくことは、情報生産における社会関係のネットワーク化を一層促進することになるだろう。

コンピュータ産業から始まったモジュール化は、今では自動車、金融等、さまざまな産業分野に広がっているが、ボールドウィンとクラークは、その理由としてデザイン・ルールを特定するのに必要な知識の獲得と情報処理能力の向上を挙げている。「コンピュータの処理能力の向上が、知識の収集、加工、蓄積のためのコストを劇的に引き下げたのはもちろんのこと、異なるモジュールを設計し、テストするコストをも同様に低減させたのである」(Baldwin and Clark 2002, p. 44)。

モジュール化は、デザイン・ルールによってモジュール間のインターフェイスを事前に確定する点で特異な構造を有しているが、そうした特殊性を捨象すれば、全体と要素の入れ子構造は、モジュール化以外のさまざまな現象に見出される。組織内関係と組織間関係がともにネットワーク化されているネットワーク組織も入れ子的であり、ネットワークの構成要素がネットワークをなしている。この入れ子型のネットワークが流動的な状況変化に対応した知の創出形式として作用するのである。

八　制度的領域と非制度的領域の融合

社会関係のネットワーク化は、流動的な状況変化に対応して社会関係が再編されていく点で社会秩序の一層の複雑化を含意している。無秩序に接近すればするほど、社会秩序の構成要素はより自律的な動きをするが、にもかかわらず全体として一定の秩序が保れている状態、それが複雑な秩序である。そのような複雑な秩序が成立すると、社会の制度的領域と非制度的領域の区別は曖昧になってくる。例えば、流行は、もはや価値観の多様化によって国民的な広がりを見せなくなった反面、ファッションから企業経営に至る全般的な領域に及んでいる。流行や流言といった現象の背後にあるのは、人々の同調や模倣を促す心理的・行動的な共振性であるが、共振性を非制度的領域や例外的な状況のなかで働く非合理的な要因として片づけることはできない。

これまで非合理的なものとみなされてきた集合知が再評価されるようになったのも、こうした社会状況の変化を背景にしている。群集は「一人の個人よりつねに知的に劣る」としたル・ボンの考え方を批判し、専門家の知以上に集合知を評価したJ・スロウィッキー（Surowiecki 2004＝2006）によれば、多様な個人の独立性と分散性が維持されつつ知の集約がはかられたとき、集合知は専門家の知以上のものとなるが、そうした事例の一つが「リナックス」の開発であるという。

制度領域と非制度的領域の落差が縮まると，これまで主に非制度的領域のなかで作用していた共振性が制度的領域に侵入してくる。電子メディアは，先に述べた「数量的処理の拡張と非数量的処理の実現」によって，独立・分散している多様な個人を結合する可能性を高めたとはいえ，多様な個人の間で，時と場所を超えたコミュニケーションが営まれたからといって，ただちに知の集約がはかられるわけではない。知の集約は人々の協働的な営みを介して実現される。そうした人々の協働的な営みを動機づけているのが，心理的・行動的な共振性である。

今日，企業の生産現場ではイノベーションが強く求められているが，近年の企業イノベーションに関して注目されているのが，ナレッジ・コミュニティの存在とパーソナル・コミュニケーションの働きである。ナレッジ・コミュニティというのは，「実体的なビジネスの目的に役立つ新しい知識を創造し，共有し，利用するという共通の熱意を持つ人たちの集団」（Botkin 1999＝2001, p. 37）のことであり，共通の参加意識，仲間意識，集合的アイデンティティを伴っている。

共通の参加意識・仲間意識・集合的アイデンティティの形成は，一見すると，社会関係の複雑化や流動化と相矛盾するようにみえるが，そうではない。現代の組織は，従来の組織のように厳格な規則に基づいて構成員の行動を事細かく規定するかわりに，共通の集合的意識をつうじて人々の協調的・共振的な行動を引き出そうとしている。そうした実践コミュニティの形成に寄与しているのが対面的コミュニケーションである。ボトキンが指摘するように，「インターネット・テクノロジーは，ネットを通じた対話やアイデアの交換を促進させた点でブレークスルーであったと言ってよいが，長期にわたる濃密な共有関係を備えたナレッジ・コミュニティを維持するためには，面と向かってのコンタクトを織り込まなければならないことが多い」（同訳 p. 44）。

生産過程を構成する社会関係が，例えばプロジェクト・チーム制のように，状況に応じて流動的に再編されると，異質な人々の間に協調的関係を築くことが難しくなるが、そうだからこそ心理的・行動的な共振性が必要になる。ナレッジ・コミュニティを形成し、対面的なコミュニケーションの活性化させることは、異質な人々の暫時的集合という、無秩序に陥りがちな状態のなかで共振性を働かせる社会的仕掛けなのである。

こうして心理的・行動的な共振性は、それを合理的に機能させる諸条件に補完されながら制度的領域に取り込まれる。非制度領域で発生する群集を非合理的な存在とみなすル・ボンの認識の背景には、制度的領域を合理性が貫徹する領域、非制度的領域を非合理性に支配された領域とみなす二項対立が潜んでいるが、今ではこの二項対立が崩れつつある。

そして、制度的領域と非制度的領域の融合には、制度領域が非制度領域に接近するのとは裏腹に、非制度的領域が制度領域に接近するという逆の局面もある。これまで見てきたのは、主に経済という制度的領域のなかで進行しているネットワーク化であったが、非制度的領域においてもネットワーク化が進行している。社会運動を例にとると、近年の社会運動は、ネットワーク的な性格を強めている。制度的領域における経済のグローバル化も、非制度的領域における反グローバリズムの社会運動の活性化も、同じ入れ子型のネットワーク化に基づいている。

情報化とグローバル化が進展する一九八〇年代以降は、社会運動が活発化した時期でもあった。ことに九〇年代に入ると、インターネットを利用した反グローバリズム運動が盛んになった(8)。一九九四年には、メキシコ政府の新経済自由主義政策に反対してサパティスタ国民解放軍が武装蜂起し、一九九九年には、シアトルで開催されたWTO（世界貿易機関）の決議に対する抗議行動が行われた。この二つの反グローバリズム運動は、インターネットをベースにしている点で共通している。

とくにシアトルでの抗議運動は、人権運動、女性解放運動、環境運動、労働運動、宗教運動、平和運動等に携わってきた多様な人々が結集した点で画期的であった。この運動には、リーダーシップを発揮した活動家が存在したとはいえ、司令塔となる「中心」は存在しない。抗議デモ以前の段階で行われたインターネット上の情報交換と政治的議論が多様な人々の結集を可能にした。シアトル以後も各地で活動が続いたが、反グローバリズム運動は一つの恒常的な組織や制度をもっているわけではない。運動は、これまで別個に展開されてきた運動に関与してきた多様な個人や組織から構成され、目標が達成されれば、解消するか再編される（Castells 2001）。

反グローバリズム運動は、その時々のイシューに応じて流動的に組織されるネットワーク的関係に担われている。人権運動、女性解放運動、環境運動、平和運動等、一つ一つの運動がネットワークを形成し、参加者の自発的意志に基づきながら流動的に組織されている。シアトルでの抗議デモは、そうした多様な運動体としてのネットワークがネットワーク化されたものなのである。

このように制度的領域と非制度的領域のいずれにおいても、社会関係のネットワーク化が進んでいるが、その共通の変化が進行することによって、二つの領域は相互に接近してきている。ネットワーク的関係は、状況変化に即応しながら知を創出する一つの特別な形式であるが、ネットワーク化そのものが構造的なレベルでの知の変容、すなわち情報様式の変容に基づいているのである。

九　ネットワークの情報的原理

今日、「ネットワーク」という言葉は、近隣ネットワークからコンピュータ・ネットワークに至るまで、「緩やかな関係」を指す言葉として広く用いられているが、現代社会を構成しているネットワークは、これまでみてきたように、

「ネットワークのネットワーク」として存在する。

「ネットワークのネットワーク」は、ネットワークが現代社会の構造であると同時に、主体であることを示唆している。ネットワーク的主体というのは、状況的変化に応じて自らを流動的に変化させつつ、他のネットワークとネットワーク的関係を結びうる自律的存在を指している。ネットワーク的主体は、その内部と外部がいずれも社会的コミュニケーションによって構成されている。

近代的主体は中心性をもち、状況的に変化に抗する一貫した行動をとる「主体（Subject）」であったが、ネットワーク的主体には、そのような中心性は存在しない。にもかかわらず、現代のネットワークが一個の「主体（Actor）」でありうるのは、内部を外部化するかたちで外部を内部化し、それによって内部と外部の入れ子的な関係を形成しているからである。「ネットワークのネットワーク」は、単に複数のネットワークが重層的に結びついている状態を表しているのではなく、全体の構成要素としてのネットワークが全体を一定の仕方で情報的に包摂していることを表している。

いかなる主体であれ、主体というのは、自己と自己を取り巻く世界を「内部／外部」として区別しつつ、自己の外部に存在する世界を内部化することによって成立する。自己が世界のなかで自律的主体となるためには、世界（に内属する諸々の存在）がどのような動きをするのかを主体の内部で了解し、世界の動きのなかに自らを位置づけることができなければならない。この外部の内部化は、内部の外部化として実現されるが、情報こそ、物理的には越境しえない内部と外部、主体と世界の境界を横断し、世界と主体の入れ子構造を創り出すことを可能にしている。そこでは、世界の動きに従属することをつうじて世界に働きかけられるという、他律が自律へ転化する逆説的なメカニズムが作用している。

この自律化の原理は、近代的主体を含め、あらゆる主体にあてはまる。モジュール化が自律分散的な生産方式であるのも、各モジュールが「可視的な情報」としてのデザイン・ルールに従うと同時に、他のモジュール内部を互いに不可視化しうるからである。つまり、「可視的情報」と「不可視的情報」の区別を設けることによって、モジュール間の過剰な影響関係が排除され、各モジュールの自律性が高められるのである。ここに見られる「可視的情報」と「不可視的情報」の関係は、第五章で説明した可視的コミュニケーションと不可視的コミュニケーションの関係とパラレルな関係にある。自己と他者が社会関係を取り結ぶためには相手を知る必要があるが、相手のすべてを知る必要はない。現実の社会関係は、このように相手に関する知と非知の上に成り立っている。相手に対する知と非知をもたらしているのがそれぞれ可視的コミュニケーションと不可視的コミュニケーションである。

デザイン・ルールという可視的情報の共有が他のモジュール内部の不可視化という、もう一つの側面を伴っているように、情報の表現・伝達・理解としての可視的コミュニケーションも、情報の隠蔽・非伝達・非理解としての不可視的コミュニケーションを伴っている。その際、他のモジュール内部に対する不可視化がモジュールの自律性を高めたように、不可視的コミュニケーションがもたらす非知も自己の自律性を高める一因となる。自己と他者は、相手の内部を見通せるような透明な関係にあるのではなく、このことが各自の内的自由を保障する条件にもなっている。

ただし、モジュール間の関係がデザイン・ルールによって一義的に確定されているのに対して、自己と他者の関係は、コミュニケーションをつうじてそのあり方を更新していくような動態的な関係をなしている。また、デザイン・ルールの場合には、他のモジュールを完全にブラックボックス化しうるが、社会関係を形成する場合にはそうはいかない。自己と他者は、それぞれ一定の知識に基づいて相手の視座を二人称的視座として設定し、それに立脚する必要がある。

このような違いがあるとはいえ、モジュール化が示唆しているのは、全体（ないし要素間の関係）と要素の入れ子構造を創出する情報的原理が今や個人の意識を超えて、社会的コミュニケーション過程に内在しているということである。設計思想としてのモジュール化が水平統合型産業構造の形成を促したことからもわかるように、情報には自らの構造に照応する現実を創出する働きが備わっている。「ネットワークのネットワーク」のなかで、全体と要素の入れ子構造を創出する情報的原理が働くことによって形成された主体がネットワーク的主体である。第五章で述べたように、この主体が（内部を外部化するかたちで）外部を内部化する人間の知性と、人間の知性を再び外部化する知性としての人工知能が相互補完的に作用することによって生成されるとすれば、ネットワーク的主体を支えているのは、「外部化する知性」の媒介的な働きによって無数の「内部化する知性」を結成した集合的知性である。モジュール化は、そうした「ネットワークのネットワーク」を形成するための一契機をなしている。

入れ子型のネットワークは、今では企業間関係を超えて、社会的機能を異にする組織間の関係にまで及んでいるが、この現象は、グローバル化とローカル化の同時進行を物語っているだけでなく、機能分化の変容をも示唆している。特定の機能を割り当てられた組織も、その機能を遂行するにあたって他の機能に依存しているので、組織内には機能的に未分化な位相が存在する。組織の内部と外部がともにネットワーク的関係として編成されると、組織内の諸機能は、外部に存在する別組織の機能を取り込むかたちで遂行されるようになる。ここでも内部が外部化されるとともに、外部が内部化されるという情報的原理が貫徹しており、このような状況のなかで機能分化の変容が起こっているのである。

しかも、「ネットワークのネットワーク」は、全体を支配する中心をもたない点で自律分散的であるとはいえ、要素と要素の協調は予定調和的に実現されるわけではない。モジュールの場合には、デザイン・ルールの共有によってモジュールの協調的関係が保証されたが、「ネットワークのネットワーク」の場合には、要素間の関係は、必ずしもルールに規定されてはいない。ネットワークの構成要素となる諸組織が自己の内部機能を外部に依存しながら遂行する際、外部に対して統制的な影響を及ぼしうる。その結果、諸要素間にはそのヘゲモニーをめぐる対立関係が発生する。現代社会では、市場原理主義が経済の領域を超えて社会全体に浸透してきているが、こうした現象も「ネットワークのネットワーク」化が進行している現代的状況を抜きにしては語れない。

現代的ネットワークを特徴づけている「ネットワークのネットワーク」が内部と外部の入れ子構造を創出する情報的原理に基づいているとすれば、グローバル化した現代社会を記述するためには、「ネットワークのネットワーク」を生成する社会的コミュニケーション過程とそこに内在する情報的原理が明らかにされねばならない。情報的世界観は、そうした現代社会を（批判的に）読み解くことを可能にする世界観として構想されるのである。

注

第一章

(1) すべての認識の基礎をなす触覚的認識においては、身体的接触をとおして対象が把握される。そこでは、認識と運動が渾然一体をなしている。

(2) 「先の今」とは、過去化した「今」を指している。「今」は現在を表しているので、「別の今」には、過ぎ去った「今」のほかに、未来にとどまっている「今」がある。現在をはさんで過去と未来は対称的であるが、過去を現前させる記憶(想起)と、未来を現前させる予想(予期)は、異質な情報処理に基づいている。記憶や想起は、単なる過去の再現でないとはいえ、その情報処理には、情報を担う物質が「先の今」から「今」へと時間的に移動することが必要である。ところが、未来の予想は、可能的なものを開示する意味作用のみに依拠している。詳しくは、正村(2000)を参照されたい。

(3) ただし、情報は、いつの時代にも出来事と出来事の継起的・共在的な関係の創出に係わってきたので、時空的距離を克服する作用は、電子メディアに固有なものではない。H・A・イニス(Innis 1951=1987)やM・マクルーハン(McLuhan 1964=1967)は、時空的距離を克服するメディアの作用に早くから注目してきた。例えば、マクルーハンは、電波メディアが身体(中枢神経)を技術的に拡張し、「地球村(グローバル・ビリッジ)」を形成すると考えた。

(4) ベンヤミンは、「どんなに完全な複製においても、欠けているものがひとつある。芸術作品のもつ〈いま‐ここ〉的性質——それが存在する場所に、一回的に在るという性質である」(Benjamin 1936=1995, p. 588)と述べている。

第二章

（1）ルーマン（Luhmann 1984＝1993）によれば、コミュニケーションは、①情報、②伝達、③理解という三つの選択的契機の総合であり、三つの選択は、それぞれ固有の「ありそうもなさ」を伴っている。①自我が他我の考えを理解できること、②情報が対面的範囲を越えた受け手にまで到達すること、そして③受け手が自らの行動前提として送り手の情報を受容すること、これらはいずれも「ありそうもない」が、それを「ありうる」ものへと変換しているのが、①「言語」、②「伝播メディア」、③「成果メディア」といったコミュニケーション・メディアである。マス・メディアや電子メディアが「伝播メディア」であるのに対して、貨幣・権力・真理は「成果メディア」である。伝達の過程に介在する前者と違って、後者は理解の過程に介在し、受け手が情報を受容する可能性を高めている。

（2）ルーマン（Luhmann 1981）も、「議会・行政・公衆」の間を権力が循環するシステムとして政治システムを捉えている。

（3）バーチャル・カンパニーは、次章で説明するように「幽霊企業」ではない。現に、ネットワーク上における企業間の提携をつうじて生産活動が行われている。

（4）近代建築も、建物が建てられる場所を問わないという点で脱場所的な建築様式であった。家・企業・議会・大学のいずれであれ、組織は特定の空間的場所に位置し、特定の建造物を有しているが、その機能遂行に適合的であった建築が近代建築であった。近代建築が登場したのは二〇世紀であるが、近代建築は、建物の内外の場所性を捨象している点で「抽象的な均質空間」の理念と合致している（原広司 1987）。

（5）通貨の発行主体が住民であったり私的銀行であったりすることもある。通貨の価値は時間を単位にしていることもあれば、当事者の合意に基づくこともある。また、地域経済の活性化を目指しているところもあれば、ボランティア活動の活性化を目指しているところもある。

（6）グローバル・マネーとしてのドルに対抗して「ユーロ」を導入したヨーロッパでは、ＥＵ委員会がもう一つの貨幣経済を創出するために、「バラタリア・プロジェクト」と呼ばれる四つの補完通貨実験プロジェクト――①スコットランドのＳＯＣＳ、②アイルランドのＲＯＭＡプロジェクト、③アイルランドのアムステルネット、④スペインの非営利団体による第三セクタープロジェクト——を援助している。③を除く三つの貨幣は、いずれも電子マネーである（加藤 2001a）。

（7）例えば、がんの治療薬を開発するためには、タンパク質のデータベースや、その比較対照を行うソフトウェア、新薬候補物質を設計し、タンパク質との結合具合をシミュレーションする技術などが必要である。

（8）ここでは説明できなかったが、各部分システムを構成する内部分化——「生産者と消費者の分離」（経済システム）、「政治家と民衆の分離」（政治システム）、「専門家と素人の分離」（科学システム）——を生み出している境界も揺らぎつつある。

（9）ここで「相互行為」とは、より正確にいえば、コミュニケーションと融合した相互行為を指す。

（10）A・メルッチは、「身体への回帰は新たなアイデンティティの模索の契機をもたらすことになる」（Melucci 1989＝1997, p. 152）とした上で次のように述べている。「身体は消費の対象、そして支配の道具となりつつある。身体は素敵なパッケージ商品として、市場の多くの（そして重要な）部門を支えているのである。身体は、セックス・シンボルというアピールによって消費を刺激し、化粧品、ファッションからヌード写真や製薬業にいたる無数の産業の基盤となっている」（同訳 pp. 153-4）。

第三章

（1）ハイデッガーは、一方では、「存在と仮象との戦いに勝つことによってのみ、ギリシャ人は存在者から存在をもぎ取り、存在者を即属性と非隠蔽性へともたらした」（Heidegger 1953＝1994, p. 175）と述べつつ、他方では、「ギリシャ人は、これらすべてのことを仮象の真っただ中で、仮象に包囲されて、だが同時にこの仮象を厳粛に受け取り、仮象の力を知りつつ行った」（同訳 p. 175）と述べている。

（2）未来・可能的な選択は言語的思考に依拠しているので、存在と思考の内的連関を重視する見方は、存在と当為の内的連関を重視することにもなる。実際、イデア説においては、「範型」であるイデアは当為的な意味を内包している。諸々のイデアのなかでも最上位に位置するのが「善のイデア」である。善のイデアから諸々のイデアが派生し、それらのイデアから現実が派生してくるのである。

（3）集約機能は、情報論的にいえば、多数のパタンを一つのパタンに圧縮する「多対一」写像として位置づけられる。詳しくは、

第五章を参照されたい。

（4）例えば、社会を諸個人の総和とみなす「社会名目論」に対して、社会を諸個人の総和以上のものとみなす「社会実在論」もその一つの現れである。社会実在論は、一八世紀末から一九世紀にかけて国民国家が形成され、国民国家という社会を実在とみなす素地が整ってきたことを背景にしている。また、官僚制化の進展に伴って、組織も法人格を与えられ、組織も個人のあり方を左右する実在的な存在となっている。

第四章

（1）グローバル化の影響は、欧米・アジア・アフリカで異なるし、各リージョンのなかでも国によって異なる以上、グローバル社会を論ずるには、社会の多様性に十分配慮しなければならない。とはいえ、国際関係論が専門でない筆者にとって、そうした社会的多様性を射程に入れるだけの余裕も力量もないことは最初に断っておく。

（2）もちろん、組織の有効性は組織を取り巻く環境のあり方にも依存しているので、すべての組織が一様に脱官僚制化しているわけではないが、全体としてはそのような傾向にある。

（3）その際、「新しい国際分業」という概念は、世界全体を表現しているわけではない。アフリカのように、国際分業から排除された地域も存在するということに留意しなければならない。

（4）ルーマン（Luhmann 1997）は、近代社会が世界社会であり、世界社会という全体システムのなかで機能分化が生じ、その上で無数の国民国家を創出する環節分化が起こったと考えているが、むしろ国民国家という環節分化がまずもって成立し、国民国家という全体システムのもとで機能分化が実現されたと考えるほうが歴史的現実に即している。というのも、機能分化を成立させる共通の基盤となる全体システムは、各部分システムに属する構成員を共通のメンバーとして確定するだけの統治能力を備えていなければならないが、一八・一九世紀の世界社会にはそのような能力が欠落していたからである。ルーマンにとって、全体システムとしての社会は、あらゆる社会的コミュニケーションを包括するシステムを指しているが、このような意味での世界社会は近代以前から成立しており、機能分化の基盤にはなりえない。

またルーマンは、機能分化した部分システムが「閉鎖性」をもつ理由として、各部分システムに対応するコミュニケーション・メディアがそれぞれ特有の二肢コードのもとで作動することを挙げているが、この点に関しても、近代以前から貨幣は「支払い／不払い」、真理は「真／偽」といった二肢コードに依拠してきた以上、二肢コードの存在は、各部分システムが機能分化しているか否かを判別する基準になりえない。ルーマンの理解では、世界システムのもとで機能分化が生じているので、グローバル化は機能分化に影響を及ぼすものではないが、機能分化が国民国家を前提にして成立したとすれば、機能分化の成立基盤となった国民国家の変容は、機能分化の変容に繋がる可能性を孕んでいることになる。

第五章

(1)　その転換を示しているのが中世の普遍論争である。

(2)　第三章で述べたように、スコトゥスやオッカムが一三世紀後半から一四世紀の段階で個体の存在価値を引き上げる革命的な転換をはかった背景には、当時のイングランドにおいて個人主義化が進展したことが考えられる。

(3)　生命の再生産を司る遺伝情報が意味を内包しているか否かに関しては論者によって意見が分かれ、生命記号論のように、遺伝情報を有意味的な記号として解釈する立場もある。しかし、ここでは非意味的情報とみなす。詳しくは、正村（2000）を参照されたい。

(4)　インターネットの空間写像能力に言及した議論として、インターネットが「空間的距離の消滅」を促したという議論（Virilio 1993＝2002）があるが、インターネットは、文字、音声、映像等といった各種のパタンと光信号との二重の変換を実現し、世界最速の光の空間的移動能力に基づいて地球的規模の距離を事実上「消滅」させたのである。

(5)　この空間次元で成立するプロセスを時間次元で展開すれば、それは保存としての時間写像となる。吉田（1990）は、「伝達」と「貯蔵」をそれぞれ「発信・送信・受信」「記録・保存・再生」という同型のプロセスとして捉えたが、発信と受信、記録と再生は、それぞれ時間次元と空間次元における二つの対称的な変換、そして送信と保存は、それぞれ情報の空間的・時間的な移動を意味する。

(6) コミュニケーションの不可視性には少なくとも三つの位相がある。第一に、送り手の意図的な隠蔽に基づく不可視性がある。かつてヘーゲルが「規定(肯定)は否定の否定である」と言ったように、一定の内容を積極的に表現・伝達すること(肯定)と、その内容に反する内容(第一の否定)を表現・伝達しないこと(第二の否定)は等価である(正村 1995)。例えば、自己を誠実な人間として表現するためには、相手に対して誠実に振る舞うだけでなく、自己の不誠実さを隠蔽する必要がある。このような隠蔽は送り手の意志に基づいており、不可視性は受け手に対する不可視性として現れる。第二に、送り手と受け手の双方にとって不可視的であるが、情報の表現・伝達に実質的に包含される局面がある。否定の否定には無数の可能性が含まれるので、「肯定＝否定の否定」という論理が働くとき、送り手も否定すべき内容のすべてを意識できるわけではない。例えば、「自分が家にいる」ことは、「家以外の場所に(第一の否定)、いない(第二の否定)」ことを意味している。家以外の場所は無数に存在するので、そのすべてを意識化することは不可能である。そのため、送り手と受け手の双方にとって不可視の部分が存在する。とはいえ、いかなる否定の否定も肯定に含まれる以上、この不可視性は完全な不可視性ではない。そして第三に、メディアの構造的隠蔽に基づく不可視性がある。今の議論にとって重要なのは、このレベルの隠蔽である。

(7) 「コミュニケーション(communication)」の語源は、「聖体拝領」を意味するラテン語「コミュニオン(communion)」であるが、この語源的な事実に関しては、これまでコミュニケーションの本質が(コミュニケーションをつうじて)情報を共有することにあると解釈されてきた。しかし、「聖体拝領」が意味しているのは、神の子であるイエスの体と血の分有をとおして信者と神の交流が生まれ、そのことをとおして信者同士の交流が生まれるということである。聖体拝領における分有・共有はコミュニケーションの結果ではなく、むしろコミュニケーションの前提であり、しかも神という全体の分有・共有である。その背景には、全体から個体を導く全体論的世界観が控えている。

(8) ジンメルは、貨幣論のなかで「対立物の一致」というクザーヌスの言葉を引用しながら、貨幣と神の類似性について次のように語っている。「存在のすべての疎遠性と非宥和性とが神において統一と和解とを見出すというこの観念から、神の表象とわれわれが神をもつという表象とともに漂う、感情の和平と確実さとをすべて包括する豊かさとが生じる。貨幣がひき起こす感覚は疑いもなく感覚の領域においては、これとの心理的な類似性をもつ。貨幣は、ますます価値の絶対に十分な表現と等価物となることによって、客体の広範な多様性のすべてを超えた絶対的な高みへと上昇し、諸事物にとっての中心点となり、それらの事物はきわめてかけ離れ、きわめて対立しあい、きわめて疎遠ではあるが、この中心点に共通なものを見出し、たがいに接触しあう」（Simmel 1900 = 1997, p. 244）。

（9）印刷物は、一八世紀から一九世紀における「公衆」や「国民国家」といった集合的主体の誕生にも関与したが（Anderson 1983 = 1987）、これらの集合的主体を誕生させる際にも抽象化と捨象化という二つの作用が必要であった。それらを担ったのが印刷物に内在する二つの情報様式であった。例えば、G・タルド（Tarde 1901 = 1964）によれば、公衆は、肉体的接触から生まれる群集と違って、印刷術の発明以後に登場する精神的集合体である。公衆が「世論」を創出する主体となりうるのは、新聞が多数性の論理を働かせることによって意見の集約をはかるからである。「新聞は自分の知らないうちに、数の力を創り出し個性の力（知性の力とは言えないにしても）を軽くすることに力をつくした」（同訳 p. 78）。印刷物は多数性の論理に依拠して、表現・伝達的な局面では世論となる特定の意見を抽出し、隠蔽・非伝達的な局面では他の意見を排除したのである。

（10）印刷物の段階では、自己は、理性的／想像的な自律性をもつ中心化された主体として構成されたが、電子メディアの段階になると、自己は脱中心化され、連続的な不確実性のなかで多数化される（Poster 1990 = 1991）。

（11）「私は従来、矛盾的自己同一の世界を論ずる時、個物が世界を映すと共に逆に世界の一観点となるというモナドロジーの考を利用した。しかしそれは主としてその知識的方面を明にするものであって、真にその実在的構造を明にするものではない」（西田 1989, p. 194）。

第六章

（1）所有をめぐる二つの対抗的な運動が存在するという点でも、情報の分野と生命の分野は類似している。その一例としてヒトゲノム研究があげられる。ヒトゲノム（人体を構成する全ての遺伝情報）の解読によって、アルツハイマー病などさまざまな難病を治すための治療薬（ゲノム創薬）の開発が期待されていることから、ゲノムを特許対象とするのか、それとも人類の共有財産とするのかをめぐって熾烈な競争が繰り広げられている（中村・中村 2001）。米国のベンチャー企業は、特許権を獲得することによってゲノム解読から派生する利益を得ようとしているが、一方、アメリカ、イギリス、日本、ドイツ、フランスなどの大学や公的研究所の研究者が参加している国際ゲノム解読プロジェクトは、ゲノム情報が全人類の共有財産であるという認識のもとに解読作業を進めた。

（2）西欧において、存在と当為の区別が明確になったのは一九世紀であるが、今でもその二つを完全に分離できない位相がある。

（3）共同所有の場合には、所有をめぐる排他性は、集合体の内部では発生しないが、集合体と集合体の間で発生する。

（4）情報の定義については、前章で論じたが、詳しくは、正村（2000）を参照されたい。

（5）過去を想起することと未来を想定することは、どちらも時間にかかわる情報処理であるが、写像形式としてみれば、前者は空間写像、後者は内容写像に担われている。これに関しては、正村（2000）を参照されたい。

（6）先に指摘した「身体は個体的、情報は公共的」という命題に関しては、ここで一定の修正を加えなければならない。というのも、そこで問題にされていた情報は、言語情報のように、社会的コミュニケーションの過程で流通する情報であったからである。言語情報は公共的であるが、知覚情報や運動情報は、人によって異なるという意味では各私的である。いかなる情報も、時間的・空間的な隔たりを埋めるとはいえ、その隔たりは人と人の間にあるとはかぎらない。例えば、運動情報であれば、その空間的な位置の隔たりは、脳と身体器官という個体内部に存在する。

逆に、身体も個体的とは言い切れない。肉体は一個の個体的・客体的な存在に過ぎないが、身体には、情報処理をつうじて世界に参与する主体的側面がある。そのような活動を営む身体は、社会的に構成されている。人は、さまざまな身体技法——例えば、挨拶をする時には頭を下げる、握手をするといった振る舞い——を取得して社会的主体となるが、そうした身体技法も言語情報のもとで学習される。「身体が自分の私的所有物である」という了解は、今では「常識」に属するとはいえ、いついかなる時代にも妥当していたわけではない。例えば、江戸時代に活躍した貝原益軒は、「人の身は父母を本とし、天地を初とす。天地父母のめぐみをうけて生まれ、又養はれたるわが身なれば、わが私の物にあらず」（貝原 1983）と述べている。身体も社会のなかで特有な意味を付与され、社会的な意味づけのもとで機能するのである。

（7）これは、身体内を流れる神経インパルスとしての運動情報ではなく、身体の外的な動きのパタンを意味する。

第七章

（1）社会秩序の成立を本来「ありそうもないこと」が「あること」として捉えたのは、ルーマン（Luhmann 1984＝1993, p. 95）であった。

（2）本書では、情報を広義に解釈しているので、社会知も情報の一形態として位置づけられる。

（3）ここでパーソナル・メディアとは、対面的なコミュニケーションを成り立たせているメディアを指しており、電話は含まれない。

（4）この点については第四章で詳述したので、説明は繰り返さない。

（5）例えば、インターネット上で不特定多数の人々が執筆に加わって作られた百科事典「ウィキペディア」が挙げられる。

（6）シブタニ・タモツが言うように、「流言とは、あいまいな状況にともに巻き込まれた人々が自分たちの知識を寄せ集めることによって、その状況について有意味な解釈を行おうとするコミュニケーションである」（Shibutani 1966＝1985, p. 34）。

（7）セル生産方式の利点は、流動的な市場動向に対応できる点にあるだけでなく、一人ないし数人の人間が全工程を担当するので、製品の流れに潜むさまざまな問題点を改善したり、量産ラインのもとでは不可能なアイデアを発案したり、各セルのなかで創意工夫を凝らしたりすることが容易であるといわれている。

（8）ネグリとハートは、マルチチュードのモデルをインターネットのような分散型ネットワークに求めたうえで、その理由として「第一に、さまざまな結節点がすべて互いに異なったまま、ウェブのなかで接続されていること、第二に、ネットワークの外的境界が開かれているため、常に新しい接点や関係性が追加できること」（Hard and Negri 2004＝2005, p. 21）を挙げている。インターネットと運動組織の間に一定の構造的な類似性が認められるのは、インターネットが社会関係の形成に関する知の条件を規定しているからである。

あとがき

本書の内容は、社会学と社会情報学という二つの分野に属している。円に喩えると、社会学と社会情報学は、中心点が異なるものの、部分的に重なり合う二つの円として存在する。本書はちょうど、その二つの円が重なる領域に位置している。というのも、グローバル社会としての現代社会を分析対象にしているという点では社会学に近いが、情報論的視点から分析しているという点では社会情報学に近いからである。

現代社会を情報論的視点から論じた試みは、これまでにも「情報社会論」というかたちで存在してきた。しかし、従来の情報社会論は、正確にいえば、現代社会の情報的側面を論じているにすぎなかった。分析の視点が情報的視点に特定されているだけでなく、分析の対象も情報現象に限定されていた。しかも、そこで中心的に語られてきたのは「時空的距離の消滅」であった。この現象は、現代社会のグローバル化を考えるにあたって重要な論点であるとはいえ、情報化の進展によって地球上の出来事が緊密な結びつきをもつようになったことは、新聞やテレビを見たことのある人なら誰でも知っている。この当たり前のことを確認するだけなら、あまり意味がない。

ここから議論をもう一歩先に進め、情報現象に一見みえない現象を情報論的に説明してみたい。これが本書の基本的な意図である。とはいえ、この意図を実現するためには、いくつかの課題を解決しなければならないように思えた。まず第一に、情報の作用に関する原理的解明を行い、「時空的距離の消滅」をもたらす作用を情報作用の一形態として位置づける、より包括的な情報論の枠組を設定すること。第二に、これまで情報社会論が議論してきた情報現象に絞ることなく、情報化とグローバル化が進展した現代社会の変容を記述すること。そして第三に、以上の二つの課題を接合するための論理を組み立てること。

要するに、第一の社会情報学的課題と第二の社会学的課題をともに解決するような論理を構想する必要があるように思えたのである。第一の課題に関しては、数年前に「写像」という、二〇世紀の「悪名高い」概念を使って情報概念を定義し、自分なりの情報論の枠組を提示したので、後はその枠組を使って、現代社会の構造変容をどのように読み解くかという点にあった。

本書で描いた現代社会とは、グローバル化とローカル化が同時並行的に進展しただけでなく、機能分化のあり方が変容した社会であるが、このような現代社会像と情報論の枠組を切り結ぶための論理として考え出されたのが、「ネットワークのネットワーク」「外部の内部化と内部の外部化」「入れ子原理」等々である。現代社会が「ネットワークのネットワーク」という入れ子型のネットワークとして編成され、外部をなす全体が要素の内部にも存在するならば、そうした入れ子構造の形成を可能にする働きが情報の写像作用である。外部の内部化と内部の外部化を実現する情報の写像作用を抜きにしては、ローカルな出来事にグローバルな世界が刻印されることも、また経済システムという部分システムに全体システムがあたかも包摂されるようなことも起こりえないのではないだろうか。

本書は、最近執筆した論文を集めたものであるが、論文を再録するにあたっては、どの論文も大幅な加筆・修正を行っている。論文の初出は以下のとおりである。

第一章：「情報・身体・社会」正村俊之編著『講座・社会変動6　情報化と文化変容』ミネルヴァ書房、二〇〇三年

第二章：「機能分化とアイデンティティの行方――電子メディアによる身体の超越と復権」同右、ミネルヴァ書房、二〇〇三年
第三章：書き下ろし
第四章：「グローバル社会の編成原理」『社会学評論』五六巻二号、二〇〇五年
第五章：「コミュニケーションと情報空間の相互構成（上・下）」『思想』二・三月号、二〇〇七年
第六章：「情報の私的所有――その逆説的な帰結」遠藤薫編著『環境としての情報空間――社会的コミュニケーション・プロセスの理論とデザイン』アグネ承風社、二〇〇二年
第七章：書き下ろし

最後に、本書を執筆するにあたって関係者に謝意を表したい。学習院大学の遠藤薫先生には、第六章および第七章の論文を執筆する機会を与えて頂いた。第七章は書き下ろしであるが、遠藤先生に呼んで頂いた「第一回横幹連合総合シンポジウム」の報告を基にしたものである。岩波書店編集部の現編集長の互盛央氏、元編集長の小島潔氏および押田連氏には、第五章の基になった論文を『思想』に掲載して頂く過程でお世話になった。また、東北大学大学院生の山下貴之君には文献作成の段階で協力してもらった。そして、東京大学出版会の佐藤修氏には、長い間約束を果たせなかったためにご迷惑をおかけしたが、出版にあたっていろいろお骨折り頂いた。心より御礼申し上げる。

二〇〇七年一〇月

正　村　俊　之

人名索引

マ

ヤ

ラ

事項索引

サ

タ

ラ

文　献

Anderson, B. 1983 *Imagined Communities: Reflections on the Origin and Spread of Nationalism*, Verso.（＝白石隆・白石さや訳　1987『想像の共同体――ナショナリズムの起源と流行』リブロポート）

青木昌彦　2002「産業アーキテクチャのモジュール化――理論的イントロダクション」青木昌彦・安藤晴彦編著『モジュール化――新しい産業アーキテクチャの本質』東洋経済新報社.

Appadurai, A. 1996 *Modernity at Large: Cultural Dimensions of Globalization*, The University of Minnesota Press.（＝門田健一訳　2004『さまよえる近代――グローバル化の文化研究』平凡社）

Aristoteles 1924 *Metaphysics*（a revised text with introduction and commentary by W. D. Ross), Clarendon Press.（＝出隆訳　1959『形而上学』岩波文庫）

Augustinus, A. 1955 *Oeuvres de Saint Augstin*, Vol. 15, 16, Desclée de Brouwer.（＝中沢信夫訳　1975『三位一体論』東京大学出版会）

――　1968　*Sancti Avrelii Avgvstini De Trinitate*, libriXV, cvra et stvdio W. J. Mountain, avxiliante Fr. Glorie（Corpvs Christianorvm. Series Latina 50A), Tvrnholti.

Baldwin, C. Y. and K. B. Clark 2000 *Design Rules 1: The Power of Modularity*, Massachusetts Institute of Technology.（＝安藤晴彦訳　2004『デザインルール――モジュール化パワー』東洋経済新報社）

――　2002「モジュール化時代の経営」青木昌彦・安藤晴彦編著『モジュール化――新しい産業アーキテクチャの本質』東洋経済新報社.

Benjamin, W. 1936 *Das Kunstwerk im Zeitalter seiner technischen Reproduzierbarkeit*.（＝浅井健二郎・久保哲司訳　1995『ベンヤミン・コレクションⅠ――近代の意味』ちくま学芸文庫）

Botkin, J. 1999 *Smart Business*, The Free Press.（＝米倉誠一郎監訳　2001『ナレッジ・イノベーション――知的資本が競争優位を生む』ダイヤモンド社）

Bull, H. 1977 *The Anarchical Society: A Study of Order in World Politics*, Macmillan Press.（＝臼杵英一訳　2000『国際社会論――アナーキカル・ソサイエティ』岩波書店）

Castells, M. 1996 *The Rise of the Network Society*, Blackwell.

―― 1997 *The Power of Identity*, Blackwell.
―― 1999 *Global Economy, Information Society, Cities and Regions*.（＝大澤善信訳　1999『都市・情報・グローバル経済』青木書店）
―― 2001 *The Internet Galaxy*, Oxford University Press.
Cohen, B. J. 1998 *The Geography of Money*, Cornell University.（＝本山美彦・宮崎真紀訳　2000『通貨の地理学』シュプリンガー・フェアラーク東京）
Cusanus, N. 1932 *De Docta Ignorantia* (*Nicolai de Cusa Opera Omnia*), Meiner.（＝山田桂三訳　1994『学識ある無知について』平凡社）
Debray, R. 1992 *Vie et mort de l'image: une histoire du regard en occident*, Gallimard.（＝西垣通監修・島崎正樹訳　2002『イメージの生と死』NTT出版）
―― 1994 *Manifestes médiologiques*, Gallimard.（＝西垣通監修・島崎正樹訳　1999『メディオロジー宣言』NTT 出版）
Delanty, G. 2000 *Citizenship in a Global Age: Society, Culture, Politics*, Open University Press.（＝佐藤康行訳　2004『グローバル時代のシティズンシップ――新しい社会理論の地平』日本経済評論社）
Deleuze, G. 1988 *Le pli: Leibniz et le baroque*, Editions de Minuit.（＝宇野邦一訳　1998『襞――ライプニッツとバロック』河出書房新社）
Durkheim, É. 1893 *De la division du travail social*.（＝田原音和訳　1971『社会分業論』青木書店）
―― 1912 *Les formes élémentaires de la vie religieuse: Le systéme totémique en australie*, Felix Alcan.（＝古野清人訳　1975『宗教生活の原初形態』上・下，岩波文庫）
Erikson, E. H. 1959 *Identity and the Life Cycle*, International Universities Press.（＝小此木啓吾訳編　1973『自我同一性――アイデンティティとライフ・サイクル』誠信書房）
福田歓一　1988『国家・民族・権力』岩波書店.
Foucault, M. 1975 *Surveiller et Punir: Naissance de la prison*, Gallimard.（＝田村俶訳　1977『監獄の誕生――監視と処罰』新潮社）
Gibson, J. J. 1979 *The Ecological Approach to Visual Perception*, Houghton Mifflin.（＝古崎敬・古崎愛子・辻敬一郎・村瀬旻訳　1985『生態学的視覚論――ヒトの知覚世界を探る』サイエンス社）
Greco, Jr., T. H. 2000 *New Money for Healthy Communities*, Greco, Jr. Publisher.（＝大沼安史訳　2001『地域通貨ルネサンス』本の泉社）
Habermas, J. 1981 *Theorie des Kommunikativen Handelns*, 2 Bde., Suhrkamp Verlag.（＝河上倫逸・M・フーブリヒト・平井俊彦・徳永恂・脇圭平訳

1985『コミュニケイション的行為の理論』上・中・下，未來社）

Hammer, M. and J. Champy 1993 *Reengineering the Corporation: A Manifesto for Business Revolution*, Harper Business Books.（＝野中郁次郎監訳　2002『リエンジニアリング革命』日本経済新聞社）

原広司　1987『空間〈機能から様相へ〉』岩波書店.

Hardt, M. and A. Negri 2000 *Empire*, Harvard University Press.（＝水島一憲・酒井隆史・浜邦彦・吉田俊実訳　2003『〈帝国〉——グローバル化の世界秩序とマルチチュードの可能性』以文社）

—— 2004 *Multitude: War and Democracy in the Age of Empire*, Penguin Press.（＝幾島幸子訳　2005『マルチチュード——〈帝国〉時代の戦争と民主主義』上・下，日本放送出版協会）

Hart, J. A. 1992 *Rival Capitalists: International Competitiveness in the United States, Japan, and Western Europe*, Cornell University Press.

Harvey, D. 1990 *The Condition of Postmodernity*, Blackwell.（＝吉原直樹監訳　1999『ポストモダニティの条件』青木書店）

Heidegger, M. 1953 *Einführung in die Metaphysik*, Max Niemeyer.（＝川原栄峰訳　1994『形而上学入門』平凡社）

Heim, M. 1993 *The Metaphysics of Virtual Reality*, Oxford University Press.（＝田畑暁生訳　1995『仮想現実のメタフィジックス』岩波書店）

Held, D. and A. McGrew 2002 *Globalization/Anti-Globalization*, Polity Press.（＝中谷義和・柳原克行訳　2003『グローバル化と反グローバル化』日本経済評論社）

Henton, D., J. Melville and K. Walesh 1997 *Grassroots Leaders for a New Economy*, Jossey-Bass Inc.（＝加藤敏春訳　1997『市民企業家——新しい経済コミュニティの構築』日本経済評論社）

Hertz, N. 2001 *The Silent Takeover: Global Capitalism and the Death of Democracy*, Arrow.（＝鈴木淑美訳　2003『巨大企業が民主主義を滅ぼす』早川書房）

Hippel, E. V. 2005 *Democratizing Innovation*, The MIT Press.（＝サイコム・インターナショナル監訳　2006『民主化するイノベーションの時代——メーカー主導からの脱皮』ファーストプレス）

廣瀬通孝　1993『バーチャル・リアリティ』産業図書.

Hirst, P. and G. Thompson 1999 *Globalization in Question: The International Economy and the Possibilities of Governance* (2nd ed.), Polity Press.

Husserl, E. 1928 *Logische Untersuchungen, Zweiter Band: Untersuchungen zur Phänomenologie und Theorie der Erkenntnis*, I, Teil. Vierte Auflage, Max Niemeyer.（＝立松弘孝・松井良和・赤松宏訳　1970『論理学研究 2』

みすず書房，立松弘孝・松井良和訳　1974『論理学研究 3』みすず書房）
井田昌之・進藤美希　2006『オープンソースがなぜビジネスになるのか』毎日コミュニケーションズ.
稲垣良典　1990『抽象と直感――中世後期認識理論の研究』創文社.
Innis, H. A. 1951 *The Bias of Communication*, University of Toronto Press.（＝久保秀幹訳　1987『メディアの文明史』新曜社）
Ito, M. 1996 "Virtually Embodied: The Reality of Fantasy in a Multi-User Dungeon," in D. Porter ed. *Internet Culture*, Routledge.
Jameson, F. 1991 *Postmodernism or The Cultural Logic of Late Capitalism*, Verso.
―― 1998 *The Cultural Turn*, Verso.
Juergensmeyer, M. 1999, *Terror in the Mind of God:The Global Rise of Religious Violence*, the University of California Press.（＝古賀林幸・櫻井元雄訳　2003『グローバル時代の宗教とテロリズム――いま，なぜ神の名で人の命が奪われるのか』明石書店）
貝原益軒　1983『日本の名著 14　貝原益軒』中公バックス.
Kant, I. 1987 *Kritik der reinen Vernunft*, Riga Hartknock.（＝篠田英雄訳　1961『純粋理性批判』上・下，岩波文庫）
加藤敏春　2001a『エコマネーの新世紀』勁草書房.
――　2001b『「超」企業――ビジネスプロセス・アウトソーシングから価値創造へ』日本経済評論社.
川島武宜　1967『日本人の法意識』岩波新書.
Kepel, G. 1991 *La revanche de dieu*, Editions du Seuil.（＝中島ひかる訳　1992『宗教の復讐』晶文社）
Korten, D. 1995 *When Corporations Rule the World*, Kumarian Press and Berrett-Koehler Publishers.（＝西川潤・桜井文訳　1997『グローバル経済という怪物：人間不在の世界から市民社会の復権へ』シュプリンガー・フェアラーク東京）
Lacan, J. 1966 *Ecrits*, Editions du Seuil.（＝宮本忠雄ほか共訳　1972『エクリ』弘文堂）
Landow, G. P. 1992 *Hypertext: The Convergence of Contemporary Critical Theory and Technology*, The Johns Hopkins University Press.（＝若島正・板倉巌一郎・河田学訳　1996『ハイパーテクスト――活字とコンピュータが出会うとき』ジャストシステム）
Lash, S. 2002 *Critique of Information*, Sage.（＝相田敏彦訳 2006『情報批判論――情報社会における批判理論は可能か』NTT 出版）
Le Bon, G. 1910 *Psychologie des foules*.（＝桜井成夫訳　1993『群衆心理』講

談社学術文庫）

Leibniz, G. W. F. 1880 *Die philosophischen Schriften von G.W.Leibniz*, hrsg. von C. I. Gerhardt, Bd. IV, Weidmann.（＝西谷祐作訳　1990「形而上学叙説」『ライプニッツ著作集』8「前期哲学」工作舎）

—— 1880 *Die philosophischen Schriften von G. W. Leibniz*, hrsg. von C. I. Gerhardt, Bd. IV, Weidmann.（＝西谷祐作訳　1990「事物の根本的起源について」『ライプニッツ著作集』8「前期哲学」工作舎）

—— 1954 *Principes de la nature et de la grâce fondés en raison : Principes de la philosophie ou monadologie*（André Robinet éd), Presses Universitaires de France.（＝西谷祐作訳　1989「モナドロジー〈哲学の原理〉」『ライプニッツ著作集』9「後期哲学」工作舎）

—— 1984 *Correspondance avec Arnauld*, Texte et Commentaires par Georges Le Roy, Vrin.（＝竹田篤司訳　1990「アルノーとの往復書簡」『ライプニッツ著作集』8「前期哲学」工作舎）

Lévy, P. 1995 *Qu'est-ce que le Virtuel?*, La Decouverte.（＝米山優監訳　2006『ヴァーチャルとは何か？』昭和堂）

Lietaer, B. A. 1999 *Das Geld der Zukunft*, Riemann Verlag.（＝小林一紀・福元初男訳　2000『マネー崩壊』日本経済評論社）

Locke, J. 1961 *Un Essay Concerning Human Understanding*.（＝大槻晴彦訳　1976『人間知性論（三)』岩波書店）

—— 1963 *Two Treatise of Goverment*（a critical edition with an introduction and apparatus criticus by Peter Laslett), Cambridge at the University Press.（＝宮川透訳「統治論」大槻春彦訳　1980『世界の名著 32　ロック　ヒューム』中央公論社）

Luhmann, N. 1981 *Politische Theorie im Wohlfahrtsstaat*, Olzog.

—— 1984 *Soziale Systeme: Grundriß einer allgemeinen Theorie*, Suhrkamp.（＝佐藤勉監訳　1993, 1995『社会システム理論』上・下 , 恒星社厚生閣）

—— 1988 *Die Wirtschaft der Gesellschaft*, Suhrkamp.（＝春日淳一訳　1991『社会の経済』文眞堂）

—— 1997 *Die Gesellschaft der Gesellschaft*, Suhrkamp.

Macfarlane, A. 1978 *The Origins of English Individualism*, Basil Blackwell & Mott Ltd.（＝酒田利夫訳　1997『イギリス個人主義の起源 —— 家族・財産・社会変化』南風社）

正村俊之　1987「社会的情報システムの生成と変動 —— 社会的秩序に対する情報学的アプローチ」『思想』757.

——　1994「自己組織システム —— 情報・循環・場所」山之内靖ほか編『岩波講座社会科学の方法 X　社会システムと自己組織性』岩波書店.

—— 1995『秘密と恥——日本社会のコミュニケーション構造』勁草書房.
—— 2000『情報空間論』勁草書房.
—— 2001『コミュニケーション・メディア——分離と結合の力学』世界思想社.
—— 2003a「情報社会論から社会情報学へ」正村俊之ほか編『シリーズ社会情報学1 パラダイムとしての社会情報学』早稲田大学出版部.
—— 2003b「機能分化とアイデンティティの行方」正村俊之編著『情報化と文化変容』ミネルヴァ書房.
—— 2005「グローバル社会の編成原理」『社会学評論』第56巻第2号.
—— 2007「コミュニケーションと情報空間の相互構成（上・下）」『思想』2・3月号.
松田千恵子 2002『格付けはなぜ下がるのか——大倒産時代の信用リスク入門』日経BP出版センター.
McLuhan, M. 1962 *The Gutenberg Galaxy: The Making of Typographic Man*, University of Toronto Press.（＝森常治訳 1986『グーテンベルグの銀河系』みすず書房）
—— 1964 *Understanding Media: The Extensions of Man*, McGraw-Hill Book.（＝後藤和彦・高儀進訳 1967『人間拡張の原理——メディアの理解』竹内書店新社）
—— and E. Mcluhan 1988 *Laws of Media: The New Science*, University of Toronto Press.（＝中澤豊訳 2002『メディアの法則』NTT出版）
Melucci, A. 1989 *Nomads of the Present: Social Movements and Individual Needs in Contemporary Society*, Hutchinson.（＝山之内靖・貴堂嘉之・宮崎かすみ訳 1997『現在に生きる遊牧民——新しい公共空間の創出に向けて』岩波書店）
Miles, R. E. and C. C. Snow 1995 "The New Network Firm: A Spherical Structure Built on a Human Investment Philosophy," *Organizational Dynamics*, 23 (4): 5-17.
Mitchell, W. J. 1999 *E-Topia: Urban Life, Jim—But not as We Know It*, The MIT Press.（＝渡辺俊訳 2003『E-トピア——新しい都市創造の原理』丸善）
—— 2003 *Me++: The Cyborg Self and Networked City*, The MIT Press.（＝渡辺俊訳 2006『サイボーグ化する私とネットワーク化する世界』NTT出版）
水越伸・NHKスペシャル「変革の世紀」プロジェクト編 2002『市民・組織・英知』日本放送出版協会.
中村雄二郎 1992『臨床の知とは何か』岩波新書.

中村祐輔・中村雅美　2001『ゲノムが世界を支配する』講談社.

中野毅　1997「宗教・民族・ナショナリズム」中野毅ほか編『宗教とナショナリズム』世界思想社.

中山信弘　1997「財産的情報における保護制度の現状と将来」『岩波講座現代の法 10　情報と法』岩波書店.

名和小太郎　1996『サイバースペースの著作権』中公新書.

西田幾多郎　1970『自覚における直感と反省』上山春平責任編集『日本の名著 47　西田幾多郎』中央公論社.

――　1989『自覚について』岩波文庫.

野家啓一　1999「科学の変貌と再定義」『岩波講座科学／技術と人間 1　問われる科学／技術』岩波書店.

野口恒　2003『モノづくり日本の再生①　中国に負けていられない！　日本発・最先端“生産革命”を見る――セル生産／モジュール生産／ダイヤグラム生産／BTO 生産』日刊工業新聞社.

Ogden, C. K. and I. A. Richards 1923 *The Meaning of Meaning: A Study of the Influence of Language upon Thought and of the Science of Symbolism*, Kegan Paul.（＝石橋幸太郎訳　1967『意味の意味』新泉社）

Ohmae, K. 1990 *The Borderless World: Power and Strategy in the Interlinked Economy*, Harper Business.

岡部一明　1996『インターネット市民革命』御茶の水書房.

Ong, W. J. 1982 *Orality and Literacy: The Technologizing of the Word*, Methuen.（＝桜井直文・林正寛・糟谷啓介訳　1991『声の文化と文字の文化』藤原書店）

Orlean, A. 1999 *Le pouvoir de la finance*, Editions Odile Jacob.（＝坂口明義・清水和己訳　2001『金融の権力』藤原書店）

Parsons, T. 1937 *The Structure of Social Action*, The Free Press.（＝稲上毅・厚東洋輔・溝部明男訳　1976-89『社会的行為の構造』1-5, 木鐸社）

Peirce, C. S. 1931 *Collected Papers of Charles Sanders Peirce*, Vol. 1-8 (Charles Hartshorne and Paul Weiss eds.), The Belknap Press of Harvard University Press.（＝内田種臣編訳　1986『パース著作集 2　記号学』勁草書房）

―― 1960 *Collected Papers of Charles Sanders Peirce*, Vol. 1-4, ed. By Charls Hartshorne and Paul Weiss, Harvard University Press.（＝上山春平責任編集　1980『世界の名著 59　パース　ジェイムズ　デューイ』中央公論社）

―― 1992 *Reasoning and the Logic of Things: The Cambridge Conferences Lectures of 1898*, Harvard University Press.（＝伊藤邦武編訳　2001『連続性の哲学』岩波文庫）

Peters, T. J. and R. H. Waterman 1982 *In Search of Exellence*, Harper & Row Publishers Inc.（＝大前研一訳 1986『エクセレント・カンパニー』上・下，講談社文庫）

Plato 1905 *Platonis Opera*, t. 4（J. Burnet ed.), Oxford University Press.（＝藤沢令夫訳 1979『国家』上・下，岩波文庫）

Polanyi, K. 1944 *The Great Transformation: Trade and Market in the Early Empires*, Beacon Press.（＝玉野井芳郎・平野健一郎編訳 1975『経済の文明史』日本経済新聞社）

Porter, M. E. 1998 *On Competition*, Harvard Business School Press.（＝竹内弘高訳 1999『競争戦略論Ⅱ』ダイヤモンド社）

Poster, M. 1990 *The Mode of Information*, Polity Press.（＝室井尚・吉岡洋訳 1991『情報様式論』岩波書店）

佐々木俊尚 2006『グーグル Google――既存のビジネスを破壊する』文春新書.

Sassen, S. 1988 *The Mobility of Labor and Capital: A Study in International Investment and Labor Flow*, Cambridge University Press.（＝森田桐郎ほか訳 1992『労働と資本の国際移動』岩波書店）

―― 1996 *Losing Control?: Sovereignity in an Age of Globalization*, Columbia University Press.（＝伊豫谷登士翁訳 1999『グローバリゼーションの時代』平凡社）

―― 1998 *Globalization and Its Discontents*, The New Press.（＝田淵太一・原田太津男・尹春志訳 2004『グローバル空間の政治経済学』岩波書店）

Saussure, F. de 1949 *Cours de linguistique genéralé*, Payot.（＝小林英夫訳 1972『一般言語学講義』岩波書店）

Saxenian, A. 1994 *Regional Advantage*, Havard University Press.（＝大前研一訳 1995『現代の二都物語』講談社）

Shannon, C. E. and W. Weaver 1949 *The Mathematical Theory of Communication*, The University of Illinois Press.（＝長谷川淳・井上光洋訳 1969『コミュニケーションの数学的理論――情報理論の基礎』明治図書）

Shibutani, T. 1966 *Improvised News: A Sociological Study of Rumor*, Educational Publishing.（＝広井脩ほか訳 1985『流言と社会』東京創元社）

Silver, L. M. 1997 *Remaking Eden: Cloning and Beyond in a Brave New World*, Sanford J. Greenburger Associates, Inc.（＝東江一紀・真喜志順子・渡会圭子訳 1998『複製されるヒト』翔泳社）

Simmel, G. 1900 *Philosophie des Geldes*, Duncker & Humblot.（＝居安正訳 1997『貨幣の哲学』白水社）

Strange, S. 1996 *The Retreat of the State: The Diffusion of Power in the*

World Economy, Cambridge University Press.（＝櫻井公人訳　1998『国家の退場』岩波書店）
末松千尋　2002『京様式経営――モジュール化戦略』日本経済新聞社.
Surowiecki, J. 2004 *The Wisdom of Crowds: Why the Many Are Smarter than the few and How Collective Wisdom Shapes Business*, Random House Large Print.（＝小高尚子訳　2006『「みんなの意見」は案外正しい』角川書店）
田中明彦　1996『新しい「中世」――21世紀の世界システム』日本経済新聞社.
Tarde, G. 1901 *L'opinion et la foule*, Félix Alcan.（＝稲葉三千男訳　1964『世論と群衆』未來社）
舘暲　1992『人工現実感』日刊工業新聞社.
寺本義也　1990『ネットワークとパワー――解釈と構造』NTT出版.
内山勝利編　1998『ソクラテス以前哲学者断片集　別冊』岩波書店.
梅田望夫　2006『ウェブ進化論――本当の大変化はこれから始まる』ちくま新書.
Urry, J. 2003 *Global Complexity*, Polity Press.
Virilio, P. 1993 *L'art du Moteur*, Editions Galilée.（＝土屋進訳　2002『情報エネルギー化社会――現実空間の解体と速度が作り出す空間』新評論）
―― 1996 *Cybermonde, la politiqe du pire entretiens avec Philippe*, Petit Textuel.（＝本間邦雄訳　1998『電脳世界』産業図書）
Weber, M. 1947 *Wirtschaft und Gesellschaft: Grundriß der Sozialökonomik*, J. C. B. Mohr.（＝濱嶋朗訳　1967『権力と支配』有斐閣）
Wellman, B. 2001 "Physical Place and Cyberplace: The Rise of Networked Individualism." *International Journal of Urban and Regional Research, 1.*
Wittgenstein, L. 1922 "Logisch-philosophische Abhandlung," in *Tractatus Logico-Philosophicus*, Routledge & Kegan Paul.（＝藤本隆志・坂井秀寿訳　1968『論理哲学論考』法政大学出版局）
山口昌哉　1986『カオスとフラクタル――非線形の不思議』講談社.
山内志朗　1992『普遍論争――近代の源流としての』哲学書房.
吉田民人　1990『自己組織性の情報科学――エヴォルーショニストのウィーナー的自然観』新曜社.

著者略歴
1953年　東京都に生れる
1983年　東京大学大学院社会学研究科博士課程単位取得
　　　　退学
　　　　関西学院大学社会学部助教授を経て
現　在　東北大学大学院文学研究科教授

主要著書
『秘密と恥——日本社会のコミュニケーション構造』
（1995年，勁草書房）
『社会学の世界』（共著，1995年，八千代出版）
『情報空間論』（2000年，勁草書房）
『コミュニケーション・メディア——分離と結合の力学』
（2001年，世界思想社）
『情報化と文化変容』（編著，2003年，ミネルヴァ書房）
『シリーズ 社会情報学への接近』（全4巻）
（共編著，2003年，早稲田大学出版部）
『社会学のエッセンス』（新版）（共著，2007年，有斐閣）

グローバル社会と情報的世界観
現代社会の構造変容

2008年3月5日　初　版

［検印廃止］

著　者　正村俊之《まさむらとしゆき》

発行所　財団法人　東京大学出版会
代表者　岡本和夫
113-8654 東京都文京区本郷7-3-1 東大構内
電話 03-3811-8814　FAX 03-3812-6958
振替 00160-6-59964

印刷所　株式会社精興社
製本所　牧製本印刷株式会社

ISBN 978-4-13-050170-5　Printed in Japan